O tao de
David Bowie

O tao de David Bowie

10 LIÇÕES DA VIDA DO CAMALEÃO DO ROCK PARA AJUDAR VOCÊ A VIVER MELHOR

Mark Edwards

TRADUÇÃO DE IBRAÍMA DAFONTE TAVARES
E MARIA SYLVIA CORRÊA

Copyright © 2020 Mark Edwards
Copyright da tradução © 2021 Alaúde Editorial Ltda.

Título original: *The tao of Bowie*

Publicado mediante acordo com Atlantic Books em conjunto com Villas-Boas & Moss Agência Literária. Todos os direitos reservados.

Nenhuma parte desta edição pode ser utilizada ou reproduzida – em qualquer meio ou forma, seja mecânico ou eletrônico –, nem apropriada ou estocada em sistema de banco de dados sem a expressa autorização da editora.

O texto deste livro foi fixado conforme o acordo ortográfico vigente no Brasil desde 1º de janeiro de 2009.

PREPARAÇÃO: Carolina Hidalgo Castelani
REVISÃO: Claudia Vilas Gomes, Rosi Ribeiro Melo
CAPA: Ben Cracknell Studios
PROJETO GRÁFICO E ADAPTAÇÃO DE CAPA: Amanda Cestaro

1ª edição, 2021
Impresso no Brasil

Dados Internacionais de Catalogação na Publicação (CIP)
(Câmara Brasileira do Livro, SP, Brasil)

Edwards, Mark
O tao de David Bowie : 10 lições de vida do camaleão do rock para ajudar você a viver melhor / Mark Edwards ; tradução Ibraíma Dafonte Tavares e Maria Sylvia Corrêa. – São Paulo : Editora Alaúde, 2021.

Título original: The Tao of Bowie
ISBN 978-65-86049-44-2

1. Autoajuda 2. Autoconhecimento (Psicologia) 3. Mindfulness 4. Psicologia Título.

21-75724   CDD-150

Índices para catálogo sistemático:
1. Psicologia 150
Aline Graziele Benitez - Bibliotecária - CRB-1/3129

2021
Alaúde Editorial Ltda.
Avenida Paulista, 1337
Conjunto 11, Bela Vista
São Paulo, SP, 01311-200
Tel.: (11) 3146-9700
www.alaude.com.br
blog.alaude.com.br

Que tal ouvir os maiores sucessos de David Bowie enquanto lê este livro?
Acesse a playlist que preparamos para você!

Sumário

Introdução 6
Capítulo 1: Começos 14
Capítulo 2: Necessidades 34
Capítulo 3: Máscaras 64
Capítulo 4: Adições 90
Capítulo 5: Pensamentos 114
Capítulo 6: Inferno 140
Capítulo 7: Sombra 166
Capítulo 8: Heróis 186
Capítulo 9: Amor 212
Capítulo 10: Onde estamos agora? 236

Agradecimentos 257
Leituras complementares 259

SOBRE O QUE É ESTE LIVRO?

O tao de David Bowie é em parte um livro sobre David Bowie. Porém, é principalmente um livro sobre *você*.

O conceito é simples: a jornada de autoconhecimento de David Bowie pode ser usada como um modelo; as ideias que fizeram a cabeça do artista e o ajudaram a moldar sua obra, sua carreira e sua vida podem ajudar você a ter uma vida mais feliz e com propósito; e, finalmente, através dos exercícios propostos, você pode empreender a própria jornada de autoconhecimento usando Bowie como um "portal" para alguns dos mais sensatos ensinamentos do mundo.

POR QUE DAVID BOWIE?

Bowie foi uma das mais notáveis figuras do meio cultural no último século, mas, por trás do artista confiante e carismático, havia um ser humano que por muito tempo se sentiu perdido e só, inseguro de seu lugar no mundo, incapaz de amar e ser amado. Ainda assim, ele conseguiu crescer e se desenvolver a ponto de encontrar a felicidade, de deixar o amor entrar em sua vida e de enfrentar a doença final com serenidade e coragem suficientes para criar sua última obra-prima – o álbum *Blackstar* – tendo como tema a própria morte.

É esse Bowie que vamos investigar neste livro. Não o superastro bonito, carismático e talentoso, mas o jovem que lutava contra as dificuldades da existência – solitário, sem rumo e desesperado por ajuda, apoio e conselhos.

Se você às vezes acha a vida difícil, se está lutando para encontrar seu lugar no mundo, para entender por que está aqui ou para descobrir seu propósito, saiba que sua história é a história de David Bowie. E você pode aprender com o exemplo dele.

Como David Bowie mudou de vida? Como cresceu e amadureceu? Como transcendeu as dificuldades quase fatais do início da vida adulta e emergiu mais forte e mais feliz?

É possível responder a essas perguntas porque Bowie sempre foi muito aberto quanto às ideias e filosofias que embasaram seu crescimento pessoal – o código espiritual que se tornou sua estrela guia.

Se você quiser entender melhor a *própria* vida, pode aproveitar o trabalho pesado que David Bowie fez por você ao selecionar um extraordinário conjunto de ideias dos maiores líderes espirituais, filósofos, cientistas, psicólogos e artistas do planeta. Seguir o caminho dele vai tornar sua jornada de autoconhecimento bem mais fácil.

Em *O tao de David Bowie*, essas ideias foram condensadas em 10 poderosas lições de vida, para que você avance passo a passo em sua autodescoberta.

DE ONDE VÊM AS LIÇÕES TRANSFORMADORAS DESTE LIVRO?

Os fãs de David Bowie sabem que ele era uma pessoa que bebia das mais diversas fontes culturais: mímica, teatro *kabuki*, cantores e bandas pouco conhecidos; e que começava seus *shows* com filmes surrealistas, misturando canções francesas e *music hall* com *rock* pesado. O que talvez poucos saibam é que ele fez o mesmo na seara *espiritual*, mergulhando em diversas tradições dos mais variados países, eras e disciplinas em busca do auxílio e da orientação de que precisava para dar sentido à vida.

Bowie estudou o budismo tibetano antes de ficar famoso. De fato, quase se tornou monge budista. E os questionamentos que o levaram a explorar o budismo também o fizeram estudar outras religiões orientais, como o taoismo e o zen; a filosofia de Nietzsche; as teorias psicológicas de Carl Jung; os segredos dos evangelhos gnósticos e a cabala; os textos existenciais de Albert Camus; as ideias controversas de Julian Jaynes, autor de *The Origin of Consciousness in the Breakdown of the Bicameral Mind* [A origem da consciência na ruptura da mente bicameral] – e muito mais. Essas são as fontes primárias da filosofia de vida do artista. *O tao de David Bowie* examina essas ideias, investiga como elas impactaram a vida dele e explica como elas podem ajudar você.

Sem conversa fiada. Sabemos que a jornada de autoconhecimento foi vital para Bowie. Ele sempre deixou claro que escrever canções era uma maneira de criar seu caminho espiritual – de fazer (e responder) perguntas sobre a vida.

ESTE LIVRO É PARA VOCÊ?

Em 2002, três décadas depois de quase se tornar monge budista, Bowie disse ao jornalista Anthony DeCurtis:

> Honestamente, acredito que minhas perguntas continuam as mesmas. Hoje há menos perguntas, mas elas são de fato importantes. Questionar minha vida espiritual sempre foi pertinente para o que eu estava escrevendo. Sempre.
> E isso porque não sou bem um ateu – o que me preocupa. Tem sempre aquela coisa que persiste. "Bem, sou *quase* ateu. Dê-me dois meses. Estou quase chegando lá." [...] Ou essa é a minha redenção ou um grande problema com o qual terei de me confrontar.

"Quase ateu." Atualmente, muitos poderiam se descrever assim. Rejeitamos a ideia de Deus como um sujeito de barba branca que mora nas nuvens, mas não chegamos ao ponto de definitiva e absolutamente não acreditar em nada. Como David Bowie, nós nos debatemos com grandes questões:

Por que estou aqui?

Isto é tudo o que há?

O que fazer com minha vida?

Em certos momentos, quando as coisas estão particularmente difíceis, essas grandes questões podem se tornar mais urgentes, e passamos a refraseá-las de um jeito um pouco diferente, um pouco mais cruel:

Qual é o sentido disto?

Por que a vida é tão dura?

O que está *errado* comigo?

Por que não posso ser feliz como [preencha com o nome da pessoa que parece ter a vida bem resolvida]?

Será que um dia vou fazer o que eu quero?

Cada pessoa formula os grandes questionamentos do seu jeito: algumas tentam encontrar sentido numa vida que parece estar fora de controle; outras sentem raiva porque a vida não lhes deu o que queriam, e há as que se sentem perdidas porque *conseguiram* o que queriam mas ainda assim não estão satisfeitas. Sentem que deve haver mais. Algo que ainda não alcançaram. Algo que *poderiam* alcançar se soubessem o que é.

Se você se sente representado por alguma dessas situações, *O tao de David Bowie* está aqui para ajudá-lo.

Somos um grupo de pessoas céticas – quase ateístas –, desconfiamos de tudo que soa como superstição ou mistificação e ficamos verdadeiramente horrorizados com as barbaridades já perpetradas em nome da religião.

Portanto, teremos de empreender a jornada sem certezas reconfortantes ou mandamentos explícitos de uma divindade onisciente. O que vamos usar então? Minha sugestão, por mais estranha que pareça, é usar as ideias nas quais Bowie decidiu se debruçar. Reafirmo que elas são um guia inestimável para uma vida bem vivida.

Seguindo o tao (ou "caminho") de David Bowie, você será capaz de tornar sua passagem pela vida fascinante, enriquecedora e iluminadora.

OS BENEFÍCIOS DE SEGUIR O TAO DE DAVID BOWIE

As ideias exploradas neste livro – e colocadas em prática nos exercícios – vêm de alguns dos maiores pensadores dos últimos 3 mil anos. Elas passaram no teste do tempo e foram validadas pela neurociência. Como *coach*, pude observar seu poder transformador na vida de muitas pessoas.

Cada leitor seguirá o caminho à sua própria maneira, e por essa razão cada um alcançará também um resultado diferente. No entanto, em termos gerais, quem fizer os exercícios do livro pode esperar muito mais felicidade e sentido de propósito na vida.

Vou explicar o que esses termos significam para mim.

Por "felicidade", entendo uma combinação de:

- *Contentamento*: uma habilidade maior de "ser feliz sem nenhuma razão especial", em vez de esperar a felicidade de fatores externos, que podem estar fora do nosso controle. A habilidade de nos sentirmos OK quando as coisas não saem do nosso jeito.
- *Serenidade*: a capacidade de lidar com os problemas e desafios da vida sem se desequilibrar.
- *Resiliência*: a capacidade de seguir com o curso natural e incerto da vida.
- *Paz de espírito*: uma relação mais saudável com os próprios pensamentos (em especial os negativos e ansiosos) e sentimentos (em especial os incômodos).

Por "propósito" eu entendo:

- *Autoconsciência*: a compreensão mais profunda de quem somos – do nosso verdadeiro ser.
- *Pertencimento*: um senso mais agudo de nosso lugar no mundo.
- *Valores*: a compreensão mais clara do que é verdadeiramente importante para nós, e um plano que nos permita viver alinhados a esses valores.
- *Significado*: o entendimento da razão de estarmos aqui e de como podemos ajudar os outros.

Os leitores que já tiverem algum conhecimento do budismo ou do taoismo vão perceber a ironia: essas duas tradições recomendariam que ninguém tivesse nenhuma expectativa em relação a este livro – na verdade, que não tivesse nenhuma expectativa em relação a nada.

Trata-se de um conselho sábio, de fato, e mais adiante vamos discutir a ideia de viver "sem expectativas". Porém, como vivemos num mundo voltado a objetivos, no qual ninguém tem tempo, sei que você quer saber que resultados esperar de *O tao de David Bowie*. Por essa razão apresentei a lista de benefícios acima, sugerindo que você pense neles como indicações do caminho que vamos trilhar, e não como um *checklist* que você precisa cumprir.

COMO USAR ESTE LIVRO

O tao de David Bowie está dividido em dez capítulos, e cada um deles contém uma lição de vida. Os capítulos são divididos em três seções:

- O caminho de David Bowie
- Lição de vida
- O seu caminho

O caminho de David Bowie destaca um incidente ou um assunto central na vida do artista.

Lição de vida explica o que podemos aprender desse momento.

O seu caminho mostra como você pode aplicar a lição em sua própria vida através de exercícios, meditações e outras técnicas.

Boa jornada!

Capítulo 1:
Começos

Lição de vida:
Comece a sua jornada de
autoconhecimento agora

"Um dia, entrei na Sociedade Budista. Desci as
escadas e vi um homem em seu manto de açafrão.
Num inglês macarrônico, ele disse: 'Você está
procurando por mim?'. Só muito tempo depois
percebi que era uma pergunta; na hora, aos
18 anos, entendi como uma afirmação:
'Você está procurando por mim'."
(David Bowie, 2001)

"Quem é você?
Onde você está?
Aonde está indo?"
(Chime Yong Dong Rinpoche,
o homem no manto de açafrão)

"Eu ensino apenas o fim do sofrimento."
(Buda)

⚡ O CAMINHO DE DAVID BOWIE

Quatro anos antes de emplacar seu primeiro sucesso, David Bowie começou a estudar seriamente o budismo, numa decisão que viria a ressoar com força em toda a sua vida e em toda a sua carreira.

O jovem David Robert Jones, aspirante a cantor e compositor ainda sem nenhum sucesso, chegou aos degraus da Sociedade Budista de Londres em 1965: um ano antes de mudar o sobrenome para Bowie, quatro anos antes de seu primeiro sucesso, "Space Oddity", e sete anos antes de se tornar nacionalmente conhecido com Ziggy Stardust, sua mais fascinante criação. E o mais importante: dois anos antes de os Beatles participarem do seminário de meditação transcendental de Maharishi Mahesh Yogi no País de Gales, ocasião em que colocaram sob os holofotes da cultura popular religiões orientais antes desconhecidas do grande público.

Quando o jovem David Jones chegou à Sociedade Budista, não era um simples curioso. Não estava atrás de uma moda passageira. Estava construindo seu próprio caminho, um caminho único, que percorreria (do seu jeito) pelo resto da vida.

Bowie estava interessado no budismo havia alguns anos. Seu meio-irmão mais velho, Terry, que exercia sobre ele grande influência, o tinha apresentado à obra de Jack Kerouac e à Geração Beat – um grupo de escritores e poetas que estavam entre os primeiros adeptos do budismo no Ocidente. Já então um leitor voraz, David aprofundou seu interesse inicial lendo livros como *Sete anos no Tibete*, de Heinrich Harrer, e *Entre os monges do Tibete*, de Lobsang Rampa.

O primeiro era informativo. Harrer, um austríaco que havia fugido de um campo britânico de prisioneiros de guerra localizado na Índia, conseguira chegar ao Tibete, e o livro contava sua vida como tutor do jovem dalai-lama, oferecendo uma visão genuína do Tibete e também do budismo.

Entre os monges do Tibete era um pouco diferente. Embora se apresentasse como um lama (sacerdote) tibetano, Lobsang Rampa era na verdade um técnico de equipamentos cirúrgicos de Devon, nos Estados Unidos. Seu nome verdadeiro era Cyril Hoskin. É claro que não há nenhuma razão para que um técnico de equipamentos cirúrgicos não possa transmitir uma grande sabedoria, mas o livro de Hoskin era uma obra de ficção.

Quando Bowie entrou no prédio da Sociedade Budista, porém, encontrou a coisa verdadeira. O homem do manto de açafrão e inglês macarrônico era Chime Yong Dong Rinpoche. Nascido na remota província oriental de Kham, no Tibete, e identificado aos 2 anos como um lama reencarnado, ele foi educado desde então no Mosteiro Benchen. Junto com um seleto grupo de monges e o dalai-lama, ele visitou a China, onde Mao Tse-Tung lhe informou que "a religião é um veneno". Pouco tempo depois o país começou uma perseguição brutal, assassinando monges e monjas budistas e destruindo seus mosteiros, inclusive o Benchen. Em 1959, Chime fugiu para a Índia via Butão, e ao final chegou ao Reino Unido – um dos três únicos lamas budistas a conseguir isso.

Nos dois anos seguintes, Chime se tornou o principal mestre de Bowie, que estudava na Sociedade Budista até quatro dias por semana. Os outros dois lamas que conseguiram fugir para o Reino Unido, Chögyam Trungpa Rinpoche e Akong Rinpoche, mudaram-se para Eskdalemuir, na Escócia, e fundaram o Samye Ling, o primeiro mosteiro budista tibetano da Europa, onde Bowie também viria a estudar.

De fato, em 1967 Bowie foi até Samye Ling com um propósito firme. Conforme disse mais tarde: "Estava a um mês de ter a cabeça raspada, fazer meus votos e me tornar monge".

Estaria exagerando? Não há como saber com certeza. É certo que em muitos momentos da carreira ele fez afirmações polêmicas à imprensa em busca de uma manchete; porém, quando falava sobre sua vida espiritual, costumava ser sério e comedido. Jamais saberemos em que medida Bowie estava determinado a se tornar monge. Mas amigos como Mary Finnigan (senhoria de Bowie durante um tempo) e colegas como George Tremlett (que escreveu a primeira biografia do artista) observam que ele era muito empenhado nos estudos. De fato, quando conheceu o jovem produtor Tony Visconti – alguém que poderia ajudá-lo na carreira (e o fez) –, eles não conversavam sobre estúdios ou fitas demo, mas sobre o budismo.

Visconti, que manteve o interesse pelo budismo por toda a vida, confirma que Bowie estudava o assunto em profundidade: "O David era, definitivamente, um erudito em budismo tibetano. Sabia tudo. Era um homem muito curioso, um leitor voraz, e raramente esquecia alguma informação depois de tê-la armazenado na cabeça".

O QUE BOWIE APRENDEU COM O BUDISMO

No final, foi Chime quem convenceu Bowie a não se tornar monge. No entanto, isso não deve ser tomado como indicação de que o mestre achasse que seu discípulo não levava o estudo a sério. Ao contrário, refletia o tempo de mudanças. Chime costumava desencorajar discípulos devotados do budismo a se tornarem monges ou monjas – e tanto ele quanto Chögyam Trungpa posteriormente se despiram de seu manto – porque acreditava que, no Ocidente, a ideia de se isolar num mosteiro era antiquada e inapropriada.

Apesar de David Bowie ter escolhido a música, porém, não há nenhuma dúvida do impacto que o budismo teve no restante de sua vida. Conforme ele mesmo disse em 1997, o budismo

> [me incutiu] o senso de transitoriedade e de mudança que se tornou fundamental em minha vida e na maneira como a vivo. Não me agarrar a coisa alguma – não imaginar que algo vá durar eternamente – esteja vivo ou morto. E isso facilita muito o desapego das coisas materiais e das coisas físicas.
>
> Buscar a fonte do próprio ser passa a ser muito mais importante. E acho que essa tem sido minha jornada pessoal – tentar descobrir onde está a minha gratificação espiritual, qual o meu lugar na ordem universal. Essa pode ser a busca de uma vida.

Os dois conceitos mais importantes que Bowie extraiu de seu estudo do budismo são:

Mudança: tudo é transitório.
Buscar a origem do próprio ser: investigar a si mesmo – a jornada do autoconhecimento – é de suprema importância.

A importância da mudança para Bowie é evidente. Foi sobre mudanças que ele escreveu uma de suas canções mais famosas, "Changes". E sua carreira foi uma sucessão estonteante de mudanças de estilo e personagem. *O Tao de David Bowie*, porém, vai se concentrar no segundo conceito, investigando como o artista empreendeu sua jornada de autoconhecimento e como você pode empreender sua própria jornada.

A busca por se conhecer não é de maneira nenhuma uma ideia exclusiva do budismo. Bem ao contrário. A importância de conhecer a si mesmo é uma ideia que une várias das maiores tradições espirituais, até mesmo aquelas que, com frequência, rivalizam com as outras. Bowie estudou muitas dessas tradições para refinar seu próprio código espiritual, que o guiou pelas batalhas da vida e ao final o fez encontrar a felicidade.

O artista contou a história de seu encontro com Chime em diversas ocasiões. Numa delas, explicou que simplesmente *não se permitiu* escutar a suave pergunta "Você está procurando por mim?" como uma pergunta de fato. "Eu *precisava* que fosse uma afirmação", ele disse. Mas por que David Bowie estava em busca de um guru? Por que ele *precisava* de um guru? Porque aos 18 anos ele já tinha começado o que mais tarde descreveria como sua "assustadora busca espiritual". Ele já estava procurando a origem do próprio ser. Com os livros, ele tinha aprendido que a jornada budista de autoconhecimento poderia conduzi-lo a uma vida com mais sentido, ao entendimento de quem ele realmente era e como se encaixava no mundo. E ele viu em Chime um homem que poderia lhe oferecer algumas respostas.

No entanto, em vez de lhe dar respostas, Chime fez três perguntas:

Quem é você?
Onde você está?
Para onde está indo?

LIÇÃO DE VIDA: COMECE A SUA JORNADA DE AUTOCONHECIMENTO AGORA

Como o Neo de Matrix descobriu, nossa "realidade" não é tão real quanto imaginamos. E nosso senso de self – a nossa individualidade – é falho. A jornada para descobrir nosso verdadeiro eu é central para conseguirmos ter uma vida plena.

David Bowie tinha encontrado um ser humano extraordinário. Sendo um lama reencarnado, Chime é um venerado mestre budista, um mestre que recebeu ensinamentos transmitidos de mestres a discípulos ao longo de muitos séculos. No entanto, embora esteja intricadamente ligado a uma tradição antiga, Chime também era muito pragmático sobre sua situação em meados dos anos 1960. Tendo chegado a uma terra estrangeira na qual o status que tinha no Tibete era irrelevante para 99,9% da população, ele foi trabalhar num café para pagar as contas.

Certa vez, ele relatou uma conversa que teve com um colega do café (que ouviu mal, não entendeu ou pronunciou seu nome de maneira deliberadamente errada):

"E então, Jimmy, o que é o budismo?"
"O budismo é o fim do sofrimento."
"Ah, Jimmy, preciso desse budismo."

Sem dúvida que sim. Todos nós gostaríamos de sofrer um pouco menos.

O budismo – certamente na sua forma ocidentalizada – não é uma religião, não no sentido pelo qual costumamos entender a palavra. Não há um deus a ser adorado, e não há mandamentos a seguir. O budismo está mais para a psicologia, um método de trabalhar a mente.

Essencialmente, Buda percebeu que as pessoas tendem a sofrer, a serem infelizes, a viverem insatisfeitas e frustradas. E criou um método para aliviar esses sintomas. Como o método funcionou para ele, Buda sugeriu que outros o experimentassem.

Existem muitas formas de budismo, mas, como conhecemos os seus mestres, sabemos qual versão do budismo Bowie estudava. Ele foi educado na tradição Kagyu, cuja essência é a meditação. De fato, a linhagem Kagyu costuma ser chamada de "linhagem da prática" ("prática" é um termo comum para descrever a meditação).

Como a meditação ajuda a diminuir o sofrimento? Oferecendo um meio de autoinvestigação e autoconhecimento: um meio de alcançar uma compreensão mais precisa de si mesmo e do mundo ao redor.

Graças a outros discípulos de Chime, sabemos que ele gostava de fazer três perguntas aos novatos:

Quem é você?
Onde você está?
Para onde está indo?

À primeira vista, não parecem perguntas muito poderosas, mas, quer se interesse ou não pelo budismo, essas são três das mais importantes perguntas que você pode se fazer.

Como *coach*, estimulo meus clientes a deixar um pouco de lado os problemas, as questões e os desafios cotidianos e dar atenção a essas perguntas fundamentais. Quanto maior o grau de clareza nas respostas, maior a capacidade de comandar todos os aspectos da própria vida.

Ainda assim, poucos investem tempo em pensar nas perguntas. Como disse Jim Rohn, um palestrante e escritor motivacional conhecido como "o padrinho do desenvolvimento pessoal": "A maioria das pessoas passa mais tempo planejando as férias do que planejando a vida".

É assim com você também? Possivelmente.

Agora que está pensando no assunto, isso não lhe parece um pouco estranho? Eu acho que sim, principalmente porque, ao longo dos séculos, diversos sábios vêm nos mostrando os benefícios do autoconhecimento.

Assim como o fez no estudo do budismo, David Bowie deve ter encontrado o mesmo conceito na leitura do filósofo Nietzsche e do psiquiatra Carl Jung, e também no exame dos evangelhos gnósticos. Além das tradições espirituais que sabemos que Bowie estudou, o comando "conhece a ti mesmo" é fundamental também na filosofia socrática e no confucionismo, no hinduísmo e no I Ching, no cristianismo ("O reino de Deus está dentro de ti", disse Jesus) e no islã ("Quem conhece a si mesmo conhece seu Senhor", disse Maomé).

Sejam essas tradições baseadas na ideia de um deus, sejam elas baseadas na ideia de muitos deuses ou nenhum, todas concordam que a melhor coisa que podemos fazer é observar a nós mesmos. O fato de filosofias e religiões que costumam discordar violentamente sobre muitos temas concordarem nesse ponto com certeza significa que há algo muito especial no autoconhecimento.

Então, por que tantas pessoas evitam olhar para dentro de si e responder às grandes questões de sua vida? Talvez porque estejam ocupadas demais para separar um tempo para contemplar assuntos difíceis, ocupadas demais com o curto prazo para pensar no grande cenário; ou talvez porque não saibam como responder.

Porém, se chegou até aqui, você pelo menos suspeita que merece encontrar tempo para enfrentar essas perguntas. Este livro vai ajudar.

Vamos responder a essas questões de modo direto, utilizando exercícios simples para que você tenha uma visão mais clara de quem é, de como se tornou essa pessoa, do que realmente é importante e de como pode viver uma vida em sintonia com seus valores, plena de significado e propósito.

E também vamos responder a essas perguntas num nível profundo, fazendo da meditação nosso principal método para investigar a fundo quem você é de verdade, para abrir caminho por entre as ilusões e entender a verdadeira natureza do ser, de modo que possa sofrer menos e ser mais feliz.

O QUE É REALMENTE REAL?

O budismo parte do princípio de que a nossa visão do mundo é falha. Podemos fazer uma boa analogia dessa ideia com o filme *Matrix*. Morpheus, o personagem interpretado por Laurence Fishburne, revela a Neo, interpretado por Keanu Reeves, que a realidade na qual ele passou a vida toda não era de fato real, mas uma ilusão construída.

Quando nos encontramos com o budismo, somos como Neo ao encontrar a Matrix – com uma diferença crucial. Neo descobriu apenas que sua visão do mundo *exterior* estava completamente errada; já o budismo nos ensina que nossa visão do mundo *interior* também é falha.

"Quem é você?" é uma pergunta muito mais profunda do que as aparências indicam. Quando um mestre budista faz essa pergunta, ele espera uma resposta muito mais profunda do que "Sou contador e moro em São Paulo" ou "Sou empresária e adoro animais". Ele espera que você diga quem exatamente nasceu no seu corpo; como você concebe seu senso de individualidade, seu ser; onde exatamente esse ser habita; e como esse ser (seja como for) se relaciona com tudo e todos.

O budismo questiona a percepção convencional do ser de três maneiras principais, sugerindo que:

1. Não existe um ser *permanente*, ou *fixo*: como tudo no universo, estamos em constante fluxo.
2. Não existe um *chefe*: ninguém tem o controle total das coisas, ao contrário do que gostamos de pensar.
3. Não existe um ser *separado*: estamos indissociavelmente conectados ao restante do universo.

A primeira ideia é a mais fácil de assimilar. Sabemos, por exemplo, que somos "uma pessoa diferente" quando estamos com fome, cansados, estressados ou bêbados.

A segunda ideia é inquietante. E a terceira parece simplesmente errada: é claro que estamos separados, isso é visível. Porém, conforme vamos discutir no Capítulo 8, aceitar que essas três afirmações *podem ser* verdadeiras reduz nossa ansiedade e nosso sofrimento, e portanto aumenta nossa felicidade. Por isso, vale a pena tentar o experimento mental de que elas *possam estar* corretas.

Essa será a nossa atitude ao longo de todo o livro. Não vamos perseguir nenhuma grande verdade. Vamos apenas experimentar conceitos e métodos para descobrir aquele que funciona para você. Esse é o verdadeiro espírito de Buda. Certa vez, num debate com outros líderes religiosos sobre qual doutrina estava certa ou errada (documentado no *Sutra de quarenta e dois capítulos*), Buda explicou que ele não estava interessado nesse tipo de discussão: "Entendo a classificação de certo e errado como a dança serpentina dos dragões".

Ele estava interessado apenas no que *funcionava* – no que aliviava o sofrimento. Havia identificado as causas do sofrimento humano e um método para aliviá-lo. Queria comunicar a descoberta de maneira simples: funciona para mim, experimente e veja se funciona para você. Ao longo dos séculos, uma religião complexa foi criada em torno dessa ideia simples, mas recentemente os budistas ocidentais – inclusive os da linhagem Kagyu – desfizeram parte dessa complexidade. Os budistas ocidentais, como David Bowie – são encorajados a dar uma olhada, experimentar e levar apenas aquilo que funciona para eles. Não é preciso acreditar em Deus ou em demônios; não é preciso acender velas, recitar orações nem se ajoelhar.

Apenas pegue o método que há séculos tem tornado as pessoas mais felizes e veja se ele funciona para você.

Vamos começar esse processo agora, pois, embora *O tao de David Bowie* seja em parte um livro sobre o artista e em parte um livro sobre o conjunto de ideias que ele usou para moldar a própria vida, ele é essencialmente um livro sobre como essas ideias podem ajudar você em *seu* caminho pela vida.

✳ O SEU CAMINHO

Ao fazer os exercícios deste livro, você perceberá que a meditação será uma ferramenta fundamental; portanto, vamos começar por aprender como (e por que) meditar.

A forma de budismo que Bowie estudou – a linhagem Kagyu do budismo tibetano – também é conhecida como "linhagem da prática", definição que ressalta o papel vital atribuído à meditação (uma espécie de sinônimo de "prática"). Sendo assim, é natural começar por aqui.

EXERCÍCIO: MEDITAÇÃO RESPIRATÓRIA

Vamos fazer este exercício por cerca de cinco minutos. Se quiser, programe um alarme; caso contrário, basta parar depois de um tempo que lhe parecer os cinco minutos. O tempo exato não importa.

Sente-se confortavelmente. Seu objetivo é alcançar o estado que costumam chamar de "alerta relaxado". O que isso significa? Significa que você deve estar confortável, mas não confortável a ponto de adormecer. E você deve estar alerta, mas não alerta a ponto de ficar estressado ou enrijecido.

Experimente assim: sente-se com as costas bem retas e imagine que você é uma marionete, que uma corda está presa no alto da sua cabeça e que alguém está puxando a corda suavemente, de modo que sua cabeça esteja erguida, mas os ombros estejam relaxados. Se essa visualização ajudar, use-a. Senão, tire-a da cabeça imediatamente e apenas sente-se confortavelmente.

Feche os olhos. Concentre-se na respiração. O que *isso* significa? Significa estar consciente de que você está respirando. Observe o ar entrar. Observe o ar sair. Sintonize-se com o ritmo da sua respiração. Com o ar que entra e com o ar que sai. Com o ar que entra e com o ar que sai. E assim sempre.

Isso é tudo. Faça o exercício por cerca de cinco minutos e abra os olhos.

Se essa foi a primeira vez que você meditou – ou mesmo que não tenha sido –, alguns pensamentos ou perguntas devem ter lhe ocorrido.

Pergunta: Como saber se estou me concentrando direito na respiração?

Algumas pessoas sentem a respiração nas narinas. Outras, no fundo da garganta. Algumas se concentram na respiração seguindo o movimento da barriga. Se você acha um pouco estranha a ideia de prestar atenção à respiração, ponha uma mão sobre a barriga e concentre-se no movimento dela.

Pergunta: Mas por que me concentrar na respiração?

Há duas maneiras de responder:

1. Por nenhuma razão especial. A ideia é apenas prestar atenção ao momento, mas isso é um pouco abstrato. Usamos a respiração como âncora, algo para o qual é mais fácil atentar. A respiração em si de fato não importa.
2. Porque a respiração é vital para a existência e ainda assim nós a ignoramos. Assim, esta é uma maneira de avaliar uma função corporal crucial. Não se trata de avaliar como um médico, mas com curiosidade e gratidão pelos extraordinários processos que nos mantêm vivos.

Escolha a resposta que quiser.

Pergunta: Por que é tão importante estar atento ao momento presente?

Mais uma vez, por duas razões:

1. Porque no passado e no futuro estão aquilo que Chime chamou de "pensamentos desnecessários". Passamos muito tempo não no momento presente. Passamos o tempo nos preocupando com o futuro e rememorando o passado. Os psicólogos cunharam um termo para isso: enumerar, reexaminar, lamentar. Observe que não

se trata de "enumerar, reexaminar e dar uma festa para celebrar todos os seus sucessos". Não, trata-se de enumerar, reexaminar, lamentar. Quando reexaminamos o passado, nossa tendência é focar aquilo que deu errado. E quando olhamos para o futuro nossa tendência é focar aquilo que pode dar errado. Olhar para o passado e para o futuro é uma habilidade humana útil. Graças a ela, podemos aprender com ações passadas e planejar o futuro. Fazemos isso de vez em quando. Com frequência, porém, nos sentimos mal com o que ficou para trás (sem aprender nada) e preocupados com o que vem pela frente (sem tomar nenhuma atitude positiva para evitar os desastres que imaginamos). Não resta dúvida de que essa é uma boa definição de "pensamentos desnecessários". Contudo, se conseguirmos estar no momento presente, poderemos nos livrar deles temporariamente.

2. O momento presente é onde se dá a descoberta de si mesmo. Um dos nossos principais métodos de autoconhecimento nos exercícios deste livro é simplesmente estar com as coisas como elas são: contrapor-se ao instinto humano de fugir da realidade e se perder em distrações intermináveis. A fim de estar com as coisas como elas são, precisamos ser capazes de permanecer no presente, pois... bem... porque é no presente que as coisas estão como elas são.

Pergunta: E se eu cair no sono?

Não tem problema. Se você adormecer ou tiver sono depois de fechar os olhos e focar na respiração por alguns minutos, então é porque não tem dormido o suficiente. Você acabou de descobrir como se sente no momento presente, e o sentimento é de cansaço. Portanto, se puder, tire um cochilo.

No entanto, se você *sempre* adormece ao tentar meditar, é óbvio que não vai conseguir, então experimente fazê-lo numa hora em que não sente tanto sono. Se não puder encontrar um momento em que consiga não adormecer, então provavelmente você tem um problema com o sono, e não com a meditação. Pare para pensar na sua rotina de sono.

EXERCÍCIO: OBSERVE OS SEUS PENSAMENTOS

Agora vamos meditar novamente, mas desta vez vamos prestar atenção aos pensamentos.

A menos que você medite há muito tempo, você terá percebido os seus pensamentos na primeira meditação. Embora a instrução de se concentrar na respiração seja bastante simples, nós descobrimos ser virtualmente impossível fazer isso. Fechamos os olhos, nos concentramos na primeira inspiração, depois na expiração e logo percebemos que estamos pensando no que vamos comer no jantar, ou nos preocupando com um colega de trabalho que nos colocou numa enrascada, ou ainda tentando nos lembrar do nome de um personagem de uma série que vimos dez anos antes. No momento em que nos damos conta de que não estamos focados na respiração, podemos estar já no décimo pensamento de uma sequência que se desenrolou por vários minutos.

Isso é o que fazemos.

Ou melhor, isso é o que a nossa mente faz.

É por essa razão que um mestre budista disse que o mundo está "perdido em pensamentos". São pensamentos desnecessários, nos quais gastamos a maior parte da vida. Em nosso processo de autoconhecimento, é importante compreender melhor como nossa mente funciona. Vamos meditar observando os pensamentos para entender como somos quase imediatamente assaltados por pensamentos desnecessários e inúteis, aos quais não recorremos conscientemente.

As instruções para este exercício são as mesmas do exercício anterior. Sente-se confortavelmente, num estado de alerta relaxado. Feche os olhos. Concentre-se na sua respiração. E assim por diante. Siga o ritmo da sua respiração.

Desta vez, sempre que perceber que sua mente está vagando e que você começou a pensar em alguma coisa, apenas diga a si mesmo (na sua cabeça, não em voz alta): "Pensando". A seguir, volte a se concentrar na respiração. Quando perceber outro pensamento, faça o mesmo; diga "pensando" e retorne à respiração. Faça o exercício por cerca de cinco minutos. Depois, abra os olhos e reveja tudo o que aconteceu.

Pergunta: Como saber se estou pensando?

Quando comecei a ensinar meditação, me surpreendi com o fato de alguns meditadores de primeira viagem terem relatado que permaneceram totalmente focados na respiração e não se distraíram com nenhum pensamento. A minha experiência dizia que isso não era possível. Levei um tempo para perceber que esses indivíduos não eram supermeditadores ou seres estranhamente avançados, mas que na verdade estavam tão perdidos em pensamentos que *nem sequer notaram que estavam pensando*.

Vamos deixar claro o que é um pensamento. É um comentário incessante dentro da sua cabeça (não "vozes", apenas aquela conversa interior que todos temos).

Sentir-se entediado ao começar a meditar não é um pensamento. É apenas o que está acontecendo no momento presente. Mas, se você começar a conversar consigo (na sua cabeça) sobre o fato de estar entediado – "Céus! Esta história de meditar é um tédio. E nem devo estar fazendo direito. Quanto tempo já passou? Posso parar? Tenho mais o que fazer" –, então *é* pensamento. Perceber o alarme de um carro estacionado na rua durante a meditação não é pensamento, é a experiência direta do que está acontecendo no momento presente. Irritar-se com o barulho do alarme também não é pensamento. Essa irritação é o que você está sentindo nesse momento. Porém, tão logo você comece a ruminar sobre como é impossível meditar com aquele ruído ou a planejar uma vingança contra o dono do carro, concluindo que os proprietários de automóvel são a escória da humanidade e desejando morar num lugar mais calmo –, isso *é* pensamento.

Algumas pessoas estão tão acostumadas a essa conversa interior que a confundem com a vida real, mas ela não é a vida real. É o nosso *comentário* sobre a vida real. Quando começamos a entender isso, quando passamos a entender a diferença entre a experiência do mundo e esse falatório constante que nos *distancia* da vida, podemos viver a nossa existência com mais vigor.

Pense numa situação que tenha sido tão extraordinária que você começou a descrevê-la com a frase "Nunca tinha me sentido tão vivo!" O nascimento de um filho, um salto de *bungee jump* são experiências que geram sentimentos tão poderosos que, por um momento breve e glorioso, a experiência concreta substitui o falatório interior dos pensamentos.

E se você pudesse se sentir vivo assim o tempo todo? OK, talvez isso seja um pouco demais. Mas e se você conseguisse se sentir assim vivo com mais frequência? Se você tornar a meditação uma rotina, conseguirá; você aprenderá a manter uma relação mais saudável com os seus pensamentos, uma relação na qual não se sinta "perdido" nos pensamentos, na qual seja capaz de aquietar a mente para ter uma experiência mais direta da vida.

EXERCÍCIO: OBSERVE OS SEUS JULGAMENTOS

Neste exercício vamos basicamente repetir a meditação anterior, acrescentando a ela um elemento. Ao observar um pensamento, veja se ele carrega um julgamento. Se perceber um pensamento sem julgamento, apenas diga a si mesmo "pensando" e volte a se concentrar na respiração. Porém, se perceber que o pensamento contém julgamento, diga a si mesmo "pensando, julgando" e a seguir foque a respiração.

Estes pensamentos contêm julgamento: "Céus! Esta história de meditar é um tédio. E nem devo estar fazendo direito" ou "Tenho mais o que fazer". Estes pensamentos não contêm julgamento: "Quanto tempo já passou? Posso parar?"

Faça o exercício por cinco minutos. Depois, abra os olhos e reveja tudo o que aconteceu.

A esta altura você deve estar entre ligeira ou completamente surpreso com a dificuldade que é parar de pensar. E com a carga de julgamento que depositamos nos pensamentos (não é só você!).

Perceber que estamos o tempo todo fazendo julgamentos e tentar mudar esse comportamento pode ser muito proveitoso. Um bom começo é não nos julgarmos por estarmos fazendo julgamentos demais. Não se trata de certo ou errado – de como *deveríamos* ser. Trata-se de tentarmos ser mais bondosos conosco e com os outros.

Vamos trabalhar um pouco nesse sentido.

EXERCÍCIO: OBSERVE OS SEUS JULGAMENTOS NO DIA A DIA

Escolha um momento do dia para observar todas as vezes que você julga alguém ou algo. De preferência, quando estiver na rua, indo de um lugar a outro para resolver coisas. Este exercício também funciona bem quando estamos assistindo à televisão, fazendo um lanche ou tomando um café.

Eis alguns pensamentos com julgamento:

- Este café é muito bom.
- Por que estou sempre atrasado?
- Que tipo de pessoa usa uma jaqueta dessas?
- O metrô é uma porcaria.
- O tempo hoje está pior do que ontem.
- Deve haver algo melhor na televisão do que isto.
- Acho que a terceira temporada de *Friends* foi a melhor.
- Olha por onde anda, idiota!
- É inacreditável o estado deste relatório!

Qualquer pensamento que contenha um elemento de comparação é um julgamento. Qualquer pensamento que implique que haja algum tipo de ideal ou de padrão é um julgamento. Esses pensamentos de julgamento podem ser tanto positivos quanto negativos.

RECAPITULANDO: O QUE ACONTECEU DE FATO?

Temos nossa primeira ferramenta: a capacidade de permanecer no momento presente, sem fazer julgamentos, embora ainda não sejamos muito bons nisso. Tudo bem. Ninguém é. Quando fazemos uma avaliação honesta de nós mesmos, podemos melhorar.

Quando oriento clientes que estão aprendendo novas habilidades, ou novas maneiras de se comportar, é importante que eles possam medir o progresso de algum jeito. O *feedback loop* a seguir – o mais simples e claro que conheço – é uma adaptação do After-Action Review do Exército dos Estados Unidos.

O que esperávamos que acontecesse?
O que aconteceu de fato?
Por que foi diferente do esperado?

Embora possa parecer estranho utilizar uma ferramenta do Exército para trabalhar com meditação budista, essas perguntas podem ser muito úteis para registrar seu progresso ao longo do livro. Reflita sobre a meditação que acabamos de fazer.

O que esperávamos que acontecesse? Esperávamos que você se concentrasse na sua respiração.

O que aconteceu de fato? Você não conseguiu se concentrar na sua respiração porque ficou o tempo todo pensando.

Por que foi diferente do esperado? Você precisa refletir sobre essa pergunta. Vamos tentar responder a ela à medida que avançarmos no livro, mas é importante que, primeiro, você gaste algum tempo pensando nela sozinho.

O SEU CAMINHO: SIGA EM FRENTE

Depois de fazer os exercícios acima, experimente as sugestões abaixo:

1. Comprometa-se com a meditação – observar pensamentos e julgamentos – todos os dias, durante três minutos. Se quiser investir mais tempo nela, ótimo; mas não quero ninguém vindo com a desculpa de que não tem tempo para meditar. Você dispõe de três minutos. Isso é tudo de que necessita para observar sua mente vagar até os pensamentos e julgamentos e levá-la de volta à sua respiração. A cada vez que fizer isso, você estará desenvolvendo uma habilidade valiosa.

2. Reflita sobre a dificuldade do ser humano de se concentrar em uma coisa (a respiração) durante um tempo sem se distrair com pensamentos. O que isso lhe diz sobre a natureza do pensamento?

3. Todos os dias, tente passar um tempo no estado de não julgamento, ou, pelo menos, observando o tanto que você julga.

4. Pergunte-se: "Quem sou eu se eu não fizer julgamentos?" Pode re-frasear a pergunta de outras maneiras: "Quem sou eu se não tiver preferências?" ou "Quem sou eu se não tiver simpatias e antipatias?" Fique com essa pergunta na cabeça por uma semana.

Capítulo 2: Necessidades

**Lição de vida:
Respeite as suas
carências emocionais**

"Todo mundo diz: 'É, minha família é meio doida'.
Mas a minha é mesmo. Porra, se é! A maioria
deles é pancada, do tipo que entra e sai de
instituições psiquiátricas. Ou estão mortos."
(David Bowie, 1976)

"Era uma casa muito fria [...] Era como se ele
estivesse lá, mas não lá. Não havia demonstrações
de afeto. Não acho que fosse uma família. Era um
grupo de pessoas que por acaso viviam debaixo
do mesmo teto."
(Dudley Chapman, amigo de infância
de David Bowie)

"O universo limitado da infância e seus
arredores familiares é um modelo do mundo.
Quanto mais intensamente a família imprimir
seu caráter sobre a criança, mais ela tenderá a
sentir e enxergar seu antigo universo no mundo
mais amplo da vida adulta."
(Carl Jung, *A teoria da psicanálise*)

⚡ O CAMINHO DE DAVID BOWIE

O que David Bowie estava procurando quando apareceu nos degraus da Sociedade Budista? Um refúgio da grave doença mental que assombrava sua família, a qual ele temia desenvolver também.

Na próxima vez que você entrar no YouTube, separe uns minutos para ver uma notável interação humana. Em 1979, David Bowie foi entrevistado por Mavis Nicholson num programa de televisão. Ele já tinha abandonado a *persona* Ziggy Stardust. Estava bem-arrumado, elegante. Nada de cabelo vermelho espetado. Nada de maquiagem. Apenas um corte de cabelo "sensato", terno e gravata. Porém, é importante salientar que nessa época a mídia ainda o tratava como uma espécie de aberração. Quando era entrevistado por pessoas mais velhas, estas mal conseguiam disfarçar a confusão – e às vezes o desprezo – causado por aquela criatura que tinha deliberadamente chocado o *establishment* com sua aparência de alienígena e sua sexualidade fluida, numa época em que simplesmente ninguém fazia isso.

Mavis Nicholson é de outra geração. Evidentemente, não é fã de Bowie, mas é uma ótima entrevistadora. É minuciosa, empática e compreensiva. Por essa razão, David Bowie – que havia começado a entrevista charmoso, mas evasivo – foi aos poucos baixando a guarda e se abrindo. E assim Mavis o conduziu por aquela que, em minha opinião, é a mais reveladora de todas as entrevistas que ele deu na vida.

> Mavis: Qual pintor te influenciou?
> Bowie: Erich Heckel.
> [*Impasse. Mavis Nicholson provavelmente nunca tinha ouvido falar do pintor cuja obra influenciou a icônica capa do álbum Heroes.*]
> Mavis: Qual escritor o influenciou?
> Bowie: William Burroughs.
> [*Outro impasse. Mavis Nicholson tenta outra abordagem.*]
> Mavis: Na infância, quem o influenciou?
> Bowie: O Pato Donald.
> Mavis: Era o seu predileto?
> Bowie: Não, eu o detestava. Ele me fez aprender a odiar.

Uau! Você pergunta qual a maior influência que a pessoa teve na infância e ela responde que foi um personagem *que a ensinou a odiar*. O que isso lhe diz sobre essa infância?

Mavis Nicholson continuou sondando, aparentemente tentando extrair do artista uma influência mais positiva, mais "normal". Ocorre que Bowie não tinha nenhuma. Mavis Nicholson passa então por uma lista de personagens infantis queridos. Bowie exprime aversão por todos eles. A entrevista continua:

> Mavis: Você teve um ursinho de pelúcia?
> Bowie: Não. Não tive. Acho que não...

Nessa hora, ele para, desvia os olhos da entrevistadora e fita o vazio. É um momento intenso. Um especialista em linguagem corporal perceberia pelo movimento dos olhos de Bowie que ele estava vasculhando sua memória racional e também sua memória afetiva. Não estava apenas recordando fatos da infância, mas a maneira como se *sentia*.

Estudei muitas horas de entrevistas de David Bowie, e em nenhuma outra ocasião eu o vi fazendo isso. Ele continua: "Não me lembro de ter tido nada parecido com isso. Não, eu não gostava muito das coisas de criança".

A entrevista prossegue e vai ainda mais fundo (vamos retomá-la ao discutirmos o Amor, no Capítulo 9), mas por ora este trecho é o bastante para nós. Bowie não se lembra de ter tido um ursinho de pelúcia ou qualquer outro brinquedo do gênero – itens básicos da nossa cultura, tidos por psiquiatras como importantes objetos de transição que auxiliam as crianças a crescer e se desenvolver de maneira saudável. O personagem que ele mais valorizava era aquele que o ensinava a odiar. E Bowie nunca gostou muito de coisas de criança. Por que não? Porque a infância de Bowie não era feliz.

A FAMÍLIA DE DAVID BOWIE: "ABUTRES PSICÓTICOS"

Dizer que os familiares de Bowie eram abutres psicóticos é dizer pouco. Nos comentários publicados na capa do álbum *Buddha of Suburbia*, ele disse: "Minhas letras costumam se referir arbitrariamente à violência e ao caos como opções amenas para reconhecer a fome emocional e espiritual". Em outra ocasião, uma entrevista em meados dos anos 1990, ele se referiu à família assim: "Não estou certo de que 'loucura' seja a palavra. Há muita mutilação emocional e espiritual em minha família".

Fome. Mutilação. Um psiquiatra teria aqui um prato cheio. Mas Bowie nunca procurou um psiquiatra porque tinha visto como eles pouco tinham ajudado sua família: um grupo de pessoas torturadas, acometidas por doenças mentais ao longo de gerações. De fato, ao ver o sofrimento da filha, a avó de Bowie, Margaret Burns, declarou que a família era "amaldiçoada" e que a maldição não deixaria de existir até que todos estivessem mortos.

Kristina, uma prima de Bowie, lembra-se de Margaret como "uma mulher muito cruel que despejava sua raiva em todos à sua volta". Kristina deve saber o que fala, pois passou boa parte da infância aos cuidados de Margaret, pois sua mãe (Una, uma das filhas de Margaret) vivia entrando e saindo de hospitais psiquiátricos depois de ter sido diagnosticada, no final dos anos 1940, como esquizofrênica.

Una não foi a única tia de David Bowie a receber um diagnóstico de doença mental. Outras duas irmãs de sua mãe tiveram experiência similar. Nora foi dianosticada como maníaco-depressiva[*] e chegou a passar por uma lobotomia. O tratamento foi não apenas brutal como também malsucedido. Nora continuou deprimida.

Outra irmã, Vivian, também tinha surtos esquizofrênicos.

A mãe de Bowie, Peggy, nunca recebeu um diagnóstico de doença mental, mas ela visivelmente compartilhava alguns demônios com as irmãs e tinha dificuldades emocionais. Era fria, incapaz de expressar emoções e demonstrar afeto. A primeira esposa de Bowie, Angela, lembra-se de ver o marido e a mãe "se bicando como dois abutres psicóticos numa casa pequena e fechada". Segundo Angela, Peggy era "má e infeliz na mesma medida", o que aponta para a frieza que ela dirigia ao filho e também para a profunda tristeza que estava por trás de sua frieza emocional.

. . . .

[*] Atualmente, a psicose maníaco-depressiva recebe o nome de transtorno afetivo bipolar. (N. T.)

Na infância, o sofrimento emocional de Bowie ficava visível nas chamadas regulares aos serviços de emergência para pedir ambulâncias – certa vez, chegaram dois caminhões de bombeiros porque ele estava "morrendo". É difícil imaginar um exemplo mais vívido de "pedido de ajuda".

O psicólogo Oliver James escreveu que, em nossos dias, "é bastante provável que tanto Peggy quanto sua mãe recebessem o diagnóstico de algum transtorno de personalidade"; no livro *Upping Your Ziggy* [Pondo de pé o seu Ziggy], James analisou em detalhes o efeito dessa família sobre o jovem David Jones.

No entanto, se quisermos saber o efeito que ela teve em Bowie, podemos simplesmente retornar às palavras duras e amargas com as quais ele descreveu a atmosfera da casa da família:

Fome emocional.
Mutilação emocional.

BOWIE ENTENDEU QUE A INFÂNCIA TINHA DEIXADO NELE UMA CARÊNCIA AFETIVA

Assim, não é de surpreender que várias vezes Bowie tenha decidido recitar os versos do poema "This be the verse" [Este seja o verso], de Philip Larkin, quando aparecia em programas de televisão. Esse poema não é o tipo de coisa que costumamos ver nesses programas – em parte porque fala sobre o fato de que toda geração transmite aos filhos a própria infelicidade, em parte porque a linguagem empregada é forte –, mas ele evidentemente reverberava profundamente em Bowie.

Numa entrevista a Michael Parkinson em 2002, ele declamou a abertura do poema, o trecho que diz que todos nós somos destruídos por nossos pais. Então explicou:

Passei um tempo absurdo da minha vida... procurando por mim mesmo, tentando entender o objetivo da minha existência, o que me fazia feliz e quem exatamente eu era – e de que aspectos de mim mesmo eu estava tentando me esconder. Muita gente no *show business* é bem disfuncional e vive em estado de negação quanto ao que somos e qual é o nosso lugar no mundo. Quase sempre há um trauma de infância que nos faz ansiar por algum afeto que não tivemos.

A seguir, ele comentou que para algumas pessoas é extremamente difícil demonstrar afeto, e que quem não recebeu afeto também terá dificuldade de demonstrá-lo. E concluiu: "Meus pais eram assim. E Larkin tem razão. Eles transmitem para nós muito das próprias falhas".

UMA OBSERVAÇÃO SOBRE A CULPA – E POR QUE NÃO DEVERÍAMOS CULPAR NINGUÉM

Estamos discutindo a infelicidade na família de David Bowie – da tristeza leve à doença mental severa. Quando alguém se lança a esse tipo de discussão e foca nas causas "educacionais" da infelicidade (aquelas provocadas por parentes ou cuidadores) em detrimento das causas "naturais" (aquelas causadas pela genética), expõe-se a ser acusado de culpar os pais. Então, sejamos claros: não se trata de culpa.

Peggy não era culpada da tristeza e do vazio da infância de Bowie. Assim como Margaret não era culpada da tristeza e do vazio da infância da filha.

Cada uma apenas absorveu o estilo de maternidade da própria mãe e, como tinham habilidades emocionais extremamente limitadas, passou-o adiante. Esse padrão pode ter se repetido ao longo de gerações – cada uma repetindo o mesmo padrão insuficiente de maternidade. O padrão de repetir os erros é uma tragédia – seja na família de Bowie, seja em qualquer outra família –, mas ninguém é culpado por ele.

Mas espere aí, você pode estar pensando, não tem de haver culpa em algum momento? Se voltarmos no tempo, não vamos achar a pessoa que *começou* a repetir o mau padrão? Não existe, em toda família, a pessoa que primeiro foi ruim e machucava os filhos deliberadamente? Não necessariamente. O mais provável é que o estrago comece por causa de um revés, de um infortúnio: um pai que nunca retornou da guerra, uma mãe que morreu no parto. E a consequente sensação de abandono do filho começa a ser passada de geração em geração.

Ter essa perspectiva em mente é importante, pois, quando pensamos em carências emocionais da infância – que é o que vamos fazer a seguir –, nossa tendência é culpar os pais ou outros cuidadores. Ocorre que é útil (para nós) não fazer nada disso. Vamos trabalhar com a ideia de que a imensa maioria dos pais é bem-intencionada. Eles fazem o que podem, mas talvez o seu melhor seja limitado – em alguns casos, severamente limitado – pela educação, pela experiência e pela infância que tiveram.

LIÇÃO DE VIDA: RESPEITE AS SUAS CARÊNCIAS EMOCIONAIS

A "infância perfeita" não existe. Quando nossas necessidades infantis não são atendidas, nós as carregamos pela vida adulta, e elas acabam por moldar nosso caráter e nosso comportamento, fazendo-nos sabotar nossos relacionamentos, nossa carreira e outros aspectos da nossa vida. No nosso desenvolvimento como seres humanos, é importante reconhecer nossas carências mais profundas e entender como elas levam ao "apego" – o fardo emocional que, segundo Buda, é responsável por grande parte da nossa angústia mental.

No início de seus estudos do budismo, o jovem David Jones deve ter conhecido as quatro Nobres Verdades – a pedra angular da filosofia budista. A primeira Nobre Verdade diz que "a vida é sofrimento". A segunda Nobre Verdade diz que "a causa do sofrimento é o apego".

Arrisco o palpite de que essas duas sentenças fizeram muita gente desistir do budismo antes mesmo de conhecê-lo direito.

A primeira Nobre Verdade soa mesmo muito sinistra, ao passo que a segunda parece completamente insondável. Apego? Apego a quê? Com certeza não se trata do apego a um parceiro, ou aos filhos... ou é disso que se trata? Não devemos nos importar com os outros?

Qual o significado real das duas primeiras Nobres Verdades? Alguns especialistas e mestres budistas reconhecem que a tradução tradicional desses conceitos não ajuda muito e pode até ser imprecisa. Alguns acreditam que a palavra "sofrimento" deveria ser substituída por "insatisfação"; outros dizem que a construção "a vida é" é um exagero, pois dá a entender que *toda* a vida é sofrimento.

Provavelmente, a primeira Nobre Verdade afirma algo mais próximo de "há muita insatisfação em nossa vida". Essa não é uma sentença tão forte como "a vida é sofrimento", mas acho que muita gente concorda com ela.

E O QUE É O "APEGO", QUE OS BUDISTAS CONSIDERAM A CAUSA DO NOSSO SOFRIMENTO?

Alguns intérpretes contemporâneos também não estão totalmente convencidos de que a palavra "apego" seja a correta. Porém, após 2.500 anos de tentativas, ninguém arrumou uma melhor. Há quem tenha sugerido "desejo" ou "anseio"; são conceitos úteis, mas indicam apenas *parte* do que Buda queria dizer. A verdade é que o conceito é tão complexo que não pode ser comunicado por uma única palavra.

O significado exato de "apego" é complicado e está sujeito a debates. Não poderia ser diferente, tendo em vista que esse ensinamento foi transmitido oralmente 2.500 anos atrás, algum tempo mais tarde foi registrado por escrito na língua páli por outras pessoas e só então traduzido para diversas outras línguas, entre as quais o tibetano, até chegar ao inglês e, enfim, ao português – num tempo e numa cultura muito diferentes.

No entanto, a definição atual de "apego" parece abarcar três ideias intimamente relacionadas:

1. *Agarrar-se:* um aspecto do apego é a vontade de se agarrar às coisas. No entanto, as coisas são transitórias por natureza (outro princípio fundamental do budismo, o qual Bowie abraçou com convicção, é o de que tudo é impermanente), e o "sofrimento" surge quando nós as perdemos ou quando tememos perdê-las algum dia.
2. *Desejar:* nós acreditamos que alcançar ou manter determinadas coisas nos fará felizes. O "sofrimento" surge quando falhamos nesse propósito.
3. *Afastar-se:* nós também acreditamos que nos afastar de certas coisas, evitá-las de alguma maneira, nos tornará felizes. Novamente, o "sofrimento" surge quando isso não acontece. Em certo sentido, essa repulsa é o oposto do apego, embora seja comandada pelas mesmas forças.

É possível que a variante "desejar" seja a mais fácil de entender. Todos nós já vivemos momentos em que acreditávamos que alguma coisa ia nos deixar felizes e acabamos descobrindo que a realidade era diferente da expectativa: o prazer era fugaz. Por exemplo:

As férias dos sonhos. Você chega ao local e pensa: "Que vista maravilhosa!" Dez minutos depois você se pega pensando: "Bem, já apreciei a vista". E meia hora mais tarde percebe: "Agora estou entediado".

Aquela promoção. Durante os anos em que queria a promoção desesperadamente, você só conseguia pensar no que faria com o dinheiro extra. Agora que foi promovido, o dinheiro não parece dar para muito, e você começa a se preocupar com a responsabilidade e o estresse adicionais.

Aquele maravilhoso smartphone *novo.* Você precisa ter, mas depois de dois dias o que mais lhe chama a atenção nele é a vida curtíssima da bateria.

Mesmo que a novidade não seja decepcionante, depois de um tempo notavelmente curto a inovação que imaginávamos que iria mudar a nossa vida já não nos chama a atenção. Já não pensamos nela com prazer, embora sua perda viesse a nos deixar infelizes.

Quando foi a última vez que você parou cinco minutos para apenas sorrir de prazer diante da maravilha que é o *wi-fi*? Provavelmente, nunca. Porém, quando ele não funciona, como se sente? Se, 25 anos atrás, alguém lhe explicasse o que a internet seria capaz de nos proporcionar, você provavelmente a teria considerado extraordinária, um milagre assombroso. Agora ela apenas está aí. Até a hora em que não está e somos tomados pela raiva e pela incredulidade: como o mundo pode ser tão *injusto*?

Essa característica humana foi exposta em todas as suas cores por um conhecido meu, um vendedor muitíssimo bem remunerado. Ele sonhou a vida inteira em comprar uma Ferrari. Finalmente, um dia ele bateu metas de vendas que lhe garantiram um bônus imenso e comprou uma. O carro foi entregue em seu escritório e ele orgulhosamente dirigiu até sua casa, deleitando-se com a realização de seu sonho. Vinte minutos depois, porém, ligou para a esposa:

"Não funciona mais", ele disse com tristeza.

"O carro quebrou?", ela perguntou incrédula.

"Não, não, não quebrou. Mas não *funciona* mais. O que me moveu a comprá-la... não funciona mais. Quando entrei nela, me senti especial, do jeito que eu achava que fosse me sentir. Mas essa sensação já desapareceu. Agora estou apenas dirigindo um carro legal."

Não espero dos leitores nenhuma compaixão por um homem que tem dinheiro suficiente para comprar uma Ferrari. Porém, o fato de que um carro que custa quase 2 milhões de reais possa deixar uma pessoa se sentindo especial por apenas vinte minutos mostra como a nossa expectativa de prazer pode estar equivocada.

Seja qual for o nível de renda, vivemos ligeiramente insatisfeitos, sentindo que há algo melhor lá fora, algo que nos tornará muito mais felizes. Na verdade, tudo o que achamos que vai nos trazer felicidade acaba nos desapontando. Podemos sentir um prazer momentâneo, mas não nos tornamos uma pessoa mais feliz. Nada disso resolve a nossa vida.

E é assim com as pessoas de sorte, cuja vida é basicamente boa. Os menos afortunados passam pelo mesmo processo, mas em outro nível: vivem com um problema grave ou agudo – ansiedade, depressão, um sentimento constante de não serem bons o bastante –, mas acreditam que existe alguma coisa capaz de curá-los, de anestesiar a dor, de os fazer sentir-se normais. Essas pessoas também acabam desapontadas.

O "APEGO" É PROVOCADO POR EXPECTATIVAS IRREALISTAS

Em todas as variantes do apego existe uma desconexão básica com a realidade. O tempo todo parecemos não entender como a vida funciona, calculando mal o efeito de algo novo ou de algum relacionamento novo. Temos expectativas irrealistas. Não importa quantas vezes passemos pelo processo de:

- esperar pelo acontecimento;
- alimentar expectativas;
- chegar ao acontecimento;
- impossibilidade do acontecimento atender nossas expectativas.

Continuamos a reproduzi-lo, a renovar expectativas, a alimentar a esperança de que da *próxima* vez nossa vida ficará completa.

Se você não tem dinheiro para pagar as contas, um aumento de salário que lhe permita fazer isso aumentará sua felicidade. Porém, pesquisas mostram que, depois desse patamar, o efeito incremental do dinheiro sobre a felicidade é insignificante e que qualquer aumento de renda acima de 400 mil reais por ano *não resultará em nenhum aumento da felicidade*. Sendo assim, por que tanta gente se mata de trabalhar para conseguir um salário melhor ou um bônus gigante? Esses indivíduos acreditam que o dinheiro os fará mais felizes, mas isso não é verdade.

Nós não conseguimos agir de maneira diferente. Mesmo diante de todas as evidências, nosso apego permanece.

Se estudarmos os textos budistas originais, vamos encontrar a palavra páli *tanha*, que costuma ser traduzida como "apego", mas também vamos descobrir que esses textos discutem as origens desse comportamento. E então encontramos *upadana*, termo páli que pode ser traduzido por "combustível", "causa" ou "os meios de manter energizado um processo em andamento". Eis o que *realmente* importa para nós: qual é o combustível que nos faz agarrar e desejar aquilo que nos deixa infelizes? Por que criamos expectativas irracionais? Por que pedimos das coisas e das pessoas mais do que elas podem nos oferecer?

AS EXPECTATIVAS IRREALISTAS SÃO ALIMENTADAS POR NOSSAS CARÊNCIAS EMOCIONAIS

A resposta a essas perguntas é complexa. Parte dela está no instinto de sobrevivência que desenvolvemos ao longo de nossa evolução, mas outra parte está na nossa criação. As falsas expectativas vêm do fato de esperarmos que o presente supra as carências que têm origem no passado. Esperamos do presente mais do que ele pode nos dar porque *necessitamos* dele mais do que ele pode nos oferecer. Precisamos que ele supra carências da nossa infância, que preencha as lacunas que carregamos há décadas.

O comportamento de constantemente esperar que as coisas no presente supram as carências do passado está obviamente fadado ao fracasso. Daí vem o "sofrimento".

O pior é que, ao falhar em nos entregar aquilo que buscávamos, essa estratégia também nos causa prejuízos no presente. Esperar que as pessoas supram as carências do nosso passado pode destruir completamente nossos relacionamentos atuais. Esperar que as coisas supram as carências do nosso passado pode levar a resultados mais nocivos do que o desapontamento, como dependência química e outros comportamentos abertamente autodestrutivos. Se tivermos uma necessidade muito forte de compensação por um passado problemático, esta pode iniciar um processo de desconexão e depressão, uma vez que a vida insiste em nos desapontar.

Nós não temos consciência de que procuramos suprir carências da nossa infância, mas, em meus atendimentos, descobri que as pessoas precisam apenas de alguns minutos de reflexão (e não anos de terapia) para perceber esse padrão de comportamento e estabelecer conexões com a própria infância.

Entender essas conexões pode levar a:

- *Relacionamentos melhores no presente* – porque deixamos de sobrecarregar as pessoas com carências que elas não conseguem suprir.
- *Mais contentamento com as coisas materiais* – porque a satisfação com o que elas *de fato* proporcionam não é contaminada pelo desapontamento com sua incapacidade de atender expectativas irrealistas.
- *Decisões mais inteligentes* – porque entendemos melhor as reais intenções dos outros (em vez de sermos atingidos pelo efeito de palavras e ações emocionais que ecoam passagens da nossa infância).

QUAL A PROBABILIDADE DE VOCÊ ESTAR TRAZENDO CONSIGO CARÊNCIAS EMOCIONAIS DA INFÂNCIA?

Em minhas sessões de *coaching*, as conversas com os mais diferentes clientes apresentam um padrão. Eu identifico um momento em que o cliente teve uma reação exagerada a um acontecimento. O cliente reconhece a reação extremada e começa a se perguntar por que se comportou daquela maneira. Lembra-se de outras ocasiões semelhantes. Procuramos no presente as razões para tal comportamento, mas não encontramos nenhuma. E então a sessão prossegue mais ou menos assim:

Eu: Posso te fazer uma pergunta sobre sua infância?
Cliente: Pode.
Eu: Como você a descreveria?
Cliente: Normal.
Eu: Pode ser mais específico? Normal como?
Cliente: Bem... Não sofri abuso sexual nem nada do tipo.

Às vezes aparece esta variação:

Cliente: Bem... ninguém me bateu.

Honestamente, isso é muito pouco para definir que a infância foi "normal".

Nessa conversa, os clientes acabam percebendo que, na verdade, ainda *trazem consigo* alguma infelicidade da infância. No entanto, não acham que devem falar sobre isso – nem que mereçam solidariedade ou compaixão – porque "outras pessoas passaram por coisas muito piores".

O fato de estarmos muito mais cientes do abuso infantil – de as vítimas serem levadas a sério e de os abusadores estarem sendo punidos – é um avanço enorme. Mas essa consciência também parece ter provocado um efeito colateral menos maravilhoso: não vale a pena se preocupar com as pessoas que não sofreram abuso físico ou emocional porque, em termos comparativos, elas "se saíram bem".

Sejamos claros: não é preciso ter tido uma infância horrorosa para chegar à idade adulta com algumas carências afetivas. E o fato de algumas pessoas terem tido uma vida pior não é razão para não:

- permitir-se reconhecer essas carências;
- tratar-se com bondade e compaixão por tudo o que passou;
- fazer alguma coisa que ajude a acalmar e curar a dor.

Às vezes, quando estou treinando grupos em inteligência emocional e examinamos os fatores que podem impedir que uma pessoa reconheça e expresse suas emoções, passo um *slide* com uma lista de frases dos pais que limitam a capacidade dos filhos de comunicar suas emoções adequadamente. Algumas são muito sutis, mas também listo as frases clássicas: "Para de chorar senão vou te dar uma boa razão para chorar".

Quando comecei a dar esse treinamento, mostrei esse *slide* com a certeza de que todos considerariam essa frase nociva e que ninguém na sala sonharia em se pronunciar. Ela estava ali apenas para mostrar como as coisas podiam ser ruins. Por isso, fiquei ligeiramente surpreso e um pouco chocado de ver a frequência com que os participantes diziam: "Eu falo isso para meus filhos". Normalmente, eles fazem uma pausa antes de acrescentar: "Porque era assim que meus pais faziam comigo". Mais uma pausa e então: "Não vou mais fazer isso".

É comum que essa decisão seja recebida pelo grupo com murmúrios de concordância. Sim, eu também já disse isso. Não era minha intenção. Mas ver a frase escrita nesse *slide* me fez perceber como ela é absurda e equivocada, *mas eu disse isso mesmo*.

É um momento revelador.

Ao ver e discutir a frase escrita no *slide*, todos enxergam como ela é cruel e entendem que a mensagem transmitida é: "Se estiver triste, você será castigado". O que equivale a dizer: "Não tenha esse sentimento. Esse sentimento é ruim. E você é ruim por ter esse sentimento".

Trata-se de uma lição potencialmente prejudicial para qualquer pessoa, mas acredito que o fato de ela ser tão disseminada ilustra a facilidade com que as coisas passam de uma geração a outra sem nenhum questionamento. "Se os meus pais disseram isso para mim", diz a lógica, "então é normal, e eu posso fazer o mesmo com meus filhos. Não vou pensar no efeito que pode ter sobre eles porque, se fosse algo ruim, meus pais não me teriam dito."

Dessa maneira, uma crueldade casual torna-se facilmente normalizada. E a criança que escuta essa frase (em geral muitas vezes) carregará a necessidade de ser ouvida e compreendida, a necessidade de expressar tristeza e vê-la reconhecida e a necessidade de ser tratada com bondade e compaixão.

Nesse caso, vinte ou trinta anos depois, quando o chefe disser "Não me venha reclamar do prazo, termine isso e pronto", essas pessoas não sairão da sala pensando apenas "Esse aí não sabe administrar pessoas"; o comentário do chefe terá uma *carga emocional*, porque vai ecoar o comentário dos pais. A necessidade não suprida na infância deixou de ser suprida mais uma vez.

Se a pessoa que não pode ficar triste ou se queixar de um prazo injusto decidir, a caminho de casa, que precisa de férias, essas férias serão antecipadas não apenas como uma pausa prazerosa, mas como a cura da tristeza que subjaz à necessidade não atendida. E isso elas não poderão fazer, o que causará mais desapontamento.

COMO SABER SE TEMOS CARÊNCIAS EMOCIONAIS?

A ideia de carga emocional é importante. Quando a monja budista Pema Chödrön ensina sobre o apego, ela costuma focar não no agarrar-se, no desejar ou no afastar, mas na carga emocional em si. A interpretação de Chödrön nos interessa por dois motivos: primeiro, porque ela é uma comunicadora brilhante, capaz de explicar os aspectos ocultos do budismo em linguagem clara e simples, que todos conseguem entender; depois, porque Chödrön compartilhou dois mestres com David Bowie.

No início dos anos 1970, Pema Chödrön conheceu Chime Rinpoche num retiro nos Alpes franceses. Ele concordou em se tornar seu mestre, e ela começou a estudar com ele em Londres. Em 1974, ela se tornou monja sob supervisão dele e aceitou o conselho de continuar os estudos com Chögyam Trungpa Rinpoche, que se tornou seu principal mestre até morrer, em 1987. As duas maiores influências na formação de Chödrön como intérprete do budismo foram os homens que ofereceram um rumo a David Bowie.

Chödrön explica o apego não como um conceito abstrato, mas focando no efeito que ele tem sobre nós. Ela o descreve como aquele momento em que "somos fisgados":

> Alguém lhe diz alguma coisa maldosa e algo em você se fecha – isso é o *shenpa* [em tibetano, "apego"]. Então você entra numa espiral de baixa autoestima, ou passa a culpar a pessoa, a ter raiva dela, a difamar a si mesmo. Se você tiver alguma dependência química, talvez você recorra a ela para esconder o sentimento ruim que surgiu quando a pessoa lhe disse aquela coisa maldosa.

Nós podemos identificar quando nossas carências emocionais foram acionadas prestando atenção à versão de apego de Pema Chödrön: a sensação de termos sido fisgados, o momento em que sentimos uma carga emocional exagerada.

Como isso se revela no dia a dia? Existe uma boa possibilidade de você ter uma carência emocional se:

- você costuma reagir exageradamente às situações (depois de refletir, você olha para trás e talvez pense que ficou um pouco bravo demais, ou muito triste, ou assustado; ou talvez um amigo ou um colega tenha pedido para você esfriar a cabeça, sugerindo que você exagerou um pouquinho);
- seu "crítico interior" começa a gritar (na sua mente, ou quem sabe até em voz alta, você começa a falar consigo de maneira rude, criticando-se por pequenos "erros");
- você logo culpa os outros quando algo dá errado;
- você detesta visitar a casa dos seus pais ou locais que frequentava na infância;
- você se sente inexplicavelmente culpado toda vez que passa por um policial (ou costuma sentir-se intimidado por figuras de autoridade);
- você sempre deixa de fazer contribuições às reuniões ou conversas porque acha que ninguém realmente se importa com o que você tem a dizer.

Começamos esta seção do livro com as primeiras duas Nobres Verdades e enveredamos pelo caminho tortuoso da segunda, esclarecendo as (muitas e variadas) interpretações de "apego". Basicamente, ter apego é calcular mal, entender mal ou exagerar a situação em que nos encontramos hoje devido a uma carência emocional do passado, causada (ao menos parcialmente) por uma necessidade não suprida.

O mal-entendido pode assumir a forma de:

- depositar expectativas excessivas sobre as pessoas ou as coisas (o que resulta em desapontamento);
- dar importância exagerada a comentários e eventos negativos (o que faz nos sentirmos magoados, frustrados, tristes ou irritados).

Mas podemos tomar algumas atitudes quanto a isso. Aqui entram as outras duas Nobres Verdades. A terceira Nobre Verdade promete um fim para o sofrimento. A quarta Nobre Verdade nos indica o caminho a seguir. Nem todo caminho é relevante atualmente: você não vai "adotar o estilo de vida de um monge mendicante". Os trechos que têm mais sentido no mundo moderno estão na jornada de autoconhecimento que iniciamos no Capítulo 1. Vamos continuar com ela agora, abordando as carências afetivas que levam ao apego e, assim, a boa parte das angústias de nossa vida.

O SEU CAMINHO

Antes de traçar seu caminho futuro, é importante estabelecer o ponto de partida; para isso é preciso olhar para trás e descobrir como você se tornou a pessoa que é hoje. Esse processo passa por identificar e respeitar as suas carências emocionais, mas também por identificar e admitir seus pontos fortes.

Todos os super-heróis que dominam a atual indústria cinematográfica têm uma história sobre sua origem. Cada um desses super-heróis foi forjado por uma mistura de triunfo e adversidade. Você também.

Os criadores dos super-heróis sabem exatamente como essas histórias são importantes para os personagens. E a história da sua origem tem exatamente a mesma importância para você. É importante que você a conheça – e a assuma.

Ao olhar de perto as pessoas e os eventos que o influenciaram e moldaram sua vida, você será mais capaz de responder às primeiras duas perguntas de Chime Rinpoche:

Quem é você?
Onde você está?

EXERCÍCIO:
IDENTIFIQUE AS SUAS CARÊNCIAS EMOCIONAIS

Como identificar as carências emocionais? Felizmente, a vida nos proporciona um conjunto muito claro e útil de sinalizadores: nossos sentimentos. Em especial, os sentimentos que normalmente descrevemos como "difíceis" ou "negativos".

Raiva, tristeza, frustração e medo costumam surgir quando as carências gestadas na infância não são supridas no presente. Mais precisamente, é quando esses sentimentos aparecem de maneira exagerada – de maneira desproporcional ao evento que os desencadeou – que podemos ter certeza de que indicam uma carência emocional.

Se o nosso chefe não lê um relatório no qual trabalhamos intensamente, há razão para nos sentirmos um pouco frustrados. *Um pouco* frustrados.

Coisas assim acontecem no trabalho. O chefe pode andar ocupado. Ele pode estar interessado no relatório, pode valorizar todo o esforço que depositamos nele, mas não ter espaço na agenda para o ler como se deve. No final, o chefe vai voltar ao relatório, mas não na velocidade que gostaríamos. Portanto, sim, é compreensível ficar um pouco frustrado.

No entanto, acordar às três da manhã e passar duas horas obcecado com o fato de seu chefe não ter lido o relatório, de ele ter tido a ousadia de desrespeitá-lo – essa é uma reação desproporcional. Nesse caso, pergunte-se: esta situação tem alguma semelhança com situações que vivi quando era mais jovem?

Talvez sim. Talvez tenha acontecido de você correr para seu pai para lhe contar que tirou uma nota boa na escola e ele ter lhe respondido: "O papai está ocupado agora". Ou talvez – como Bowie – você se lembre de um dia ter pegado todas as suas tintas e seu pai ou sua mãe ter dito: "Não faça sujeira!"

Não se trata de uma atitude terrível. Na verdade, ela é bem compreensível. Mas se essa for a *única* coisa que os pais dizem – como acontecia com Peggy – então trata-se de uma atitude que machuca. Se não houver nenhum interesse pelo que os filhos estão prestes a criar, nenhum desejo de ver o desenho pronto, nenhum orgulho em pendurá-lo na geladeira, em algum momento no futuro, quando os filhos tiverem a mesma necessidade novamente não atendida, vão se sentir magoados.

Sabendo que nossos sentimentos podem sinalizar carências emocionais, em especial quando reagimos desproporcionalmente ao que nos acontece, podemos usar a tabela a seguir para começar a identificá-las.

Não faça este exercício com pressa. Faça-o quando tiver um momento de privacidade e sossego.

Como as páginas do livro são um espaço limitado, sugiro que desenhe esta tabela numa folha de papel bem grande. Você precisa de tempo e espaço para repetir o processo quantas vezes quiser.

Reflita sobre os últimos dias. Em que momentos você experimentou o que pode classificar como "emoções negativas" – raiva, tristeza, frustração, medo –, em particular os momentos em que reagiu exageradamente, ou em que disse coisas das quais agora se arrepende? (Se não tiver acontecido nada parecido nos últimos dias, reflita sobre os últimos meses. Não importa quanto tempo atrás essas situações ocorreram.) A seguir, responda às perguntas para cada evento.

	EVENTO 1	EVENTO 2	EVENTO 3	EVENTO 4
Como eu me senti? (E o que mais?)				
O que aconteceu imediatamente antes?				
E o que mais aconteceu imediatamente antes disso?				
Com que frequência eu reajo dessa maneira?				
Este sentimento é meu amigo ou inimigo?				
Se for meu amigo, o que está tentando me dizer?				
Qual era a minha carência emocional?				

Como eu me senti? (E o que mais?) Descreva o sentimento com o máximo de detalhes que puder. Se houver sentimentos secundários, descreva-os também.

O que aconteceu imediatamente antes? O que desencadeou esse sentimento? Qual evento, comentário ou ação precedeu o sentimento?

E o que mais aconteceu imediatamente antes disso? Houve outras circunstâncias que possam ter contribuído para a intensidade do sentimento? Você reagiu a um evento ou a uma série de eventos?

Com que frequência eu reajo dessa maneira? Olhando para trás, com que frequência você diria que apresenta a mesma reação?

Este sentimento é meu amigo ou inimigo? Nessa situação, você acha que esse sentimento o ajuda ou o atrapalha? Ele o fez dizer ou fazer coisas das quais se arrependeu mais tarde? Se a resposta for "nenhum dos dois", OK.

Se for meu amigo, o que está tentando me dizer? Seja qual for a resposta da pergunta anterior, pense que esse sentimento estava tentando ajudá-lo ao lhe fornecer uma informação importante. Que informação era essa?

Qual era a minha carência emocional? Finalmente, pergunte-se qual poderia ser a carência emocional por trás da sua reação.

Para ajudá-lo a responder à última pergunta, aqui está uma lista de necessidades humanas comuns. (Esta lista vem do Centro de Comunicação Não Violenta de Austin, nos Estados Unidos.) Como você pode ver, são diversas as necessidades.

CONEXÃO

aceitação
afeto
amor
apoio
apreço
compaixão
companheirismo
comunicação
comunidade
confiança
conhecer e ser
conhecido
consideração
consistência
cooperação
cordialidade
cuidado
empatia
entender e ser

entendido
estabilidade
inclusão
intimidade
pertencimento
proximidade
reciprocidade
respeito
segurança
ver e ser visto

BEM-ESTAR FÍSICO

abrigo
água
alimento
ar
descanso/sono
expressão sexual
movimento/exercício

segurança
toque

HONESTIDADE

autenticidade
integridade
presença

DIVERSÃO

alegria
bom humor

PAZ

beleza
comunhão
conforto
harmonia

igualdade	**SIGNIFICADO**	desafio
inspiração	aprendizado	descoberta
ordem	celebração da vida	efetividade
	clareza	eficácia
	competência	esperança
AUTONOMIA	compreensão	estímulo
espaço	conhecimento	expressão
espontaneidade	consciência	luto
independência	contribuição	participação
liberdade	crescimento	propósito
opção	criatividade	ser importante

Ao repassar as perguntas para estimular mais lembranças, você verá que alguns temas sobressaem. Se você identificar padrões repetidos, é provável que eles indiquem uma carência emocional particularmente importante.

Lembre-se de que a nossa intenção não é culpar ninguém. Se você sentir raiva ao perceber as carências afetivas, lembre-se de que essa raiva é válida e que tem direito a ela. Porém, se conseguir, faça com que a raiva seja "raiva porque" e não "raiva contra".

Raiva *porque* suas necessidades não foram atendidas, e não raiva *contra* a pessoa que não lhe deu aquilo de que você precisava. Como já discutimos antes, essa pessoa podia ter boas intenções, mas ter sido limitada pelas circunstâncias ou pela própria história de vida.

UMA ESTRATÉGIA DE CURA

Após identificar suas carências, siga os passos abaixo para ajudar na cura.

1. *Respeite suas carências emocionais.* No próximo exercício há uma meditação para ajudá-lo a fazer isso.
2. *Valorize os momentos em que suas necessidades foram atendidas.* À medida que se tornar consciente das suas carências emocionais, comece também a olhar para as necessidades que foram satisfeitas. Procure expressar sua gratidão a essas pessoas. Não é preciso dizer:

"Obrigado por ter atendido minhas necessidades na infância" (nem todo mundo entenderia o que você quis dizer); você pode simplesmente mandar um *e-mail* em que diga algo como: "Obrigado pela resposta rápida; receber seu *feedback* prontamente de fato contribuiu para o sucesso do projeto".

3. *Procure maneiras práticas de satisfazer as suas necessidades no presente.* Por exemplo, passe menos tempo com as pessoas que não atendem as suas necessidades e mais tempo com aquelas que o fazem. Ao se tornar mais consciente das próprias necessidades, você também vai descobrir maneiras de expressá-las com calma, clareza e concisão, numa linguagem apropriada à situação do presente.

4. *Aceite o fato de que não será capaz de satisfazer no presente todas as suas carências passadas.* Saiba que às vezes as suas necessidades não serão atendidas, mas agora você tem um meio de lidar com isso: a meditação do exercício a seguir.

EXERCÍCIO: RESPEITE AS SUAS CARÊNCIAS EMOCIONAIS

Esta meditação foi pensada para lhe oferecer autocuidado e cura.

Todos nós já fomos procurados por um amigo com problemas. Depois de ouvi-lo, rapidamente enxergamos uma solução brilhante. Porém, ao contrário do que prevíamos, esse amigo não achou a solução tão maravilhosa. Quando muito, ficou um pouco incomodado. Porque ele não queria que *resolvêssemos* nada. Ele queria apenas que o escutássemos. Queria a nossa atenção – bondosa e exclusiva.

É essa a atitude que vamos invocar nesta meditação. Não vamos tentar resolver nada. O objetivo não é resolver. Precisamos apenas estar presentes. Neste caso, não estaremos presentes para um amigo, mas para nós mesmos, oferecendo a atenção bondosa, calorosa e exclusiva de que precisamos.

Não se apresse. Se começar a meditação com algum ressentimento por ter de passar um tempo consigo, ou com a sensação de que deveria estar fazendo outra coisa, você não será capaz de cuidar e de curar a si mesmo. Então, antes de começar, certifique-se de que dispõe do tempo necessário.

A intenção de apenas estar presente para nós mesmos é o que realmente importa nesta meditação. Descobrir e nomear carências emocionais não é uma ciência exata, e este exercício não é uma investigação criminal.

Para explicar a meditação, vou usar o exemplo de David Bowie. Quando ele fala da própria infância, qual é a carência que aparece? Olhando aquela lista, poderíamos dizer "apreço" ou talvez "ser visto" – como uma pessoa inteira, e não como alguém que causaria confusão. Mas é claro que você deve usar sua própria carência no exercício.

Comece a meditação como no Capítulo 1. Sente-se num estado de alerta relaxado, feche os olhos e concentre-se na respiração. Perceba o ar entrando e saindo.

Quando os pensamentos surgirem, deixe-os ir e volte a se concentrar na respiração.

Comece a respirar um pouco mais devagar e um pouco mais profundamente. Expire completamente.

Assim que estiver bem sintonizado com o ritmo da respiração, declare sua carência emocional em palavras que tenham sentido para você: "Gostaria que tivessem apreço por mim" ou "Preciso que me vejam como sou". Deixe aflorar os sentimentos que essa declaração provoca.

A seguir, tente perceber em que partes do corpo esses sentimentos reverberam. Comece pela cabeça e vá descendo. Verifique cada parte do corpo até encontrar aquela em que a carência se manifesta.

Pode ser que haja um aperto na garganta ou um peso no peito; seu estômago pode ficar bagunçado ou os ombros, tensos. Você pode estar travando os dentes e apertando forte as mãos. Outras reações são possíveis. Investigue seu corpo até encontrar alguma.

Nesse momento, apenas fique com ela. Concentre-se na parte do corpo que reagiu e fique com ela. Continue respirando vagarosa e continuamente, sempre expirando profundamente.

O objetivo não é se livrar do sentimento, mas permitir que ele seja o que é. Nem tentar entender por que você se sente dessa maneira. Sua meta é oferecer a si mesmo um pouco de cuidado e atenção.

Observe se o sentimento permanece o mesmo ou se muda (sem tentar mudá-lo). Observe se ele circula pelo seu corpo. Seja qual for o sentimento, apenas fique com ele.

Permita-se alguns minutos para apenas estar com o que estiver ali.

A seguir, retorne o foco gradualmente para a respiração. Para dar a cada expiração uma sensação de desprendimento, solte o ar fazendo barulho.

Por fim, abra os olhos devagar.

EXERCÍCIO: RECONHEÇA OS SEUS PONTOS FORTES

Em 1999, num *webchat* da BT, Bowie fez um comentário sobre o início da carreira: "Eu tinha uma autoestima péssima, o que me levava a tentar sempre melhorar o que quer que estivesse fazendo, mas ainda assim eu tinha a sensação constante de fracasso. *O tempo todo* eu estava à beira de desistir de tudo". Pois é, esse é o homem que criou uma das mais importantes obras artísticas dos últimos cem anos. A percepção que temos de nós mesmos pode ser muito enganosa.

Mesmo quando não temos confiança, quando duvidamos de nós mesmos, a realidade é que temos muitos pontos fortes e ótimas qualidades. E, mesmo quando nos sentimos sós, pode haver uma rede de apoio à nossa volta.

Algumas pessoas relutam em assumir seus pontos fortes, mas assumir nossas qualidades é útil em nossa jornada de autoconhecimento, assim como reconhecer nossa rede de apoio.

Responda às perguntas que seguem. (Se você achar o exercício útil, responda às perguntas diversas vezes, a cada uma delas focando um desafio diferente na sua vida.)

Pense numa época ou numa situação que você considerava difícil ou desafiadora mas que, apesar disso, superou. Relembre o que aconteceu respondendo às questões:

1. O que você desejava fazer ou alcançar?
2. O que aconteceu de fato?
3. Quais foram os desafios que você enfrentou (ou por que a situação era difícil)?
4. Quais sentimentos "negativos" e ou pensamentos autodepreciativos você teve?

5. Você pediu ajuda a alguém?
6. Em caso positivo, quem o ajudou?
7. Por que escolheu essa pessoa (ou essas pessoas)? Que qualidades ela (elas) tinha (tinham)?
8. Quais qualidades suas o ajudaram nessa situação?
9. Olhando para o caso agora, o que você teria feito diferente? (Nada de se autoflagelar; olhando para trás, todo mundo pode fazer melhor.)
10. Se alguém estivesse enfrentando a mesma situação hoje, que conselhos você lhe daria? E que tipo de apoio poderia oferecer?

Depois de terminar, volte às perguntas 8, 9 e 10. Reflita sobre as qualidades que identificou, os aprendizados que teve e as maneiras pelas quais seria capaz de ajudar outra pessoa hoje.

No futuro, quando enfrentar situações difíceis, volte a esses itens e pense em como usar seus pontos fortes e aprendizados na nova situação.

Se possível, faça o exercício várias vezes (concentrando-se em diferentes situações do passado) para construir uma lista de pontos fortes e aprendizados.

EXERCÍCIO: QUEM O INFLUENCIA?

Complete estas sentenças. Dê o máximo possível de detalhes. Tente ser o mais específico possível ao dizer qual lição aprendeu e quando ela pode ser útil.

A pessoa que mais me influencia é...
A lição mais importante que aprendi com essa pessoa foi...
O momento em que essa lição teve utilidade foi...

Se a pessoa que você indicou acima for um familiar, responda novamente às perguntas sobre alguém que não pertença à família.

A pessoa que mais me influencia é...
A lição mais importante que aprendi com essa pessoa foi...
O momento em que essa lição teve utilidade foi...

EXERCÍCIO: QUEM O AJUDA?

Responda às perguntas abaixo pensando no presente, e não no passado.

1. A quem você pode pedir ajuda? (Indique quantas pessoas quiser.)
2. Quais são as qualidades dessas pessoas que as tornam boas fontes de apoio?
3. Quais qualidades você tem para ajudar alguém que necessitasse do seu apoio?
4. Como você usa essas qualidades consigo mesmo?
5. De que outras maneiras você poderia utilizá-las em benefício próprio?

Reveja as respostas que deu às perguntas dos dois últimos exercícios. Observe os pontos fortes e o apoio que você identificou. Toda vez que enfrentar novos desafios ou dificuldades, volte a esses questionários e veja como pode utilizar seus pontos fortes no futuro.

Se considerar apropriado, entre em contato com as pessoas que você identificou como influenciadoras e apoiadoras e conte-lhes que acabou de fazer este exercício e descobriu como elas são importantes para você. Conte-lhes como elas o ajudaram e agradeça-lhes. Se alguma delas já tiver falecido, pense nela por alguns minutos.

O SEU CAMINHO: SIGA EM FRENTE

Depois de fazer os exercícios anteriores, experimente as ações e atitudes a seguir.

1. Continue a meditar com regularidade (como no Capítulo 1, concentran-do-se na respiração, mas observando os pensamentos e os julgamentos) por três minutos ao dia. Se puder meditar por mais tempo, fantástico, mas três minutos são suficientes para você trazer a mente de volta à respiração depois de observá-la pensar e julgar. Esse exercício fortalecerá habilida-des valiosas que serão aplicadas ao longo de todo o livro.
2. Comece a observar quando as pessoas à sua volta têm reações exa-geradas. Pense qual necessidade não atendida no passado poderia

estar por trás disso. E no presente? (Não diga nada às pessoas. Este é um exercício de desenvolvimento da habilidade de perceber carências afetivas, e não de interferência na vida alheia.)

3. Pense nas duas primeiras perguntas de Chime Rinpoche:

Quem é você?

Onde você está?

O que você descobriu nestes exercícios que pode ajudá-lo a obter respostas mais completas?

4. Pergunte-se: "Quem eu seria sem as minhas carências emocionais?" Reflita sobre isso durante uma semana.

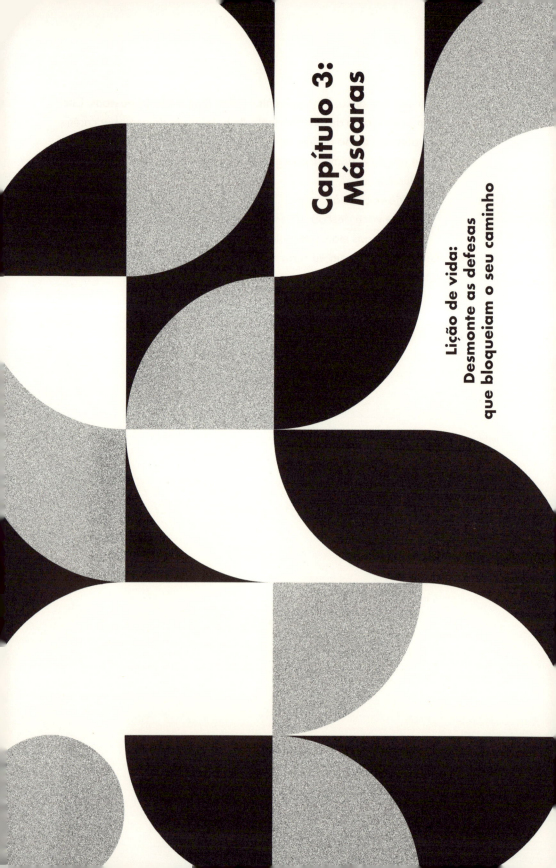

Capítulo 3: Máscaras

**Lição de vida:
Desmonte as defesas
que bloqueiam o seu caminho**

"Louco? Lúcido? Homem? Mulher? Robô?"
(Dick Cavett ao apresentar Bowie em seu programa
de televisão, 1974)

"O maldito [Ziggy Stardust] não me deu
sossego durante anos... comprometeu a minha
personalidade... foi ficando muito perigoso.
Comecei a duvidar da minha sanidade... Acho que
cheguei perigosamente perto da linha."
(David Bowie em entrevista a Allan Jones,
Melody Maker, 1977)

"Afinal, todos os renascimentos poderiam nos
adoentar [...] o camaleão, uma caricatura
propensa a mudar de cor, um reluzente lagarto
rastejante."
(Carl Jung, *O livro vermelho*)

O CAMINHO DE DAVID BOWIE

Aos olhos do mundo, os personagens concebidos por Bowie, como Ziggy Stardust, eram magníficas criações artísticas. Porém, como o próprio Bowie percebeu depois, eram defesas psicológicas que ele criou para evitar o confronto com os aspectos da realidade de que não gostava.

Muito tempo antes de participar da Sociedade Budista e conhecer Chime Rinpoche, Bowie já tinha tido um mestre brilhante: seu meio-irmão Terry Burns. Durante grande parte da vida adulta, Bowie foi considerado o cara mais interessante do mundo, mas na juventude era Terry quem ocupava seu pedestal particular.

Como *superstar* dos anos 1970, Bowie sempre teve muito prazer em apresentar sua legião de fãs a artistas brilhantes, porém menos conhecidos (como Velvet Underground e Iggy Pop). Ele fazia com seu público exatamente o que Terry tinha feito com ele quinze anos antes.

Dez anos mais velho que David, Terry estimulava a imaginação do jovem ao apresentá-lo a *rhythm & blues*, ficção científica, *jazz* contemporâneo e aos textos da Geração Beat: Jack Kerouac, Allen Ginsberg, Gregory Corso, Lawrence Ferlinghetti, William Burroughs e John Clellon Holmes.

Existe uma edição estadunidense do romance *The Dharma Bums* (1962), de Jack Kerouac*, cuja capa saborosa traz o seguinte texto: "Brigas, bebidas, desprezo pelas convenções, amor selvagem – as loucas aventuras dos *beatniks* estadunidenses em sua louca busca por curtição". Abaixo dessa evidente tentativa de seduzir um grande público com um romance esquerdista vinha a reconhecida opinião da *The Listener*, em geral uma revista sóbria: "Uma baita filosofia de vida".

Sim, de fato. Mas revelou-se que a tal filosofia era o budismo, para surpresa e talvez decepção de muitos que se sentiram atraídos pela capa.

A pista está no título do romance. "*Dharma*", ou "darma", não é uma palavra muito simples de traduzir com exatidão, mas pode se referir tanto aos ensinamentos de Buda quanto às formas de viver de

· · · · · · · · · · · ·
* No Brasil, *Os vagabundos iluminados*, tradução de Ana Ban, editora LP&M.

acordo com eles. Assim como "tao", abrange tanto a conduta quanto o caminho.

Os personagens desse romance estão em busca da verdade e de sensações, e o caminho para a verdade é o budismo.

Fundamentalmente, além de expandir as referências de Bowie, saindo do universo da cultura dominante, Terry também lhe abriu uma porta para o budismo. Na verdade, mais para o zen-budismo do que para o budismo tibetano, que Bowie acabou estudando com Chime Rinpoche. Mas as duas variações têm a meditação como centro da prática, e Bowie continuou fascinado pelo zen-budismo.

Muito tempo depois, em um documentário da tevê estadunidense, ele reconheceu:

> Talvez Terry tenha me proporcionado a melhor educação – educação prática – que eu poderia ter tido. Ele me apresentou a coisas diversas. Foi um grande acontecimento quando ele me deu *Pé na estrada*, de Jack Kerouac. Mudou a minha vida. Ele também me apresentou a pessoas como John Coltrane, que estava muito acima da minha compreensão, mas cuja magia eu percebia. Eu me entusiasmava com o entusiasmo dele. Eu meio que queria ser como ele.

O jovem David queria ser como Terry, o irmão mais velho. Até o dia que não quis mais.

A ASCENSÃO DE DAVID E A QUEDA DE TERRY

Em 1967, Terry teve um surto grande, com alucinações e vozes. Ele já tinha um histórico de problemas mentais, mas nessa época as coisas pioraram significativamente. Foi então diagnosticado com esquizofrenia e internado na clínica Cane Hill, uma instituição psiquiátrica.

No início, Bowie continuou sendo um irmão atencioso, mas com o passar do tempo essa atitude mudou. Ao ver Terry vivendo com tanta intensidade a "maldição da família", David teve de lidar com o próprio medo de ter alguma doença mental e foi aos poucos se distanciando dele. Em 1971, quando Terry apareceu em Haddon Hall, onde Bowie – então prestes a ficar famoso – estava morando com Angie, sua esposa à época, e alguns membros da banda que depois viria a ser a The Spiders from Mars, Bowie o dispensou com um simples: "Desculpe, estamos ocupados".

Isso pode parecer muito grosseiro, mas é óbvio que Bowie tinha medo de ter o mesmo destino que Terry. Ele não queria pensar na "maldição familiar", mas, com Terry por perto, seria forçado a isso. Portanto, Terry tinha de se distanciar. O fato de ele ver a presença do irmão como uma ameaça a sua sanidade foi evidenciado em comentários feitos à prima Kristina no final de 1971, quando ele a visitou em Nova York. Kristina se lembra de Bowie dizer que não conseguia compreender "por que ele tinha sido poupado e Terry, não. Ele poderia ter sido Terry".

O pavor de Bowie de que poderia facilmente ser ele na clínica e a incapacidade de se aproximar de Terry depois disso vieram à tona com clareza em uma entrevista: "Nunca soube direito qual era a posição de Terry em minha vida. Se era uma pessoa de verdade ou se eu estaria diante de outro lado meu".

À medida que Bowie ficava famoso, a vida de Terry tomava outro rumo. Em 1965, ele chegou a comentar com Madeleine Berks, sua senhoria na ocasião: "Já li Freud e já li Jung. Sei exatamente aonde vou parar". Berks compreendeu por esse comentário que ele iria se matar.

Enquanto isso, o medo, os tormentos e a culpa de Bowie apareciam em algumas de suas canções mais fortes desse período: "All the Madmen", do álbum *The Man Who Sold the World*; "Changes" e "The Bewlay Brothers", de *Hunky Dory*; "Five Years", de *The Rise and Fall of Ziggy Stardust and the Spiders from Mars*. Como essas canções ajudaram a impulsionar o estrelato de Bowie, é fácil fazer críticas ao modo como ele tratou o irmão. Alguns biógrafos chegaram a acusá-lo de trancar Terry e jogar a chave fora. Acho que culpar Bowie é tão equivocado quanto culpar Peggy Jones ou Margaret Burns pela doença mental dos dois homens. Nessa história, todos fizeram o melhor possível com os limitados recursos emocionais de que dispunham.

A prova de que Bowie não poderia ter sido mais atencioso com Terry é que, ao longo dos anos seguintes, ele demonstrou essa falta de cuidado consigo. Se Bowie "trancou Terry e jogou a chave fora", fez exatamente a mesma coisa consigo mesmo. Porém, enquanto Terry se viu aprisionado em uma clínica, Bowie se viu aprisionado a Ziggy Stardust, criatura que ele mesmo gerou.

A VERDADEIRA ASCENSÃO E QUEDA DE ZIGGY STARDUST

Bowie também havia lido Jung.

Entre as filosofias que Bowie explorava no trabalho e na vida, a psicologia de Carl Gustav Jung misturou-se ao budismo. E, assim como o budismo, os conceitos de Jung iriam permear toda a sua vida. Em 2013, Tony Oursler, que dirigiu o extraordinário videoclipe do "retorno" de Bowie com o single "Where Are We Now?" (cujo título aponta para as três perguntas de Chime Rinpoche), afirmou em uma entrevista ao *Le Figaro* que: "Bowie habita o mundo de Carl Jung […], lê e fala sobre o psicanalista com paixão". Na verdade, se quisermos explorar os principais conceitos da psicologia de Jung, Bowie é um estudo de caso perfeito.

O conceito de Jung mais relevante aqui é o conceito de *persona*, que, de acordo com ele, é o rosto que mostramos ao mundo: uma máscara para as interações com os outros. Não se trata do nosso verdadeiro eu, mas da "vitrine" para o mundo. Bowie se apoderou desse conceito e o colocou em prática.

Em 1972, já fazia nove anos que o artista vinha tentando se dar bem na indústria da música. Tinha tido sucesso com um compacto ("Space Oddity"), mas fora isso tinha sido bastante ignorado. Foi então que inventou Ziggy Stardust, e tudo mudou. Bowie tinha tentado ser uma estrela do *rock* e não conseguira. Portanto, decidiu simplesmente desempenhar o papel de estrela do *rock*: escreveu um álbum sobre Ziggy Stardust, roqueiro fictício, e começou a se apresentar com as roupas e a maquiagem de Ziggy.

Foi um golpe de estado pós-modernista. Bastou afirmar que era uma estrela do *rock* para se transformar nela. No auge da era Ziggy, Bowie teve cinco álbuns entre os Top 40 da Grã-Bretanha (inclusive versões relançadas de três álbuns que tinham sido completamente ignorados pelo público antes da criação dessa *persona*). Em poucos meses, Bowie se tornou, sem sombra de dúvida, a personalidade mais importante da cultura *pop* britânica desde o surgimento dos Beatles. Para o mundo externo, era genial. Porém, no mundo íntimo de Bowie, isso logo se transformou num pesadelo.

Jung afirma que criamos uma *persona* a fim de externar os aspectos aceitáveis para as outras pessoas, permitindo que ocultemos os aspectos que consideramos que não serão toleráveis (pois não achamos que sejam). Ziggy Stardust permitiu a Bowie expressar no palco uma versão confiante de si mesmo, enquanto a versão medrosa, fraturada, vulnerável, de desenvolvimento prejudicado e emocionalmente carente continuava bloqueada.

Jung emprestou o termo *"persona"* do latim, em que significava a máscara do ator dramático clássico. De certo modo, o papel do ator é uma *persona* temporária. Bowie se via como ator e também como cantor, e no início Ziggy era um papel. Numa entrevista de camarim, durante os anos de Ziggy, o cantor disse: "Levo esse papel a sério, sem medir as consequências. Faz parte do que significa ser Bowie. Sou ator".

É nessa última frase que percebemos o primeiro motivo de Ziggy ter se tornado um problema. Bowie fala de "Bowie" na terceira pessoa, pois "Bowie" já era uma *persona* criada por David Jones. A *persona* deveria ser a face tolerável que mostramos ao mundo, mas "Bowie" não tinha sido aceito por muita gente. Assim, Jones/Bowie criou outra *persona*. Ziggy era a *persona* da *persona*.

Anos depois, quando Bowie fazia o filme *O homem que caiu na Terra*, o diretor Nicolas Roeg o alertou para o fato de que às vezes, quando um ator termina um filme, o personagem continua com ele. Foi um bom aviso, mas Bowie já tinha se dado conta disso. Porém, tinha decidido que não deixaria Ziggy no palco. Ao contrário, perguntou-se por que não levá-lo às entrevistas. Por que não atuar como Ziggy diante da imprensa? Por que não mostrar Ziggy ao público? E mais, por que deixar de ser Ziggy, afinal? No começo, pareceu uma boa ideia, pois simplificava tudo. Mas logo Bowie se viu "perdido em Ziggy", como diria mais adiante. Provavelmente, Bowie tinha virado Ziggy. Ou, talvez, Ziggy tenha virado Bowie. Seja como for, Bowie logo começou a ter raiva de Ziggy na mesma medida em que seus fãs adoravam o personagem.

No verão de 1973, quando David Bowie se livrou de Ziggy, no auge da fama, a decisão foi considerada ora um equívoco inexplicável (como alguém podia jogar fora um personagem que tinha feito tanto sucesso e gerado tanta renda?), ora um golpe de mestre (que maneira extraordinária de se promover ainda mais!). Enquanto os músicos de sua banda, The Spiders from Mars, ficaram abalados com a decisão, Bowie dava ao mundo mostras de estar passando com tranquilidade para uma nova etapa da carreira. A verdade, porém, é que não havia tranquilidade nenhuma.

De acordo com o biógrafo Christopher Sandford, antes do *show* no Hammersmith Odeon, em julho de 1973, no qual Bowie "matou" Ziggy, ele soluçava nos bastidores. A certa altura, quando seu agente gritou: "Cadê o David?", o guitarrista Mick Ronson lembra-se de ter respondido: "Sei lá". Então, depois do que pareceu uma apresentação muito boa artisticamente, instantes antes do bis, quando contou para a plateia que aquele seria "o último *show* que fariam", ele foi para o camarim e o destruiu, chegando inclusive a se ferir. Ao ressurgir no palco, os espectadores viram arranhões e machucados em seu rosto. Talvez a "morte de Ziggy" tenha originalmente sido vista como uma inteligente manobra na carreira, mas Bowie sabia que tinha descartado sua *persona* e o que lhe sobrava era... o quê?

Como disse inúmeras vezes ao longo da carreira, "não existe um David Bowie definitivo". Quanto a David Jones, ele não tinha a menor ideia de onde tinha ido parar. A tentativa de recuperar David Jones era como aquele jogo em que temos de adivinhar debaixo de qual copo está a bolinha, conforme contou à *Rolling Stone*, em 1975. "A diferença é que eu tenho tantos copos que me esqueci da cara da bolinha. Se a encontrasse, não a reconheceria."

Por ocasião dessa entrevista à *Rolling Stone*, ele já havia criado (ou estava desenvolvendo) várias outras *personas* a fim de ocultar aspectos de si mesmo de que não gostava (inclusive o pavor de doença mental, que o consumia): Aladdin Sane, um híbrido de Ziggy, cujo rosto maquiado com um raio se tornou a imagem mais duradoura de Bowie; Halloween Jack, que vivia no futuro distópico do álbum *Diamond Dogs*; um personagem do *plastic soul**, que cantava "Fame", o seu maior sucesso nos Estados Unidos; e Thin White Duke, um tirano frio e cruel, com tendências fascistas alarmantes. À medida que cada nova *persona*

• • • • • • • • • • •

* Termo cunhado na década de 1960 para classificar a música *soul* feita por brancos, ou seja, que não seria autêntica. (N. T.)

se apresentava, o estado mental de Bowie piorava, até ele ficar sozinho, anoréxico e viciado – uma prova viva do argumento de Jung de que "no final, todos os renascimentos poderiam nos adoecer".

Bowie utilizou dois mecanismos de defesa para se proteger dos aspectos de si mesmo (e de sua família) que não queria enfrentar: as múltiplas *personas* e a constante ocupação com o trabalho. No início, essas defesas funcionaram. Com o passar dos anos, foram desmoronando, o que lhe causou muito mais mal do que bem.

LIÇÃO DE VIDA: DESMONTE AS DEFESAS QUE BLOQUEIAM O SEU CAMINHO

Todos nós criamos defesas, ou "refúgios artificiais", que a princípio podem parecer cativantes e durante um período talvez até funcionem como uma maneira de nos sairmos bem na vida, mas, com o tempo, em vez de nos protegerem, eles aumentam nosso sofrimento.

Em 1982, depois de algumas tentativas de suicídio mal-sucedidas, Terry Burns se matou.

Será que essa morte triste teria sido tão inevitável quanto Terry sugeriu ao comentar com Madeleine Berks: "Já li Freud e já li Jung. Sei exatamente aonde vou parar"? Foi um comentário estranho, pois indica que, se ele tinha mesmo lido Jung, obviamente não o compreendera. Não há nada no trabalho de Jung que aponte o transtorno mental como sendo incurável – nem mesmo a esquizofrenia. Nem que o prognóstico de Terry teria sido de um declínio irreversível e inevitável. Ao contrário.

Enquanto a psiquiatria convencional, no período em que Jung desenvolvia suas teorias, enxergava os pacientes como vítimas de uma doença, Jung os via como pessoas prontas a crescer e se transformar em seres humanos mais completos. A psiquiatria convencional procura diminuir o sofrimento (e quem quer que tenha sofrido com transtornos mentais há de concordar que esse é um objetivo sensato), mas Jung acreditava que era possível fazer mais que isso, que o sofrimento do paciente poderia ser um trampolim para o seu desenvolvimento. E que a própria natureza desse sofrimento – os sintomas – seria um indicador de como eles precisariam se desenvolver e de como poderiam fazê-lo.

Em vez de achar que algo tinha dado muito errado e que seria preciso consertar, Jung via o transtorno mental como um sinal de que talvez a trajetória de vida da pessoa estivesse travada, mas ela não precisava ficar travada. Por mais doente que alguém estivesse, Jung estava convencido de que "os distúrbios esquizofrênicos podiam ser tratados e curados por meios psicológicos".

A psiquiatria considerava absurdos os delírios, as alucinações, os gestos incomuns e os padrões de fala da esquizofrenia. Jung os via como plenos de sentido. Conforme escreveu em 1914: "Quando nos aprofundamos nos segredos humanos de nossos pacientes, a loucura revela o sistema em que ela se baseia, e reconhecemos a insanidade apenas como uma reação incomum a problemas emocionais que tampouco são estranhos a nós".

Embora Jung fosse um pensador radical, é pouco provável que Terry não o tenha compreendido. Nos textos que recomendava ao jovem meio-irmão, Terry já demonstrava a inteligência, a argúcia e a extrema abertura para ideias novas. Talvez tenhamos que concluir que, embora Terry compreendesse o que Jung dizia, ele já tivesse percebido que as pessoas encarregadas de seus cuidados não compreendiam nada. É trágico, mas tudo indica que em nenhum momento de sua internação ele recebeu algum tipo de psicoterapia.

QUANDO JUNG ENCONTRA BUDA

Talvez seja exagero dizer que a filosofia de Buda e a psicologia de Jung são a mesma coisa, mas elas têm uma ligação extraordinária. Considerando que eles estão separados por dois milênios e meio e por culturas completamente distintas, é impressionante que tenham chegado a conclusões semelhantes sobre por que sofremos e como podemos encontrar um caminho melhor na vida. Não é de estranhar que alguém como Bowie, já interessado em um, se aprofundasse também no outro.

Eis algumas semelhanças:

1. Tanto o budismo quanto a psicologia junguiana argumentam que a maneira de acabar com o sofrimento – na verdade, o verdadeiro propósito da vida – é descobrir quem somos de fato. É esse o trabalho mais importante que devemos realizar em nosso tempo na Terra.

2. No budismo, o adepto segue o caminho óctuplo* até chegar à iluminação final, a mais completa realização humana. No esquema junguiano, o processo se denomina individuação, e sua finalidade também é que a pessoa se torne a melhor versão de si mesma.

* Referência ao Nobre Caminho Óctuplo, fundamental à prática budista. (N. T.)

3. Embora possa parecer egoísmo, ambas as tradições enfatizam que não se trata disso. Esse trabalho sobre nós mesmos aprimora todos os nossos relacionamentos e nos torna uma presença mais positiva, amorosa e generosa no mundo. "Ninguém pode se individuar no Everest", Jung afirmou.

4. Um passo fundamental, seja para a individuação, seja para a iluminação, é compreender que o eu que carregamos por aí não é o nosso verdadeiro eu. Nos dois caminhos, precisamos nos voltar para dentro a fim de enxergar com clareza as ilusões e as decepções da vida normal. Além disso, devemos encontrar o nosso verdadeiro eu e nos apropriarmos dele.

5. A descoberta do eu verdadeiro nem sempre é um processo cômodo, pois se trata de derrubar as defesas que erguemos para ocultar aspectos considerados intoleráveis por nós ou pelos outros. Devemos reivindicar ativamente os aspectos do nosso eu que tentamos descartar ou reprimir.

6. Aprender a lidar com sentimentos incômodos está no âmago desses processos. Como dizia Jung (e um verso da canção "Changes", de Bowie), a "realização pessoal requer que a psique se volte para si mesma e enfrente o que ela mesma gera".

7. Não se trata simplesmente (nem principalmente) de uma busca intelectual. Jung dizia que quem "compreende apenas com o cérebro" jamais alcança a transformação. No budismo, muitas vezes o pensamento é visto como uma distração diante do trabalho a ser feito.

8. Nas duas tradições, não se tenta reforçar a felicidade, o sentido ou o propósito de forma explícita, mas esses são subprodutos do trabalho. O empenho pelas coisas que achamos que levam à felicidade é substituído por uma maior aceitação das coisas como elas são.

9. Embora nas duas tradições haja a noção de um ponto final, ambas compartilham a compreensão de que a jornada é muito mais importante do que o destino.

10. À medida que persistimos, conquistamos um sentido mais apurado de nossa conexão com o resto do mundo.

11. Ainda que tenhamos um mestre ou um terapeuta, somos *nós* que fazemos o trabalho, somos nós que tomamos as decisões. Não aceitamos nada que digam como "a verdade". Ao contrário, vamos aprimorando o conhecimento e a compreensão através de uma experiência direta com nosso mundo interior.

A PERSONA: É VOCÊ... MAS NÃO É VOCÊ

É no item 4 que as coisas começam a se complicar. Eu não sou eu? Então, quem sou eu? A resposta budista é complexa, e vamos analisá-la com mais detalhes no Capítulo 8. Do ponto de vista junguiano, o eu falso com o qual andamos pelo mundo é a nossa *persona*. Ela é a máscara que usamos tanto para provocar uma impressão específica nas outras pessoas quanto para dissimular aquilo que preferimos ocultar. Em suma, trata-se de um acordo entre quem somos e quem a sociedade espera que sejamos.

No caso de Bowie, ele aprendeu desde pequeno que as emoções não deveriam ser expressas. Então, sua *persona* era livre de emoções. No seu caso, talvez você tenha aprendido que deveria agradar as pessoas; assim, sua *persona* é sempre muito agradável e acessível. Ou talvez você não tenha encontrado muita empatia quando estava se sentindo triste, e então sua *persona* é a de um otimista incansável.

Da perspectiva de Jung, isso é humano e nos ajuda a viver. Todos nós somos assim. Pela ordem natural das coisas, vai chegar o momento de não mais desejarmos conservar a *persona* – ou não mais nos sentirmos capazes de conservá-la. Na linguagem popular, essa é a crise da meia-idade. Nesse momento, um indivíduo saudável avança na direção da individuação e integra as *personas* com os aspectos antes ocultos de sua personalidade, transformando-se, assim, em uma versão mais autêntica e completa de si mesmo.

Esse é o ritmo normal das coisas. Mas a sua *persona* pode se dar muito mal:

> se pender demais para o lado do que os outros desejam e tiver pouco do seu verdadeiro eu;
>
> se você a usar não apenas para ocultar os aspectos de sua personalidade que considera que os outros não vão gostar, mas para se livrar de aspectos de que você não gosta. "O homem não consegue se livrar impunemente de si mesmo em prol de uma personalidade artificial", escreveu Jung (sendo que "impunemente" significa: sem problemas de saúde mental);
>
> se você perder de vista o fato de que a *persona* não é você. Se você se identificar com essa imagem a ponto de "acreditar na própria propaganda";

se ela for muito bem-sucedida. Se ela for recompensada demais – com dinheiro, atenção, sucesso na carreira, respeito, poder –, talvez você seja levado a se identificar demais com ela;

se você achar que é muito assustador e desconcertante abandoná-la e apenas viver seu verdadeiro eu.

Como vimos antes, Bowie gabaritou os itens acima. Ainda que você marque apenas alguns deles, a sua *persona* deixou de ser um instrumento útil de navegação na vida e se transformou em uma barreira inflexível para protegê-lo do que você considera aspectos indesejáveis de seu eu verdadeiro.

MECANISMOS DE DEFESA: ALIADOS OU ADVERSÁRIOS?

Assim como ocorre com a *persona*, se usamos mecanismos de defesa psicológicos de modo pontual e atento, eles podem ser uma boa maneira de atravessarmos os momentos difíceis da vida. Porém, se começam a nos dominar – se fazemos uso deles sempre –, logo se transformam num problema. Em vez de suavizarem o caminho, vão causar mais dificuldades e, ao mesmo tempo, acabar com toda a alegria da vida.

Os mecanismos de defesa que podemos usar são os seguintes:

Prevenção: Talvez este seja o mecanismo de defesa mais objetivo. Simplesmente evitamos a situação que vai provocar emoções indesejáveis. Se já sabemos que falar em público gera ansiedade, nem vamos tentar uma promoção que nos obrigaria a nos apresentarmos à diretoria a cada trimestre. Talvez até tenhamos plena consciência de que estamos nos sabotando ao deliberadamente deixarmos de procurar por um emprego de que até gostássemos, ou talvez consigamos nos convencer de que nunca quisemos esse emprego de jeito nenhum. Nesse caso, estaríamos em...

Negação: Todo mundo conhece esta defesa, ela é comum. A negação se dá quando nos recusamos a aceitar a realidade da situação – mesmo que ela esteja escancarada. É muito provável que todos à nossa volta já tenham clareza dos fatos, mas nos recusamos a isso. É também bastante possível que alguém esteja nos dizendo que estamos "em negação", mas não acreditamos.

Repressão: Quando é difícil pensar ou sentir alguma coisa, às vezes nós a bloqueamos no inconsciente para ocultá-la de nós mesmos. Não se trata apenas de tirar a questão da cabeça. Se um acontecimento, sentimento ou pensamento for realmente reprimido, não sabemos que de fato ele existiu.

Projeção: Quando não gostamos de certos sentimentos a nosso respeito, podemos transferi-los para uma ou mais pessoas à nossa volta. Por exemplo, se somos preguiçosos, mas, por uma questão de autoestima, for importante nos vermos como um tipo eficiente, trabalhador e eficaz, é provável que culpemos outras pessoas por estragarem as coisas devido à preguiça. Em casos extremos, atribuímos todas as características positivas a nós mesmos e todas as negativas a outra pessoa qualquer (ou a outro grupo de pessoas).

Deslocamento: Ele ocorre, por exemplo, quando alguém nos causa raiva, mas transferimos essa raiva a outra pessoa. Talvez isso aconteça porque nos sentimos incapazes de ter raiva da primeira pessoa (talvez seja o patrão), mas não temos dificuldade em sentir raiva da segunda (alguém menos poderoso).

Divisão: Na coletânea de ensaios *The Crack-up*, F. Scott Fitzgerald escreveu: "O teste da inteligência de primeira grandeza é a capacidade de sustentar duas ideias opostas ao mesmo tempo, e ainda conseguir viver normalmente". Essa é uma ideia muito conhecida e bastante verdadeira, sobretudo se acrescentarmos a palavra "emocional" depois da palavra "inteligência". As pessoas com baixa inteligência emocional têm muita dificuldade com ambiguidades e incertezas. Para não ter de lidar com elas, usam a divisão: em vez de lidar com a complexidade de uma situação, concentram-se apenas num lado da questão, enxergam tudo como sendo preto ou branco, sem áreas cinzentas, sem margem para reflexão nem acordo.

Sublimação: Quando sublimamos, reutilizamos sentimentos indesejáveis numa área em que eles sejam mais aceitáveis socialmente. Quando um motorista nos dá uma fechada, pegamos a raiva e a levamos para a academia, onde "punimos" o equipamento (talvez até fantasiando o que teríamos feito com o motorista).

Ocupação e distração: Uma das maneiras mais simples de evitar pensamentos e sentimentos indesejáveis, ansiedade ou medo, é jogar-se em algum tipo de atividade – principalmente uma atividade complicada ou envolvente, que exija atenção plena.

Existem muitos outros mecanismos de defesa psicológicos, mas por ora esses são suficientes.

Todos podem ser usados de forma positiva. Por exemplo, quando perdemos um ser amado, não conseguimos lidar com a tristeza de uma vez só; alguma negação criteriosa e um tanto de ocupação podem nos ajudar. Porém, todas as defesas têm um potencial problemático se usadas em excesso.

A curto prazo, a negação e a repressão funcionam, mas, como dizem: "O que resiste persiste". A longo prazo, os sentimentos que tentamos evitar virão à tona, e a tendência é de virem com mais força.

A projeção e o deslocamento podem prejudicar os relacionamentos, caso sempre culpemos as pessoas por coisas das quais elas não têm culpa, ou caso as tratemos mal sem motivo algum. Levados ao extremo, a projeção e o deslocamento podem ser a causa subjacente do fanatismo e do racismo.

Infelizmente, as consequências negativas da divisão são visíveis demais em nosso mundo atual. Basta pensar nas disputas sobre questões políticas importantes nas mídias sociais para perceber como a divisão ficou perigosa. Na divisão, não apenas favorecemos um dos lados da discussão como acreditamos estar totalmente certos. Questões como o Brexit ou personalidades como Donald Trump já demonstraram com que rapidez é possível acreditar que o outro lado é "ruim" ou até "maléfico". Para compreender como é fácil a divisão se transformar num mecanismo de defesa danoso, basta imaginar uma dessas guerras das redes sociais sendo travada na sua cabeça.

Em geral, a sublimação é considerada um dos mecanismos de defesa mais maduros, ou menos prejudiciais. Afinal, se despejamos a raiva num saco de pancadas não estamos machucando ninguém. Mas, na verdade, estamos, sim, pois sempre que fazemos isso reforçamos a conexão entre raiva e agressão que existe em nosso cérebro. E assim ficará ainda mais difícil lidar com a raiva de modo saudável quando ela surgir de novo.

Portanto, em termos junguianos, uma pessoa emocionalmente saudável tem uma *persona*, mas tem consciência – até certo ponto – de que a *persona* "mostra o melhor de seu eu" e mantém contato com as partes menos agradáveis desse mesmo eu. A *persona* e o eu nunca se distanciam muito um do outro.

Do mesmo modo, uma pessoa saudável usa mecanismos de defesa para atravessar os momentos difíceis da vida, mas o faz com parcimônia e alguma compreensão do que está fazendo. Diante de emoções complicadas, talvez use alguma defesa para evitá-las, enquanto diz: "Não consigo lidar com isso *agora*", mas não: "Não vou lidar com isso *nunca*".

No entanto, se nos identificamos inteiramente com nossa *persona* ou se abusamos do uso de mecanismos de defesa, eles não dão conta. Então, ironicamente, as tentativas de nos livrar do sofrimento vão nos causar sofrimento. A repressão e a negação podem aflorar como tensões físicas, sintomas psicossomáticos, ansiedade, fobias; a projeção, o deslocamento e a divisão podem surgir em forma de raiva, julgamento ou obsessão.

À medida que usamos mecanismos de defesa para limitar os sentimentos negativos, a consequência inevitável é que também limitamos nossa capacidade de vivenciar sentimentos positivos. Infelizmente, nossas defesas não são atiradores supertreinados, não conseguem enxergar exatamente o alvo. Além disso, causam danos colaterais, pois acertam em muitos de nossos bons sentimentos junto com os ruins. Como consequência, a vida pode ficar restrita, difícil e sem alegria.

✳ O SEU CAMINHO

O passo seguinte em nossa jornada de autoconhecimento é começar gradualmente a reduzir o número de defesas que usamos e o tempo que perdemos com elas. Depois, à medida que avançamos, vamos poder observá-las assim que surgirem, fazendo escolhas e usando-as com moderação e de forma correta.

O fato de as defesas que usamos para diminuir o nosso sofrimento facilmente terem o efeito contrário levou os budistas a se referissem a elas como "refúgios falsos": parece que vão nos proporcionar segurança e conforto, mas, se forem utilizadas de maneira abusiva, causam ansiedade e incômodo.

Ao tentar diminuir essas defesas, você vai se deparar com o problema de que é difícil identificá-las. Quando você usa a repressão, não sabe que o faz devido à própria natureza dela. Até as defesas mais suaves são difíceis de localizar. Mas dá para suspeitar que você esteja muito dependente de defesas se:

à noite, você perde o sono, ansioso e incomodado, mas sem saber bem *por que* está assim;

você vai logo culpando as pessoas quando alguma coisa não dá certo (sobretudo se o seu posicionamento padrão é o de que "está cercado de imbecis");

você tem de estar sempre certo – e sustenta seu ponto de vista com vigor;

você tem sempre que estar *fazendo* alguma coisa.

Atualmente, todo mundo leva uma vida atarefada; portanto, o fato de termos pouco tempo para relaxar é compreensível, uma consequência natural deste mundo moderno e tecnológico. No entanto, muitos de nós chegamos a um ponto em que nos é totalmente impossível não fazer nada, pois, quando tentamos descansar, entramos num leve estado de desconforto, ansiedade e inquietação em vez de entrar num prazeroso reino de tranquilidade.

Tornou-se problemático apenas *existir*. Por isso queremos estar sempre *fazendo*. Se esse é o seu caso, talvez a sua ocupação e distração não sejam simplesmente o resultado natural de um cronograma puxado, ou do ritmo acelerado da vida moderna. Talvez você esteja usando o mecanismo de defesa ocupação e distração.

Pela reação de meus clientes quando lhes peço que não façam nada, desconfio que essa defesa esteja entre as mais preponderantes. A incapacidade de nos aquietarmos e refletirmos por alguns momentos sem pegar o celular surpreenderia – acho até que espantaria – as gerações anteriores.

Portanto, ao tentar diminuir as defesas, seria bom começar pela ocupação e distração, porque:

praticamente todo mundo faz uso dela às vezes;
é relativamente fácil identificar quando estamos usando essa defesa;
trata-se de uma defesa relativamente moderada, o que a torna um bom ponto de partida.

A SUA TÁTICA PRINCIPAL: "ENCONTRE O SEU LIMITE E DESARME-SE"

É preciso cuidado ao desmontar defesas. Trata-se de algo necessário se você deseja exercer o seu potencial por inteiro, mas que traz à tona as coisas desagradáveis que elas ocultavam. É um trabalho que deve ser feito com vagar e cuidado; a sua atitude deve ser a de uma curiosidade leve e gentil, e de muita paciência. Confie na sua intuição. Se você acha que há problemas ocultos por trás dos seus mecanismos de defesa, problemas com os quais terá dificuldades de lidar, procure ajuda profissional antes de se aprofundar demais nisso.

O que vamos fazer aqui é apenas raspar o limite das suas defesas. Vamos trabalhar com o que houver de mais simples e ir gradativamente aumentando a sua resiliência. "Limite" é uma boa palavra. Chögyam Trungpa Rinpoche, o cofundador de um mosteiro na Escócia onde Bowie estudou, dizia que, de certo modo, todo caminho espiritual se resumia a uma única orientação: "Encontre o seu limite e desarme-se".

Em geral, quando chegamos ao limite, nós nos contemos, nos retraímos, nos fechamos. Para Chögyan Trungpa, devemos aprender a fazer o contrário disso. Ao perceber que estamos nos retraindo, devemos nos soltar. Ao perceber que estamos nos tensionando, devemos nos desarmar.

Aliás, observe como é amável essa orientação! Às vezes, quando dou treinamento a funcionários de empresas, o presidente ou o diretor da área de recursos humanos me pede: "Tire-os da zona de conforto". Porém, seja quando trabalho com indivíduos, seja em grupos, seja nas páginas deste livro, a minha intenção não é fazer ninguém *sair* da zona de conforto. O que eu quero, ao contrário, é que as pessoas consigam expandir a sua zona de conforto porque *decidiram* dar um passo para sair dela. E mais um passo, e outro mais. Ou seja, porque toda vez que chegam ao seu limite, elas se desarmam.

EXERCÍCIO: INTERROMPA A OCUPAÇÃO SEM SENTIDO, PARTE 1 – NÃO FAZER NADA

Repetindo, não há nada de errado em ser ocupado. Todos nós somos ocupados. O perigo para o nosso desenvolvimento pessoal é quando estamos sempre ocupados e somos *incapazes* de parar.

Em um dia comum, quantas vezes você não faz nada, absolutamente nada? A maioria dos meus pacientes ou das pessoas que passam por treinamento comigo responde: "Nunca". Muitos acham até ridícula essa pergunta. *Que perda de tempo! Por que eu ia querer não fazer nada?* Porque é possível que a ocupação constante seja uma defesa. E, se for, ela o está impedindo de se sentir realmente vivo.

Então, caso prefira, considere que, neste exercício, não estou pedindo que você não faça nada. Só estou pedindo que você sinta o que é estar vivo. E observe como você resiste com força à ideia de que pode apenas *ser*, em vez de *fazer*.

Seja como for, quero que você relaxe e não faça nada por quinze minutos.

Não estou pedindo que medite nem que atente para a sua respiração; apenas não faça nada. Você vai precisar de um relógio, mas não fique de olho nele. (Não use o celular para ver as horas. Deixe o celular em outro cômodo.)

Você vai ficar sem fazer nada por quinze minutos – ou pelo tempo que aguentar até quinze minutos. Se você chegar a ponto de achar que *não aguenta* mais, quero que observe esse sentimento e continue por mais dois minutos. Aí, sim, *pare*. Durante esses dois minutos extras, observe seus sentimentos e pensamentos.

Pronto. Agora continue a ler.

Se você aguentou os quinze minutos completos, parabéns! Pesquisas indicam que muitas pessoas têm dificuldade para ficar mais do que seis minutos sem fazer nada. Muitos dos meus clientes nem isso conseguem.

Se você parou antes dos quinze minutos, mas conseguiu ficar os dois minutos extras, parabéns! Encontrou o seu limite e aguentou.

Se você aguentou os quinze minutos completos, analise o que pensou e sentiu durante esse tempo e quantas vezes sentiu vontade de se levantar e fazer alguma coisa.

Se você parou antes dos quinze minutos, concentre-se principalmente nos dois minutos a mais. Quando ficou difícil continuar sem fazer nada, *por que* foi difícil? O que você sentiu? O que pensou? Se pensou, quais foram os seus pensamentos sobre "eu deveria estar..."?

EXERCÍCIO: INTERROMPA A OCUPAÇÃO SEM SENTIDO, PARTE 2 – UMA COISA DE CADA VEZ

Se você já fez algum tipo de treinamento de consciência, é bastante provável que tenha tido que comer uma uva-passa. O exercício consiste em comer a uva-passa bem devagar, observando tudo, saboreando todas as sensações.

O exercício demonstra que, em geral, comemos sem ter consciência do que estamos fazendo. Ao tomar consciência do processo, comer se torna muito mais prazeroso, pois realmente saboreamos o alimento e nos surpreendemos com todo o sabor de uma única uva-passa. Se você vive desatento, petiscando enquanto faz outra coisa qualquer, talvez nunca sinta esse sabor.

A alimentação consciente também ilustra os benefícios da consciência em relação à falta dela.

Vamos agora comer de forma consciente, mas por outro motivo. O que foi mencionado acima ainda é válido, mas através deste exercício eu quero, sobretudo, que você tenha consciência da sua vontade de fazer outras coisas, de tentar se distrair, de querer se ocupar.

O exercício é simples: sozinho, prepare e coma uma refeição sem fazer outra coisa ao mesmo tempo. Não importa a refeição nem a comida.

Se você não sabe cozinhar, faça apenas um sanduíche, mas o exercício vai ser mais eficiente se o preparo da comida levar algum tempo.

Se você mora com outras pessoas, explique o que vai fazer e solicite um tempo sozinho na cozinha.

Deixe o celular e o computador em outro cômodo. Desligue a tevê, o rádio ou qualquer dispositivo. Feche livros, jornais, revistas e, se possível, deixe tudo longe da vista. Depois, prepare e coma a sua refeição.

Com calma, tente se concentrar na tarefa que tem em mãos e faça a refeição de maneira consciente. Não se apegue aos pensamentos se eles surgirem. Deixe que passem (como você tem feito na meditação) e volte a se concentrar na experiência de comer. A comida vai ter um sabor melhor.

Quero que você observe, sobretudo, como surge o desejo de fazer outra coisa. Quando ele ocorrer, identifique-o:

Estou pensando que gostaria de verificar meus e-mails;
Estou pensando que estou perdendo um programa na tevê;
Estou com uma grande vontade de dar uma olhada na capa da revista;
Estou pensando que isso tudo é bobagem e eu deveria pegar o celular.

Quando identificamos as vontades, elas perdem um pouco a força.

Se a ansiedade, a inquietação e o desejo de fazer alguma coisa aumentar demais, feche os olhos, passeie pelo corpo a fim de localizar pontos tensos e, como diria Chögyam Trungpa, desarme-se.

Respire fundo, devagar, e relaxe na expiração, lenta e profundamente.

Se a vontade de fazer alguma coisa ressurgir, faça uma pausa e questione essa vontade:

Por que você está aqui?
Qual é o seu propósito?
Está me protegendo do quê?

Feche os olhos, reflita sobre essas questões por um instante. Depois, relaxe de novo. Respire e relaxe.

EXERCÍCIO: CONSCIENTIZE-SE DE SUAS PERSONAS

Como já mencionamos, as *personas* não são necessariamente um mecanismo de defesa. Podem ser uma forma muito saudável de funcionar.

Porém, assim como a ocupação se tornou um mecanismo de defesa preponderante, acredito que o surgimento das redes sociais tenha acelerado a velocidade com a qual as *personas* se transformam em defesas nocivas. Porque as *personas*, ou máscaras, que mostramos ao mundo se tornaram mais importantes do que nós mesmos, gastamos mais tempo na criação dela e estamos mais sujeitos a ter várias delas existindo ao mesmo tempo.

Este exercício não pretende eliminar a sua *persona*. Ao contrário, pretende ajudá-lo a ter mais consciência dela, e isso vai conservar a sua *persona* como uma faceta saudável do seu funcionamento normal, evitando que ela se torne uma defesa nociva.

Pensando em todas as "máscaras" que você usa, preencha a tabela a seguir.

	PARCEIRO	FILHOS	PAIS	TRABALHO	PATRÃO	REDE SOCIAL 1	REDE SOCIAL 2
O que você intensifica?							
O que você atenua?							
O que você inventa?							
Você consegue ser você mesmo?							
Se não, quanto de seu verdadeiro eu você mostra?							
Como se sente a esse respeito?							
Você conseguiria mostrar mais de você?							

Em uma folha de papel grande, desenhe essa tabela, deixando bastante espaço para seus comentários (não se preocupe com a organização). Personalize a linha de cima de acordo com a sua vida: se você não tem filhos, não precisa da coluna "filhos"; mas, se seus pais já faleceram, sugiro que deixe a coluna "pais" mesmo assim, devido ao seu comportamento quando eram vivos. Em "Redes sociais 1", "Redes sociais 2" e assim por diante, coloque Facebook, Twitter, LinkedIn... dependendo das que você usa.

Vamos ver como a tabela funciona usando a coluna "Parceiro" como exemplo. Repita o processo em todas as colunas.

O que você intensifica? Que aspectos de sua personalidade você favorece quando está com seu parceiro.

O que você atenua? Que aspectos de sua personalidade você oculta ou apaga quando está com seu parceiro?

O que você inventa? Até que ponto você tenta ser alguém que não é apenas porque acha que assim vai satisfazer melhor o seu parceiro?

Você consegue ser você mesmo? Quando está com seu parceiro, até que ponto consegue baixar a guarda e ser inteiramente quem é? Conseguiria contar a ele alguma coisa sobre você sem medo de julgamento ou contrariedade?

Se não, quanto de seu verdadeiro eu você mostra? Aqui, vamos tentar uma quantidade. No tempo que passa com seu parceiro, quanto de seu verdadeiro eu aparece e quanto fica escondido? Dê uma pontuação de 1 a 10, em que 10 seria "o meu parceiro me enxerga e conhece absolutamente tudo sobre mim" e 0 seria "escondo todos os aspectos de minha personalidade verdadeira".

Como se sente a esse respeito? O que essa pontuação demonstra sobre o seu relacionamento e como você se sente em relação a isso?

Você conseguiria mostrar mais de você? Consegue pensar de que maneiras poderia ser mais autêntico nesse relacionamento? Que etapas específicas deveria percorrer a fim de conseguir isso?

EXERCÍCIO: QUANDO SOU MAIS EU?

Durante uma semana, reserve um momento para rever seu dia e responda: "Em que momento eu me senti mais eu?"

Anote a resposta.

EXERCÍCIO: EU MESMO

Revendo as respostas à pergunta do exercício anterior e também ampliando a análise sobre sua vida, responda às seguintes questões:

Quem me permite ser eu mesmo?
Em que lugares me sinto mais eu mesmo?
Em que momentos me sinto mais eu mesmo?
Em que atividades ou situações me sinto mais eu mesmo?

Agora, complete a frase:

Quando sou mais eu mesmo, eu...

Complete a frase como preferir: com uma sentença completa, uma lista de palavras, um ensaio enorme, um desenho, um gráfico.

O SEU CAMINHO: SIGA EM FRENTE

Depois de fazer o exercício anterior, experimente o seguinte:

1. Continue a meditar pelo menos três minutos por dia. Mais tempo seria ótimo, mas o importante é meditar pelo tempo suficiente para observar os seus pensamentos, identificá-los e liberá-los. Observe e identifique os julgamentos também.
2. Alimente-se com consciência e regularidade diariamente ou pelo menos uma vez por semana. Se não for possível fazer uma refeição consciente por estar sempre acompanhado, pelo menos tome um café ou um chá conscientemente. Concentre-se apenas na bebida, sem se distrair com nenhuma atividade secundária. Observe e identifique mentalmente qualquer vontade de fazer outra coisa. Você já ouviu falar sobre a cerimônia do chá no Japão? Pois faça a sua "cerimônia do chá no quarto" ou a "cerimônia do chá na cozinha" ou, se for o caso, até a "cerimônia do chá na estrada".

3. Pense em nossa primeira pergunta: Quem é você?

   Você já deve ter conseguido responder a essa pergunta de forma mais completa com a ajuda das respostas ao exercício. Retenha esse aprendizado. Pense nos ajustes que pode fazer em sua vida a fim de ser um pouco mais você e comece a pôr isso em prática.

4. Todos os dias, arrume algum tempo para não fazer nada. Nesse momento, pratique:

   identificar os pensamentos, os sentimentos e as vontades de fazer alguma coisa;

   ter uma conversa com seus pensamentos e sentimentos ("Por que está aqui? Você é importante? Está tentando me proteger do quê?");

   encontre seu limite e relaxe. Quando bater a vontade de fazer alguma coisa, respire, relaxe e permaneça.

5. Faça a si mesmo a seguinte pergunta: "Quem seria eu sem minhas defesas?" E fique com essa pergunta durante a semana como um exercício de reflexão.

Capítulo 4: Adições

Lição de vida: Deixe de ser o centro do universo

"Porque estou bêbado."
(David Bowie explica ao jornalista Adrian Deevoy por
que estava tomando chá de ervas em uma festa, 2003)

"Viemos a acreditar que um poder superior
a nós mesmos poderia devolver-nos à sanidade."
(Passo 2, Programa dos 12 Passos
dos Alcoólicos Anônimos)

"Pela primeira vez eu me abria à suave
indiferença do mundo. Por senti-lo tão parecido
comigo, tão fraternal, senti que tinha sido feliz e
que ainda o era."
(Albert Camus, O estrangeiro)

⚡ O CAMINHO DE DAVID BOWIE

Ao contrário do que acontecia com outras estrelas do rock, a dependência química de David Bowie não tinha relação com uma vida festeira. Ele usava drogas para abastecer a obsessão pelo trabalho. Não ficava alterado, ia trabalhar. Por fim, quando começou a se desintoxicar, mobilizou o que denominava "o poder da vida em si". Seu segredo? Aceitação.

Em julho de 1991, Carolyn Cowan, uma maquiadora com carreira estrelada na indústria musical (com clientes como Freddie Mercury, Bryan Ferry e Duran Duran) foi para Dublin trabalhar em uma filmagem de David Bowie.

Adepta convicta do estilo de vida *rock and roll*, Cowan ficou até as três da madrugada bebendo e às cinco da manhã foi trabalhar, certa de que a filmagem seria uma continuação desse estilo de diversão e festa a que estava acostumada. Mas, quando Bowie chegou ao *set*, o que ela recebeu foi uma reprimenda.

"Bowie me viu de ressaca, com os olhos vermelhos e confusa, e foi logo dizendo que eu estava em apuros", relembrou Cowan em um artigo no *Mail Online*. "Ele estava se recuperando do vício em drogas e queria muito que eu ficasse bem."

Cowan resistiu, mas depois de três dias de cobrança constante finalmente cedeu e o acompanhou a uma reunião dos Alcoólicos Anônimos. "Tudo o que ele dizia eu acabei assimilando e sou muito agradecida", ela relembra.

Cowan conheceu Bowie na hora certa. Ele tinha acabado de se comprometer com a recuperação, depois de passar anos trocando de droga ou, pior ainda, acumulando uma droga em cima da outra. Tinha começado com cigarros, que roubava do pai – das marcas Senior Service ou, quando John Jones ganhava melhor, Weights. Como muitos jovens, começara a fumar porque esse hábito era visto como coisa de adultos. Estranho e desajeitado na juventude, queria ter atitude.

Ele continuou com essa noção de que os cigarros transmitiam determinada atitude ao longo de toda a década de 1970. Na capa do álbum *Young Americans*, Bowie segura um cigarro. Espirais de fumaça, cuidadosamente estilizadas pelo diretor de arte como um símbolo de elegância e sofisticação, ocupam todo o lado esquerdo da capa.

Um ano depois, fazendo uma turnê com sua *persona* Thin White Duke, Bowie enfiou no bolso um maço de Gitanes, deixando-o bem visível de propósito para atrair olhares – um raio de azul no rígido tom monocromático do traje de Duke. Ele tinha se afeiçoado ao Gitanes por razões estéticas, não de sabor, algo típico de Bowie. Conheceu a marca ao trabalhar como ilustrador numa agência em meados da década de 1960 e foi fisgado pelo *design* da embalagem.

Os elementos visuais também predominavam no palco: sempre acendia cigarros com fósforo porque achava mais teatral. O cigarro era uma muleta e também, como muitas outras coisas em sua vida, uma defesa – uma maneira de evitar conexões emocionais –, como contou a Jarvis Cocker em uma entrevista à revista *The Big Issue* em 1997: "O cigarro se tornou o símbolo de um tipo de personalidade distante... indicando que eu *não tenho* de cantar essas canções, estou lhes fazendo um favor".

Além de muleta e defesa, o cigarro era também um vício verdadeiro. Bowie confessou a Cocker que o ritual e o elemento teatral já tinham ficado para trás na época dessa entrevista; os fósforos elegantes tinham sido substituídos por um isqueiro comum da Bic; o charmoso Gitanes, pelo Marlboro; e fumar era apenas "mais uma porcaria que eu faço".

Em meados da década de 1970, no auge da fama, ele acrescentou a cocaína ao cigarro; porém, enquanto outras estrelas do *rock* talvez usassem as drogas para alimentar uma vida de festas, Bowie as usava simplesmente para alimentar outro vício: o trabalho. A riqueza e o sucesso lhe deram acesso a grande quantidade de cocaína médica – ela tinha a mesma pureza da que Freud utilizava em seus tratamentos experimentais nos anos 1890 –, o sonho dos dependentes químicos. Mas, em 2000, quando a revista *NME* o considerou o artista mais influente de todos os tempos e conversou com ele sobre a sua carreira, Bowie enfatizou o aspecto meramente funcional das drogas em sua vida: "Realmente, não as usava por razões hedonistas. Eu não saía muito, não perdia o controle nem ia para boates e coisas assim. Eu só trabalhava. Trabalhava dias seguidos sem dormir. Não era uma coisa divertida, eufórica. Estava caminhando para a insanidade".

Não é exagero. Por volta de 1976, como vamos ver com mais detalhes no Capítulo 6, Bowie tinha chegado ao fundo do poço. Embora já combatesse o uso de cocaína, no início ele apenas a trocou pelo álcool, continuando com o mesmo comportamento de dependente químico. No entanto, só foi procurar os Alcoólicos Anônimos em 1989, o que indicava um compromisso cada vez maior com o fim da dependência. O que Bowie aprendeu nos Alcoólicos Anônimos que o ajudou a lutar contra sua dependência química? Para responder a isso, precisamos analisar a sua panturrilha esquerda.

UM SAPO, UM GOLFINHO E... DEUS

Em 1991, em uma de suas costumeiras viagens ao Japão, Bowie fez uma tatuagem intrigante na panturrilha esquerda. Ele tatuou um texto em alfabeto *katakana* junto de um homem montado num golfinho com um sapo na mão esquerda. O cantor, que tinha feito o desenho original, nunca explicou direito nem o significado do sapo nem do golfinho. Mas revelou que a inscrição em japonês era uma tradução da Oração da Serenidade.

Reinhold Niebuhr costuma ser considerado o mais importante teólogo estadunidense do século xx. Exerceu grande influência sobre Martin Luther King, que o enaltecia como sendo um homem de "grande visão profética", e foi também um dos pensadores preferidos de Barack Obama. Ele é mais conhecido, porém, pelo seguinte texto:

"Senhor,
Conceda-me a serenidade
Para aceitar aquilo que não posso mudar,
A coragem para mudar o que me for possível
E a sabedoria para saber discernir entre as duas."

Essa oração singela é bastante adotada pelos Alcoólicos Anônimos e outros programas de doze passos (existem várias versões, muitas vezes na segunda pessoa do plural). Nas raras ocasiões em que Bowie mencionou os Alcoólicos Anônimos, ele deu a entender que a ideia de aceitação presente na Oração da Serenidade foi fundamental em sua recuperação. Ele afirmou com todas as letras que ela o mantinha no rumo certo e que ela se dirigia ao "meu conhecimento sobre os próprios poderes da vida", referindo-se a um trecho do livro dos Alcoólicos Anônimos que ecoa a Oração da Serenidade:

> A aceitação é a resposta para todos os meus problemas hoje. Quando estou atormentado, é porque considero alguma pessoa, lugar, coisa ou situação – algum fato da minha vida – inaceitável. Não consigo encontrar serenidade até aceitar que essa pessoa, lugar, coisa ou situação é exatamente da maneira que deveria ser neste momento. Nada, absolutamente nada, no mundo de Deus acontece por acaso. Até eu aceitar o meu alcoolismo, não conseguia me manter sóbrio; a menos que eu aceite completamente a vida do jeito que ela é, não serei feliz.

Quando fazemos referência aos Alcoólicos Anônimos, é inevitável o encontro com Deus. Quando Bowie adotou o programa dos doze passos, será que aceitou Deus? Talvez por pouco tempo, no início dos anos 1990, mas logo retornou ao seu padrão "quase ateu", sempre questionando, debatendo e tentando compreender o seu lado espiritual.

Na verdade, em 1989, quando Bowie entrou no programa dos doze passos, não se tratava exatamente de um encontro com Deus, mas de voltar a entrar em contato com ideias cuja importância tinha sido vital para ele vinte anos antes. Como vamos ver a seguir, os doze passos se baseiam nos conceitos de Carl Jung, e a ideia de aceitação, também muito importante para Bowie, retomava os seus primeiros estudos do budismo.

LIÇÃO DE VIDA:
DEIXE DE SER O CENTRO DO UNIVERSO

Os dependentes químicos devem se abrir a um poder superior. De onde veio essa ideia? Como e por que isso os ajudaria? À medida que estudamos essas questões, descobrimos que não é preciso ser um dependente químico para obter os benefícios de abrir mão do controle e buscar uma atitude de aceitação.

Pouco antes de começar a escrever este capítulo, eu estava escutando no rádio um programa sobre ciência. O tema era "a química do amor". Depois de muito falarem sobre dopamina, oxitocina e endorfinas, o programa concluía que "o amor ativa os centros de dependência do cérebro". Com certeza é o contrário! O que acontece é que a dependência ativa os centros de amor do cérebro.

Há consenso de que a dependência química é causada por três fatores, mas pouco consenso sobre qual é o mais importante. Esses fatores são:

Genéticos: algumas pessoas são geneticamente mais predispostas à dependência química do que outras;

Evolutivos: os acontecimentos da vida da pessoa no período em que ela começou a se viciar são fundamentais;

Comportamentais: as pessoas que tiveram uma infância ruim são mais propensas a se tornarem dependentes químicos.

Neste capítulo, vamos nos concentrar apenas no aspecto comportamental, pois queremos examinar a dependência como uma estratégia para evitar o sofrimento. Quando examinamos a dependência química através das lentes comportamentais, o que vemos é uma pessoa que reage mal ao sofrimento porque não o observa antes. Um dependente químico em processo de cura ou recuperação é alguém que conseguiu observar o próprio sofrimento e então, em vez de reagir de forma impensada e nociva, é capaz de responder a ele de modo mais saudável.

Qualquer um pode reagir mal a um sofrimento se não o observar primeiro. Assim, se aprendermos a observar e a fazer escolhas mais saudáveis, daremos um passo importante em nosso caminho, pois analisar os princípios que ajudam alguns dependentes a se curar pode nos trazer lições valiosas. Por isso, no contexto deste livro, a pergunta "Qual é a causa da dependência?" pode significar pelo menos três coisas diferentes:

1. Por que uma pessoa tem mais probabilidade de ser dependente química do que outro indivíduo qualquer?
2. Quais são os fatores que levam alguém a preferir uma substância ou um comportamento específico?
3. O que provoca numa pessoa uma necessidade, uma ansiedade, uma inquietação ou um incômodo tão grande que ela desenvolve um comportamento dependente?

UM VAZIO EM FORMA DE AMOR

Para os nossos propósitos, a terceira questão é a mais importante. E vamos encontrar a verdadeira essência da resposta a ela na comovente citação sobre dependência extraída do fascinante livro do doutor Gabor Maté, *In the Realm of the Hungry Ghosts* [No reino dos fantasmas famintos]. O livro se baseia sobretudo em seu trabalho numa clínica e núcleo de apoio aos moradores de rua de Vancouver e em centros de redução de danos e consumo assistido de drogas. Maté cita uma prostituta de 27 anos:

"A primeira vez que experimentei heroína", ela me disse, "foi como um abraço quentinho e suave". Nessa única frase ela revela sua história de vida e resume os desejos psicológicos e químicos de todos os dependentes.

Voltando ao palavreado dos programas de rádio: a heroína ativou os centros de amor do cérebro dela. Talvez tenha ajudado a completar o vazio deixado pela ausência de amor. Ou talvez – como vamos descobrir – tenha ajudado a reparar uma carência emocional sofrida por sua mãe ou um trauma vivido pelo avô.

O trabalho de Maté também se baseia na própria dependência, que ele relaciona a uma infância traumática, pois nasceu em Budapeste dois meses antes da invasão nazista. Em outro livro – *Scattered Minds* [Mentes dispersas] – ele conta que alguns dias depois da chegada dos nazistas sua mãe chamou o médico, pois fazia dois dias que o bebê Gabor chorava sem parar.

> "É claro que irei", respondeu o médico, "mas já adianto: *todos* os meus bebês judeus estão chorando." E o que as crianças judias sabiam dos nazistas, da Segunda Gerra, de racismo, de genocídio? O que sabiam – ou absorviam – era a ansiedade de seus pais [...] Elas respiravam medo, ingeriam tristeza. Mas não eram amadas? Como qualquer outra criança em qualquer lugar.

Espero que tenha ficado claro que não podemos culpar a mãe do doutor Maté pelo comportamento dependente que ele desenvolveu mais tarde ao tentar se tranquilizar. Nenhum pai consegue resguardar os bebês dos medos e das ansiedades causadas por tais horrores. Tampouco poderemos culpar o doutor Maté caso essa necessidade de conforto com potencial viciante tenha sido transmitida às gerações seguintes.

Por que esses comportamentos de busca de conforto e tendência à dependência seriam transmitidos? Fascinantes estudos feitos com ratos demonstram que os filhotes que recebem determinados cuidados maternais (lambidas e cuidados com o pelo) apresentam altos níveis de oxitocina em regiões importantes do cérebro. Isso significa que no futuro eles serão mais resilientes e vão lidar melhor com o estresse. Se as mães são impedidas de lamber os filhotes e cuidar deles – ou se não são capazes de fazer isso –, estes não vão lidar bem com o estresse. Fundamentalmente, os ratos menos resilientes transmitem a falta de resiliência à geração seguinte.

Como somos muito semelhantes aos ratos em termos genéticos, biológicos e comportamentais, é fácil perceber como uma pessoa pode ter uma infância amorosa e acolhedora e ainda assim carregar até uma idade avançada uma necessidade tão grande de se tranquilizar que talvez a aplaque com um comportamento dependente; a raiz disso pode estar em uma ou duas (ou mais) gerações anteriores.

É claro que a experiência do doutor Maté é radical. Mas quantos de nós não temos avós traumatizados ou separados pela guerra, bisavós que atravessaram fronteiras para fugir de perseguições ou ancestrais mais antigos de cuja vida não sabemos nada, mas que talvez tenham sofrido vários tipos de trauma? Quantos de nós, portanto, vivem com um vazio em forma de amor?

Ou, quem sabe, um vazio na forma de Deus?

UM VAZIO NA FORMA DE DEUS

Rowland Hazard III foi um bem-sucedido empresário estadunidense da primeira metade do século XX. Ocupou cargos de direção em empresas de diferentes setores – químico, bancário, manufaturados – e também foi muito ativo na política local. Mas ficou famoso por ser alcoólatra.

Mais que isso, foi um dos mais importantes alcoólatras da história.

Hazard entrou em contato com os conceitos de Jung e ficou fascinado. Em 1931, procurou esse precursor da psicologia e se tornou seu paciente, ficando sob seus cuidados durante muitos meses. Depois disso, parou de beber. Mais adiante, nesse mesmo ano, durante uma viagem à África, teve uma recaída, e os amigos o levaram de novo à Suíça para se consultar com Jung.

Jung disse a Hazard que não havia mais nada que a psicanálise pudesse fazer por ele e que ele era um caso perdido.

Parece o fim dessa história, mas na verdade era o começo. Em 1961, Bill Wilson, cofundador dos Alcoólicos Anônimos, escreveu numa carta a Jung: "Sua afirmação sincera e humilde foi sem dúvida a pedra fundamental sobre a qual nossa sociedade se ergueu".

A segunda pedra fundamental foi o que Jung disse em seguida. Ele declarou a Hazard que sua única esperança de recuperação estaria em uma experiência espiritual importante, acrescentando que ele provavelmente não a encontraria numa igreja (uma observação bastante marcada pelo fato de que o pai de Jung tinha sido um pastor que perdera a fé, mas continuara a desempenhar essa função assim mesmo). Em sua resposta a Wilson, Jung escreveu sobre Hazard: "Sua avidez por bebida alcoólica era equivalente, em certa medida, à sede espiritual que temos de completude, expressa em linguagem medieval como a união com Deus".

Essas ideias já povoavam a mente de Jung em 1930, como demonstra um trecho do livro *O homem à descoberta de sua alma*, de 1933.

Tratei milhares de pacientes. Entre os que estavam na segunda metade da vida – ou seja, acima dos 35 –, não houve um único cujo problema, no final, não fosse a busca de uma perspectiva religiosa para a vida. É possível afirmar com segurança que todos haviam adoecido porque tinham perdido aquilo que as religiões de todas as épocas ofereciam aos seus adeptos, e quem não recuperou essa perspectiva religiosa de fato não se curou.

A opinião de Jung sobre a necessidade da experiência espiritual não era algo leviano. Em sua correspondência com Wilson (trinta anos depois), Jung revelou que, no período em que tratava Hazard, tinha que ser muito cuidadoso ao falar de espiritualidade ou Deus, pois suas técnicas eram radicais e, a fim de que fossem aceitas, precisavam ser entendidas como científicas. Sendo alguém que estava apresentando ideias novas, ele escreveu, estava acostumado a "ser muito mal interpretado". Observe que ele se referia à noção de "união com Deus" como "linguagem medieval" – Jung reconhecia que se esforçava para exprimir suas ideias em uma linguagem que fosse bem compreendida no mundo contemporâneo.

Wilson, porém, tinha compreendido muito bem: "Suas palavras tinham autoridade, pois o senhor não soava nem inteiramente teólogo nem puramente cientista. Portanto, parecia estar em algum lugar entre esses dois territórios [...] O senhor usava uma linguagem afetiva que conseguíamos compreender".

Segundo Jung, a fim de alcançar tal plenitude – recuperando a nossa perspectiva religiosa – teríamos de percorrer um caminho que nos levasse a uma compreensão superior.

Em meados dos anos 1930, em busca da própria experiência espiritual, Rowland Hazard juntou-se ao Grupo de Oxford, um movimento cristão evangelizador voltado para a mudança pessoal. Ali ele conheceu o alcoólatra Ebby Thatcher, a quem ajudou a parar de beber. Thatcher então levou ao seu amigo e ex-companheiro de copo, Bill Wilson, um combinado de crenças de Hazard inspiradas em Jung e nos princípios do Grupo de Oxford. Supostamente, Wilson ficou horrorizado com a ideia de que seu velho amigo Ebby tivesse "virado religioso", mas ele próprio acabaria tendo uma experiência espiritual que o levaria a parar de beber e, em 1935, a fundar os Alcoólicos Anônimos.

Anos depois, em resposta a uma carta de Wilson de 1961, Jung sintetizou sua mensagem a Hazard: "Veja, 'álcool' em latim é *spiritus*, e essa mesma palavra é usada tanto para a mais elevada experiência religiosa quanto para o mais profano veneno. Portanto, a receita benéfica é: *spiritus* contra *spiritum*". O livro dos Alcoólicos Anônimos traduz essa frase fundamental como: "Um poder superior vence o alcoolismo".

Podemos ver com clareza a influência de Jung – através de Hazard e do Grupo de Oxford – nos dois primeiros passos dos Alcoólicos Anônimos:

1. Admitimos que somos impotentes perante o álcool – que tínhamos perdido o domínio sobre nossa vida;
2. Viemos a acreditar que um Poder superior a nós mesmos poderia devolver-nos à sanidade.

A BARREIRA DIVINA

É revelador que até mesmo o homem que fundou os Alcoólicos Anônimos no início tenha ficado estarrecido com a ideia de que Deus pudesse ter algo a ver com sua potencial "cura". Observe como a palavra "Deus" não aparece no segundo princípio. Em vez disso, aparece no terceiro e, assim que aparece, é logo caracterizada:

3. Decidimos entregar nossa vontade e nossa vida aos cuidados de Deus, na forma em que O concebíamos.

Quantas pessoas já não pensaram em participar das reuniões do Alcoólicos Anônimos, ou talvez até tenham entrado e se sentado, mas então deram com a palavra "Deus" e pensaram: "Acho que não serve para mim"?

Será que quem não acredita em Deus consegue encontrar bons conselhos em uma frase que tem a palavra "Deus", ou essa é uma barreira que muitos não conseguem atravessar? Há ensinamentos valiosos para qualquer pessoa nos três primeiros passos dos Alcoólicos Anônimos. Se a palavra "Deus" impede você de considerá-los, isso é um problema (para você, não para Deus).

Não precisamos acreditar em Deus para nos beneficiarmos desses conceitos (isso fica claro na caracterização "na forma em que O concebíamos"). Fundamentalmente, não importa que nome damos a esse Poder Supremo – nem mesmo o que achamos que ele seja. O que realmente importa é como nos vemos em relação a ele, ou seja, para o que achamos que ele serve.

Quando era jornalista especializado em música, entrevistei uma cantora famosa que havia muitos anos não tinha um sucesso. Durante a entrevista, ela contou que era budista. Curioso, perguntei como o budismo se manifestava na vida dela. "Eu canto", ela disse, e explicou que precisava de 50 mil libras para fazer o álbum novo, e então cantou com essa intenção durante várias semanas até que o dinheiro "apareceu". Pressionada a explicar como 50 mil libras tinham "aparecido", ela hesitou, mas admitiu que seu agente estava negociando com uma empresa fonográfica ao longo do período em que ela cantou; porém, foi taxativa em afirmar que o canto é que tinha feito a balança pender a seu favor.

Os budistas cantam como forma de memorizar e repetir ensinamentos (há séculos, essa é a principal forma de conservar ensinamentos), ou usam mantras para concentrar a atenção. Em cada tipo de budismo, o canto apresenta uma função diferente. Mas os budistas não cantam para ganhar dinheiro. Porém, não é difícil compreender de onde essa cantora tirou a ideia de cantar, rezar ou falar com Deus para obter coisas; em nossa cultura, existem versões infantis de orações que servem apenas para pedir coisas a Deus, mas há quem jamais saia dessa posição infantil; há quem nunca observe o verso do pai-nosso que diz "Seja feita a vossa vontade", segundo o qual o Poder Supremo vai fazer o que quiser. No código dos Alcoólicos Anônimos existem indícios de que o Poder Supremo vai de alguma forma olhar por nós, mas vai fazer isso do seu jeito. Não do nosso. Isso é fundamental. O Poder Supremo não está à disposição para nos oferecer o que nós quisermos.

Um antigo ditado judaico resume a questão lindamente: "Deus não é legal. Deus não é seu tio. Deus é um terremoto".

É nessa compreensão sobre o que o Poder Supremo não é que os Alcoólicos Anônimos encontram o budismo. Depois, de forma bastante surpreendente, ambos se juntam às filosofias claramente ateístas de meados do século xx: existencialismo e absurdismo. Compartilham a compreensão de que Deus/o Poder Supremo/a Natureza/o Universo/o Tao – chame como quiser – não existe para nos dar o que desejamos. Em outros termos: o Universo não gira em torno de nós. Por que deveria?

ACEITAÇÃO

No fundo, é isto o que significa aceitação: o mundo é o que é. Não é do jeito que queremos. A aceitação é, com efeito, o oposto do conceito budista de apego, que é considerado a causa de todo sofrimento, como você deve se lembrar. O apego, como vimos no Capítulo 2, é um conceito difícil de explicar, mas, "esperar que o mundo seja (ou se torne) exatamente o que desejamos" se aproxima bastante de uma explicação. Nosso sofrimento acontece porque Deus/o Poder Supremo/ a Natureza/ o Universo/o Tao se recusam a acompanhar nossos desejos.

Se o apego é a causa do sofrimento, então a aceitação é... Vamos voltar ao que Bowie disse: "A aceitação é a resposta para todos os meus problemas hoje. Quando estou atormentado, é porque considero alguma pessoa, lugar, coisa ou situação – algum fato da minha vida – inaceitável. Não consigo encontrar serenidade até aceitar que essa pessoa, lugar, coisa ou situação é exatamente da maneira que deveria ser neste momento".

A aceitação surge quando abrimos mão do desejo de que tudo seja do nosso jeito, quando permitimos que as coisas sejam como são, quando nos retiramos do centro do universo. Mas como é difícil aceitar que o mundo seja como deve ser quando ele não é como queremos! Por que é tão difícil? Ou seja, por que somos tão apegados ao apego?

Nosso desejo de ter tudo como queremos sem dúvida é intensificado por muitos fatores da cultura moderna:

- propagandas que prometem que o próximo produto ou serviço vai melhorar a nossa vida;
- tecnologias que impedem qualquer atraso e recompensam nossos desejos;
- o capitalismo, que premia as empresas e as pessoas que as dirigem toda vez que são bem-sucedidas em desenvolver inovações que

atendem necessidades, sobretudo quando ao mesmo tempo criam a própria necessidade que pretendem atender, pois não sabíamos da existência dela antes que o produto surgisse.

Lembro-me de um comediante de *stand-up* numa cena hilariante, anos atrás, a propósito do surgimento das janelas elétricas em alguns carros de luxo. "Qual é mesmo o problema para o qual essa é a solução?", perguntava o comediante. Ele então fazia o gesto de abrir a janela manualmente, gemendo e resmungando com o esforço fingido e depois desmoronando de exaustão. A plateia gargalhava. Imagine os imbecis dos fabricantes de carro achando que não conseguíamos nem sequer abrir uma janela! No entanto, agora, a simples ideia de não poder abrir a janela do carro com o toque de um botão seria uma privação espantosa. O capitalismo criou com sucesso mais uma "necessidade".

A cultura moderna talvez tenha piorado as coisas, mas não é ela a causa da nossa dificuldade de renunciar à vontade de ter tudo.

A dificuldade de nos retirarmos do centro do mundo talvez venha do fato de estarmos no centro de *nosso* universo. Porque o mundo nos chega através de nossas percepções sensoriais, estamos literalmente no meio dele. Portanto, pode ser difícil entender que o universo não gira em torno de nós de jeito nenhum, por mais sábias que sejam as pessoas que nos apontem isso e por mais vezes que essa mensagem tenha sido repetida ao longo do tempo.

Não foram apenas Buda, Jung e os Alcoólicos Anônimos que propuseram que o caminho para a sanidade e a alegria está em abrir mão da ideia de que somos o centro do universo, de que tudo gira em torno de nós e de que devemos conseguir tudo o que desejamos. Essa noção está presente em praticamente todas as culturas milenares. Está no âmago do taoismo: devemos aprender a fluir com o universo e a não empreender esforços tentando fazer com que o universo acompanhe os nossos desejos.

Também combatemos essa ideia porque parece muito paradoxal e ilógico que, uma vez que nos retiremos do centro do universo, as coisas comecem a melhorar. Como afirma o trecho do livro dos Alcoólicos Anônimos a que Bowie gostava de se referir: "Até eu aceitar o meu alcoolismo, não conseguia me manter sóbrio; a menos que eu aceite completamente a vida do jeito que ela é, não serei feliz".

Há aqui duas ideias lindamente contraditórias:

1. Não posso mudar até que eu aceite quem eu sou.
2. Não vou conseguir o que quero até que eu pare de tentar conseguir o que quero.

Já que estamos falando de coisas paradoxais e ilógicas, este seria o momento perfeito para mencionar o escritor e filósofo francês Albert Camus, cujo romance *O estrangeiro* era um dos preferidos de Bowie. Camus costuma ser associado à filosofia do absurdo. O absurdismo enxerga o universo como algo fundamentalmente sem sentido, e já que o mundo não tem sentido, argumentam, também a nossa vida não tem. Porém, acrescentam, uma vez que aceitemos que o universo não tem sentido, podemos encontrar algum sentido nessa falta de sentido.

Mesmo nesse universo paradoxal e ímpio, o segredo da felicidade é exatamente o mesmo que num universo guiado por Deus.

Em *O estrangeiro*, o protagonista, Meursault, mata um homem e é condenado à morte. É considerado um monstro desalmado não apenas por causa do assassinato que cometeu, mas também porque não tinha chorado no enterro da própria mãe. Meursault conta que nunca teve nenhum sentimento em relação a nenhuma de suas atitudes. À medida que sua execução se aproxima, ele recebe a visita de um padre. No início, ele se enfurece contra o padre e a falta de sentido do mundo, mas de repente muda de atitude. Nessa circunstância extrema, chega à aceitação: "Eu me abri para a leve indiferença do mundo e a vi tão parecida comigo, tão parecida com um irmão – senti que tinha sido feliz e que era feliz de novo".

Abrir-nos para a suave indiferença do mundo é com certeza a mesma coisa que se submeter a um Poder Superior – desde que saibamos que o Poder Superior não está ali para nos dar tudo o que desejamos.

De cristãos evangelizadores a existencialistas ateus, de budistas a junguianos, a mensagem é a mesma: aceitação.

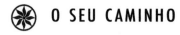 ## O SEU CAMINHO

Vamos agora analisar maneiras de diminuir o poder dos desejos e das adições. Vamos também explorar algumas técnicas que estimulam a atitude de aceitação, considerada de importância fundamental por muitas culturas milenares.

Antes de começar, vamos deixar claro o que a aceitação *não significa*.

Ela não significa que tenhamos de suportar violências ou abusos. Não significa que nunca devamos agir para mudar alguma coisa. Não significa que não possamos jamais desejar mais nada.

Significa que, em um espectro que varie entre querer que tudo seja absolutamente como desejamos e permitir que tudo seja exatamente como é, a maioria de nós vai estar um pouco mais no primeiro caso e se beneficiaria se passasse um pouco mais para o segundo. Tendo isso em mente, os exercícios desta seção têm três objetivos:

1. diminuir o poder de seus desejos;
2. aumentar a sua capacidade de atingir o estado de aceitação;
3. estimular um pouco a sua percepção de mundo de modo que fique mais fácil para você perceber que não é o centro do universo.

Esse último objetivo leva em conta que você costuma se achar o centro do mundo, mas não estou sugerindo que você seja particularmente arrogante ou autocentrado. Se está lendo este livro, é provável que seja o oposto disso. Porém, todos nós, seres humanos, achamos natural pensar que podemos conseguir o que quisermos. Essa ideia, como já discutimos, não é muito proveitosa. Em breve, vamos considerar uma meditação voltada especificamente para diminuir desejos e ajudar a enfrentar adições. Mas, antes, quero mudar a prática de meditação cotidiana, acrescentando uma nova visualização.

EXERCÍCIO: DEIXE OS PENSAMENTOS DE LADO – A VISUALIZAÇÃO DA PENA E DA BOLHA

Espero que você venha meditando todos dias por no mínimo três minutos – o ideal seria mais – apenas com o foco na respiração e em deixar os pensamentos irem. Na próxima meditação, gostaria que acrescentasse um novo elemento.

Como sempre, vá para um lugar razoavelmente sossegado e privado.

Sente-se num estado de alerta relaxado, confortável, mas não a ponto de cair no sono. Feche os olhos. Respire fundo algumas vezes e aos poucos sintonize-se com o ritmo da inspiração e da expiração.

Mantenha o foco na respiração. Como nas meditações anteriores, observe se os pensamentos surgirem, identifique-os e deixe-os ir. Depois, volte à respiração.

Porém, desta vez, quando surgir um pensamento, observe-o e identifique-o como pensamento. Então, visualize esse pensamento como uma bolha flutuante – como se uma criança estivesse soprando bolhas perto de você.

Ao deixar o pensamento ir embora, imagine que você o toca de leve com uma pena. A bolha estoura, e o pensamento desaparece. Volte a atenção para a respiração. Continue se concentrando nela e use a mesma técnica de visualização todas as vezes que um pensamento surgir.

Depois de alguns minutos, encerre a meditação e abra os olhos devagar. O propósito desta visualização é enfatizar duas coisas:

1. *Os pensamentos são, na verdade, coisas muito ligeiras.* Não têm necessariamente o peso e a importância que costumamos atribuir a eles.
2. *Deixar os pensamentos irem é um processo suave.* Não se trata de empurrá-los, não se trata de reprimi-los, não se trata de considerá-los ruins. Tampouco se trata de nos considerarmos ruins por ter tais pensamentos. Trata-se apenas de deixá-los irem aos poucos.

EXERCÍCIO: MEDITAÇÃO PARA REDUZIR A ANSIEDADE

Esta meditação deve ser praticada quando você sentir o tipo de ansiedade que acaba gerando um comportamento de adição. Ela nem sempre serve; não pode ser feita em público. Porém, depois de fazer esta meditação muitas vezes, vai perceber que pode usar a mesma técnica sem se sentar e fechar os olhos, não importa onde a ansiedade bater. Mas a primeira vez deve ser quando você sentir ansiedade em casa.

Assim como em outras meditações, sente-se num lugar sossegado e bastante silencioso (não é necessário silêncio total). Ponha-se num estado de alerta relaxado, feche os olhos e respire fundo algumas vezes.

Na medida do possível, uma vez que você está sendo atormentado por seus desejos, tente se concentrar na respiração.

Sintonize-se com a inspiração e a expiração. Alinhe-se com o ritmo que flui pelo seu corpo. Se achar que está mais difícil do que o normal, não se cobre. Aceite esse fato. Você não está tentando atingir um estado ideal de meditação; você quer lidar com a realidade e não ir contra ela.

Assim como nas outras práticas, apenas observe o que atrapalhar o foco na respiração – provavelmente será algo relacionado aos seus desejos (mas pode não ser).

Se for algum pensamento, chame de pensamento. Se for uma sensação física, chame de sensação física. Se for a imagem do objeto da sua adição, chame de imagem. Diga a si mesmo: "Isto é um pensamento". Ou "Isto é uma sensação física". Ou "Isto é uma imagem".

Depois deixe o pensamento, a sensação ou a imagem irem embora. Se conseguir, utilize a visualização da bolha e da pena, pois vai ajudar muito.

Volte a se concentrar na respiração. Quando a sua concentração for interrompida de novo, repita o procedimento.

Tente identificar de um jeito diferente: "Estou observando um pensamento". Ou "Estou observando uma sensação física". Ou: "Estou observando uma imagem".

De novo, utilize a visualização da bolha e da pena ao deixar o pensamento, a sensação ou a imagem irem.

Continue esse processo por vários minutos. Observe se a frequência ou a intensidade dos pensamentos, das sensações ou imagens muda, e lembre-se de se concentrar novamente na respiração.

Depois, encerre a meditação no seu próprio tempo.

O objetivo desta meditação é que você seja capaz de observar seus desejos antes de reagir a eles. São estes os benefícios de meditar para observar a ansiedade:

- Você vai ativar o sistema nervoso parassimpático, que acalma e reduz o estresse. Como o estresse causa ansiedade, ao reduzi-lo você conseguirá também diminuir o poder da ansiedade.
- Você vai ocupar a parte de sua mente que desenvolve os desejos. Segundo a Teoria da Intrusão Elaborada do Desejo, estes aumentam rapidamente a partir de um primeiro pensamento invasivo até se tornarem insuportáveis. Ao meditar, você consegue interromper esse curto-circuito.
- A Teoria da Intrusão Elaborada do Desejo também afirma que os pensamentos, as sensações e as imagens que acompanham a ansiedade têm imensa carga emocional. Ao observá-los com neutralidade, você reduz ou elimina essa carga emocional.
- A teoria afirma ainda que as emoções negativas causam uma sensação de carência generalizada, que atribuímos à privação do objeto de nosso desejo. Ao parar e observar, separamos essa sensação geral de carência do objeto de nosso desejo ou adição.
- Se a ansiedade for leve, uma meditação desse tipo consegue reduzi-la ou até eliminá-la. Já com as dependências mais graves, é um instrumento que pode auxiliá-lo a ter algum controle.

EXERCÍCIO:
OBSERVE OS SEUS MOMENTOS DE NÃO ACEITAÇÃO

Ao longo de um dia comum, crie o hábito de observar quando você não quer aceitar determinada situação. Não é difícil fazer isso. Você vai perceber algum indício emocional nítido: vai se sentir bravo, triste ou frustrado. Ao perceber tal sensação, tente também perceber a falta de aceitação que há por trás dela. Mais uma vez, é importante identificar: "Este é um momento de não aceitação" ou "Este é o momento em que não quero aceitar o mundo como ele é".

Agora, aplique a distinção enfatizada na Oração da Serenidade. Será que há aí algo que você possa mudar? Se sim, coloque um plano em prática. Se não, continue com o exercício.

Assim que tiver observado e identificado a não aceitação, passe para a compaixão. Relembre que milhares de pessoas lutam contra os mesmos problemas. Elas também não querem aceitar as coisas que você não quer aceitar. Diga a si mesmo: "Não estou sozinho. Muitas outras pessoas sentem a mesma coisa". Permita-se sentir compaixão pelas pessoas que atravessam o que você está atravessando agora. Permaneça com esse sentimento de compaixão. Permita que ele cresça e se desenvolva.

Então inclua a *si mesmo* na compaixão.

EXERCÍCIO: ONDE FOI QUE ME ARMEI?

Você se lembra que Chögyam Trungpa Rinpoche nos aconselhou a encontrar nosso limite e nos desarmarmos. Quando estamos num momento de não aceitação, quando sentimos ansiedade, quando recorremos a um comportamento aditivo, estamos diante de nosso limite e armando-nos.

Às vezes, não conseguimos lidar com a situação de maneira inteligente. Quando estamos sobrecarregados, cedemos à adição ou a outro comportamento desnecessário. Pode ser bom rever esse comportamento no final do dia ou mesmo no dia seguinte, sem muita rigidez, mas reservando alguma atenção gentil às aflições que talvez tenham nos levado a esse "limite"; a vida é árdua e somos apenas humanos.

Feche os olhos. Respire fundo algumas vezes e examine o seu corpo. Pergunte a si mesmo: "Onde foi que me armei?"

Continue respirando fundo, devagar. Continue fazendo a pergunta: "Onde foi que me armei?" Seu corpo vai responder. Concentre-se na região que estiver fisicamente tensa. Leve a respiração para essa área. Ao inspirar, pense: "O que me deixou tenso? Por que fiquei tenso?" Sinta compaixão por si mesmo: "Foi um momento difícil para mim". Ao expirar, desarme-se. Talvez na ocasião você não tenha conseguido, mas agora pode conseguir. A cada expiração, desarme-se e vá soltando a tensão e o estresse.

Demore o tempo necessário. Depois você pode verificar novamente, perguntando-se: "Onde mais eu me armei?" Se encontrar mais tensões em outras partes do corpo, repita o processo.

EXERCÍCIO: RETIRE-SE DO CENTRO DO UNIVERSO

Este é um exercício que pode ser feito sempre que você tiver uma conversa com alguém querido. (Pode ser com desconhecidos também.) No início da conversa, crie deliberadamente uma pauta que não esteja centrada em você.

Não vá conversar com alguém munido de uma lista de todas as coisas que você deseja falar, exigências que deseja fazer, itens que deseja comprovar, queixas, irritações acumuladas durante o dia e assim por diante. Ao contrário, tenha apenas três intenções:

1. Começar a conversa com o *outro*.
2. Perceber o que o outro está sentindo.
3. Fazer duas vezes mais perguntas do que afirmações.

Comece pelo outro. Resista à tentação de começar a conversa dizendo "Tive um dia péssimo", ou "Você não imagina o que aconteceu comigo"; ou contando uma história sobre o trânsito ou uma experiência recente com algum serviço ruim. Em vez disso, pergunte sobre o dia, a manhã, a semana, o estado de espírito da pessoa.

Como está se sentindo? Você pode fazer uma pergunta direta, claro, mas em nossa cultura atual a resposta mais comum é "tudo bem". Algumas pessoas gostariam de mais perguntas – "Como você está de verdade?" – e outras, não. Portanto, não se trata necessariamente de fazer perguntas, mas de observar. Programe-se para uma conversa em que você observe tons de voz, linguagem corporal e o que não é dito.

Duas vezes mais perguntas. É simples assim, mas não muito fácil de fazer. Assuma o compromisso de que durante a conversa você vai fazer duas vezes mais perguntas sobre a outra pessoa do que comentários sobre você mesmo. Isso não significa que você deva chegar com uma lista de vinte perguntas ou que deveria fazer um interrogatório como se fosse um detetive. Acompanhe a conversa com perguntas como "Por que aconteceu isso?", "E depois, o que houve?", "Como você se sentiu?"

O SEU CAMINHO: SIGA EM FRENTE

Depois de fazer os exercícios acima, tente os seguintes.

1. Continue meditando. Tente aumentar o tempo de meditação todos os dias, observando pensamentos, identificando-os e deixando-os ir. Inclua a visualização da bolha e da pena, se for o caso.

2. Nos exercícios *Observe seus momentos de não aceitação* e *Onde foi que me armei?* Pedimos que você tivesse compaixão de si mesmo. Como você se sentiu? Sentiu alguma resistência a essa ideia? Faça uma reflexão sobre a facilidade ou a dificuldade de ser gentil consigo mesmo.

3. Neste capítulo, vimos que Bill Wilson escreveu a Jung: "O senhor usava uma linguagem afetiva que conseguíamos compreender". Pense no que isso significa para você. Ao longo do dia, observe se encontra alguém que use uma linguagem afetiva. Você consegue usar uma linguagem afetiva? Quem em sua vida conseguia fazer isso?

4. Pergunte a si mesmo: "Quem sou eu se não sou o centro do universo?" Experimente refletir sobre isso durante uma semana. Se você conseguisse aceitar bem que o mundo não gira em torno de você e que você não deveria conseguir tudo o que deseja, como isso afetaria a sua relação com:

    seu parceiro?
    seus filhos?
    seus pais?
    seus amigos?
    seus colegas de trabalho?
    desconhecidos?

Capítulo 5: Pensamentos

**Lição de vida:
Mude a relação com
os seus pensamentos**

"Eu acho que se [uma pessoa] está isolada, em
vez de ver o mundo todo como sua casa, ela
tende a criar um micromundo interior. É essa
parte singular da mente humana que me fascina –
os pequenos universos que podem ser criados
na mente, alguns bem esquizofrênicos e
bastante bizarros."
(David Bowie, 1979)

"Nada consegue nos prejudicar tanto quanto
nossos próprios pensamentos indomados."
(Buda)

"No meu trabalho, tento me libertar de minha
própria mente."
(John Cage)

⚡ O CAMINHO DE DAVID BOWIE

É sabido que David Bowie utilizava a técnica de recorte para escrever, segundo a qual as canções são construídas aleatoriamente, sem um fluxo narrativo claro. Dessa forma, ele conseguia levar a mente a lugares a que normalmente ela não iria, rompendo com pensamentos rotineiros. Queria, assim, criar uma espécie de brincadeira de criança, livre de autocrítica e julgamento.

Por que o artista cria?

David Bowie tinha muita clareza sobre a razão para escrever canções. Tinha em mente um propósito bem definido: conseguir achar seu lugar no mundo e aprimorar o autoconhecimento. Sua escrita era, sobretudo, uma busca interior, mas também a procura por algo além de si mesmo.

Em 1997, no documentário *Inspirations* [Inspirações], ele contou ao diretor Michael Apted que, mais de trinta anos depois de ter começado a escrever, descobriu que era importante manter esse propósito e insistia consigo mesmo:

> Lembre-se sempre de que a razão pela qual você começou a trabalhar foi porque havia algo em você que, caso pudesse expressar, o ajudaria a se compreender mais e também a entender como você se relaciona com o resto da sociedade.

Vemos aí ecos do jovem David Jones, tímido e isolado, do início da carreira. Também percebemos que, mesmo depois de 25 anos de sucesso, fama e elogios da crítica, ele sabe que continua sendo uma obra em andamento.

Em entrevista desse mesmo ano a Paul III, do jornal *The Music Paper*, Bowie reforçou que a busca pelo autoconhecimento sempre teve para ele um lado espiritual:

> Tudo o que escrevi diz respeito a: Quem é o meu Deus? Como Ele se apresenta? Qual é o meu estado superior, o meu eu superior?

Dada a importância dessa busca para Bowie e considerando que ele tinha o trabalho como o melhor instrumento de autoconhecimento, à primeira vista a maneira como ele conduziu a própria obra é bastante impressionante.

O que imaginamos quando pensamos no processo criativo dos escritores? Talvez num poeta passeando pela natureza, em comunhão com forças perenes, antes de colocar tudo no papel. Talvez imaginemos um cantor e compositor com uma guitarra acústica, de olhos fechados e rosto crispado pelo esforço de entrar em contato com seus sentimentos mais íntimos. Talvez pensemos em um artista atormentado como Van Gogh, exorcizando os demônios com pinceladas dramáticas e cores vibrantes.

Mesmo imaginando coisas assim, costumamos ver a arte como uma expressão pessoal, uma forma de apresentar ao mundo exterior algo do mundo interior do artista. E é isso que diz Bowie: havia alguma coisa íntima que ele precisava expressar.

Porém, na tentativa de revelar essa "coisa", Bowie desviou-se da expressão direta. Ao analisar-se, preferiu deliberadamente não escutar a si mesmo. Ao procurar sentido, esquivou-se do sentido.

Ao tentar descobrir quem era, a principal técnica de Bowie foi parar de pensar, ou, pelo menos, parar de pensar do jeito que pensaria naturalmente. Ao longo da carreira, adotou ou desenvolveu uma série de técnicas que perturbavam o processo normal de pensamento de modo a barrar a tentativa de fazer sentido e a interromper fluxos lógicos ou narrativos em seu trabalho.

Para alguém em busca de si mesmo, ele parecia bem pouco interessado nos produtos de sua mente.

Para revelar os seus segredos interiores, o método de Bowie era se envolver em uma série de experimentos completamente aleatórios. A primeira técnica que usou para se distanciar do pensamento comum foi o "recorte". Segundo ele mesmo, utilizou recortes em quase 40% das músicas que compôs, e com certeza usou muito essa técnica no apogeu dos anos 1970. Bowie atribuiu a descoberta desse processo à leitura de William Burroughs, que tinha desenvolvido a ideia com Brion Gysin – ambos da Geração Beat, que Terry havia apresentado a Bowie. No que diz respeito a técnicas aleatórias, Bowie também sofreu grande influência de John Cage, o compositor que, nos anos 1950, revolucionou a música clássica com composições criadas através de operações aleatórias. Por exemplo, para criar "Music of Changes", um solo de piano, Cage usou a propriedade de geração aleatória de números do antigo texto de adivinhação chinesa, o I Ching, para estabelecer timbre, volume, ritmo e duração da nota.

Na verdade, a ideia de criar obras de arte através de processos aleatórios vinha de longe – do movimento dadaísta, que surgiu nas duas primeiras décadas do século xx. Tristan Tzara, o primeiro dadaísta, explicou muito bem o processo em uma parte de seu *Manifesto sobre o amor fraco e o amor amargo*, publicado em 1920 com o poema "Receita para fazer um poema dadaísta". Eis a receita:

- Pegue um jornal.
- Pegue uma tesoura.
- Escolha no jornal um artigo com o comprimento que quer dar ao seu poema.
- Recorte o artigo.
- Depois, recorte com cuidado todas as palavras que formam o artigo e coloque-as num saco.
- Agite o saco suavemente.
- Em seguida, tire os recortes um por um e coloque-os na ordem em que foram saindo do saco.
- Transcreva-os conscientemente.
- O poema será como você.

Burroughs e Gysin costumavam recortar frases ou parágrafos inteiros em vez de apenas palavras avulsas, mas o método deles era basicamente o mesmo. É possível ver Bowie usando a mesma técnica no documentário *Cracked Actor*, de 1975.

Um século depois do dadaísmo, estamos um pouco mais acostumados com esse tipo de ideia avançada, mas a parte do processo que ainda nos deixa incrédulos é a de que "o poema será como você". Como uma técnica que elimina de modo tão implacável a ideia de expressão pessoal pode nos dizer alguma coisa sobre o artista?

VIZINHO DO INFERNO

Se a técnica do recorte parece estranha, o esquema seguinte de Bowie para se distanciar das formas normais de pensamento foi ainda mais surpreendente, até mesmo chocante, considerando o que sabemos de sua história. Na busca por novas maneiras de pensar, ele foi parar direto naquilo que mais temia: a esquizofrenia.

Em duas ocasiões, pelo menos – uma nos anos 1970 e outra nos anos 1990 –, Bowie e Brian Eno, seu parceiro regular, estiveram em Gugging.

A Clínica Psiquiátrica Maria Gugging ficava nos arredores de Viena. Ali, no final dos anos 1950, o psiquiatra Leo Navratil embarcou num tratamento radical: ele pedia aos pacientes que desenhassem. Inicialmente, isso servia apenas para fins de diagnóstico, mas o médico logo viu que tinha descoberto talentos artísticos genuínos, uma opinião confirmada depois por Jean Dubuffet, o artista francês que cunhou o termo "arte bruta".

A partir de 1970, o trabalho dos artistas dessa clínica passou a ser apresentado em galerias e museus, e eles estão entre os principais nomes da arte bruta, trabalhando à margem do mercado de arte convencional.

Esses artistas alternativos não costumam se ver como artistas nem consideram o seu trabalho arte, e isso fascina as pessoas que o fazem. Já que artistas como Picasso e Duchamp tinham reinventado o que era considerado "arte", os artistas começaram a buscar inspiração em quem produzia arte de forma singela e natural: crianças, moradores de sociedades consideradas "primitivas" (à época em que o termo "arte bruta" surgiu) e doentes mentais.

Com o tempo, esse termo foi ficando problemático, sobretudo pela apropriação cultural de técnicas e imagens dos países menos desenvolvidos pelos artistas da lucrativa cena artística ocidental. De fato, tanto crianças quanto pessoas com problemas de saúde mental apresentam uma espontaneidade e uma naturalidade que os artistas formados não conseguem igualar.

Foi com esse espírito que Bowie e Eno foram à clínica Gugging nos anos 1990.

Quando chegaram, tiveram de atravessar o edifício principal a caminho da área onde os artistas moravam e trabalhavam e ficaram chocados ao ver na parede um grafite que dizia: "ISTO É O INFERNO". Contrastando por completo com o cartaz, a ala dos artistas era decorada com o trabalho dos próprios pacientes, inclusive murais com árvores e outras cenas da natureza.

Bowie contou que, na Gugging, o fascinante era a possibilidade de descoberta e a total falta de autocrítica. Sendo alguém que sempre se sabotava com a autocrítica, ele queria ser capaz de criar com aquela sensação de liberdade e inocência. Conversando sobre suas idas a Gugging, Bowie concluiu que seria extremamente difícil para ele atingir esse objetivo, mas que "poderia conseguir". Achava que o principal era se divertir, como a criança livre de críticas e medos, e suas inúmeras técnicas aleatórias foram criadas para cultivar isso.

A MENTE DIVIDIDA

O fascínio de Bowie pelos artistas da Gugging e pela arte alternativa reverberavam bastante as ideias expostas em um livro marcante que ele lia nos anos 1970: *The Origin of Consciousness in the Breakdown of the Bicameral Mind* [A origem da consciência na ruptura da mente bicameral], do filósofo Julian Jaynes. Esse livro foi uma tentativa revolucionária de explicar a evolução da consciência: como a nossa mente veio a funcionar do modo como funciona. Segundo a teoria de Jaynes, até há pouco tempo o nosso cérebro era bicameral, ou seja, os dois hemisférios cerebrais trabalhavam separadamente.

Na vida cotidiana, o lado esquerdo do cérebro lidava com as coisas, mas em momentos de estresse, quando tínhamos dificuldade de saber o que fazer, o hemisfério direito se comunicava com o esquerdo, orientando-o. As pessoas compreendiam as declarações do hemisfério direito como *exteriores*; eram consideradas ordens divinas a serem obedecidas sem discussão. Podemos ver essa ideia em ilustrações da antiga literatura grega, na qual os personagens não tinham uma mente consciente tal como a compreendemos hoje; ou seja, não tinham senso de introspecção. Eles esperavam pela orientação divina, e, quando algum deus se manifestava, era preciso obedecer às instruções. Desobedecer à manifestação dos deuses resultava em tragédia.

Jaynes propunha que os dois hemisférios do cérebro tinham começado a funcionar de modo mais colaborativo havia pouco mais de 3 mil anos. Trata-se de uma teoria bastante controversa. Uma das críticas ao trabalho de Jaynes é a de que um intervalo de 3 mil anos seria muito curto para uma evolução desse porte.

No entanto, mesmo que o cálculo e até mesmo a teoria de Jaynes sejam contestados, é possível perceber por que a ideia impressionou Bowie, uma vez que ela oferece mais informações sobre a esquizofrenia e o inquietante sintoma de ouvir vozes. A se acreditar em Jaynes, até há pouco tempo *todos nós* ouvíamos vozes. Nesse caso, quem sofre de esquizofrenia estaria regredindo – sob um trauma extremo – a um antigo modo de pensar.

Isso também levanta a intrigante ideia de que, quando os artistas usam técnicas aleatórias em sua busca de autoconhecimento, eles também estão regredindo a um antigo modo de usar a mente: ouvindo e obedecendo a orientações "dos deuses".

VOCÊ É UM EX-INTEGRANTE DESCONTENTE DO THE CLASH

Assim como Bowie, Eno foi bastante influenciado por John Cage e tinha um fascínio especial por suas técnicas aleatórias, que estabeleciam uma série de condições muito claras no início da peça e depois permitiam que a música "se escrevesse" entre esses limites. Junto com o pintor Peter Schmidt, Eno desenvolveu as *Oblique Strategies* [Estratégias oblíquas], um conjunto de fichas que deveria ser usado sempre que o compositor ou o artista travasse – bastaria então tirar uma ficha qualquer e fazer o que ela dissesse.

Mais uma vez, trata-se de um método que questiona a ideia do artista como criador consciente de seu trabalho e estabelece uma relação com a época da mente bicameral, substituindo a manifestação dos deuses por uma instrução numa ficha de papel.

Na década de 1970, trabalhando com Bowie na Trilogia de Berlim* (*Low, Heroes* e *Lodger*), Eno sempre usava as *Oblique Strategies*. Para o

* Também conhecida como Trilogia Eletrônica. (N. T.)

álbum 1. *Outside*, de meados dos anos 1990, Eno criou novas fichas e apresentou uma a cada membro da banda, mostrando como deveriam tocar em determinada faixa. As fichas diziam coisas como: "Você é um ex-integrante descontente do The Clash: toque todas as notas que eles não permitiam". Enquanto isso, Eno ficava com um rádio, o qual sintonizava aleatoriamente e sampleava, para depois acrescentar o som sampleado à mixagem. Ao mesmo tempo, Bowie se cercava de revistas e livros, que recortava e rearranjava em forma de letras de música, de acordo com a técnica dadaísta ou *beat*.

E SE?

Em 1999, num discurso aos formandos do Berklee College of Music, David Bowie contou que, quando estava aprendendo a tocar saxofone, logo se deu conta de que não haveria uma expressão natural em sua obra. Ao contrário, seu trabalho artístico seria um jogo do tipo "e se?".

Era esse o jogo que fazia para tentar expressar "alguma coisa" íntima, o jogo que fazia em busca de autoconhecimento, o jogo que fazia para descobrir seu eu superior.

Como pode um jogo de "e se?" – mesmo esse que se estendeu por uma carreira de 55 anos – ajudar alguém a se encontrar? A chave está na palavra "jogo". Na ida à Gugging, Bowie buscava a inocência infantil no ato da criação; brincando com tesoura e recortes de papel, ele reproduzia brincadeiras infantis ao mesmo tempo que se encaixava na cultura de vanguarda.

Ao fazer todas essas coisas, Bowie tentava desativar a mente pensante, voltando a um ponto anterior ao pensamento conceitual.

Podemos definir "ponto anterior ao pensamento conceitual" como sendo a primeira infância: antes de aprendermos a falar, antes de associarmos palavras a objetos, pensamos de modo mais livre. Ou podemos definir isso como sendo o período anterior à fusão de nossa mente bicameral – quando toda a nossa espécie agia sem introspecção constante, pois a introspecção ainda não era possível.

Podemos também definir "ponto anterior ao pensamento conceitual" como um dos objetivos principais que os estudos budistas e os textos de Jung vinham indicando a Bowie: uma maneira de escapar do "microcosmo interior" e se conectar com o seu eu superior. Jung afirmava que esforços intelectuais, por si sós, não seriam suficientes para que o indivíduo tomasse consciência de seu verdadeiro eu. O budismo vai mais além e sugere que o pensamento é um obstáculo à verdadeira compreensão de quem somos e de nosso lugar no mundo.

A fim de investigar esse "ponto antes do pensamento", vamos ficar um pouco mais com John Cage, pois a trajetória dele foi bastante semelhante à de Bowie (embora vinte anos antes), e Cage deixou em suas palestras e ensaios uma trilha bem nítida de seus pensamentos e influências.

LIÇÃO DE VIDA:
MUDE A RELAÇÃO COM OS SEUS PENSAMENTOS

Normalmente, usamos a mente para resolver problemas. Mas às vezes nossos pensamentos é que são o problema. Quando estamos numa busca espiritual para nos conectarmos com o verdadeiro eu, ou quando apenas desejamos mais paz de espírito, é essencial reestruturarmos a nosssa relação com os pensamentos.

Muita gente conhece John Cage pela composição *4'33'*, de 1952, que consiste em 4 minutos e 33 segundos de silêncio. Há quem a considere uma reinvenção musical revolucionária e uma profunda meditação sobre o silêncio; outros a consideram uma peça desconcertante, ridícula ou desprezível. Até a mãe de Cage, conversando com o compositor Earle Brown em uma apresentação, perguntou: "Então, Earle, você não acha que o John foi longe demais desta vez?"

Uma pessoa presente à primeira apresentação da peça em Woodstock escreveu uma carta para o jornal da região afirmando que ela fazia parte de "uma guerra" que os artistas da época travavam contra o "senso comum". O que de fato é verdade. Cage estava tentando agredir o senso comum.

A *4'33'* foi o ponto culminante de um processo de descoberta que teve início em 1939. Naquele ano, quando Cage frequentou a Cornish School de Seattle, ele foi a uma palestra de Nancy Wilson Ross, romancista e especialista em religiões orientais, que o instruiu sobre a relação entre o dadaísmo e o zen-budismo. Seja como pessoa, seja como compositor, Cage vinha lutando para ter tranquilidade em sua vida atormentada e propósito em seu trabalho artístico: quem era ele e por que existia? Inspirado nessa palestra, ao longo dos dez anos e meio seguintes ele elaborou com cuidado as respostas a essas questões; encontrou-as na filosofia oriental.

Em sua trajetória, Cage leu os textos de Huang Po, mestre zen do século XIX, nos quais havia a ideia de que o pensamento, antes de ser uma ferramenta para resolver os problemas da vida, poderia na verdade *ser* o problema:

> Se você deseja entender, saiba que uma compreensão repentina ocorre depois que a mente tiver depurado todo o entulho da atividade mental

conceitual e discriminatória. Quem procura a verdade através do intelecto e do aprendizado só consegue se distanciar cada vez mais dela. Quando os seus pensamentos pararem de se ramificar, quando você abandonar a ideia de procurar por alguma coisa, quando a sua mente ficar estática como a madeira ou a pedra, só então você estará no caminho certo.

Depois, em 1950, ele conheceu os livros zen-budistas de Daisetz Teitaro Suzuki, que trouxeram clareza ao seu estudo das religiões orientais e lhe proporcionaram um plano de ação objetivo sobre como levar a vida e como criar.

Suzuki, assim como Huang Po, questiona o valor do pensamento. No livro *Introdução ao zen-budismo* (cujo prefácio é de Carl Jung), Suzuki desafia o leitor: "Você vai ficar sempre preso aos seus pensamentos ou vai ser totalmente livre?"

Suzuki vai mais longe e afirma que "desde que tenhamos consciência do espaço e do tempo, o zen-budismo sempre vai manter uma distância respeitável de nós". Isso significa que os problemas surgiram quando, como diria Jaynes, a mente bicameral se rompeu e nós começamos a ter consciência de nossos pensamentos.

O zen-budismo tem uma forma exclusiva de treinamento: o *koan*. Mesmo que você não saiba nada de zen-budismo, provavelmente conhece pelo menos um *koan*: "Qual é o som de uma mão batendo palma?" Quem estuda o zen-budismo recebe esse tipo de *koan* para *resolver*, mas não se espera que o resolva, pois não existe solução. Ele não tem sentido. Não é feito para ter sentido.

Na verdade, os *koan* são uma batalha contra o senso comum. São feitos para demonstrar os limites de nosso bom senso, para mostrar que o mundo de palavras, pensamentos e conceitos não é tão útil nem importante quanto achamos. Eles indicam uma maneira de existir na qual os pensamentos, a razão e a lógica se tornam muito mais leves.

NÃO SEJA UM CACHORRO, SEJA UM LEÃO

Milarepa era um mestre do budismo tibetano do século XI, uma personalidade importante da linhagem Kagyu. Sua visão sobre como devemos tratar os pensamentos era muito parecida com a de Huang Po e de Suzuki, mas ele a exprimia de maneira mais convincente: "Quando você corre atrás dos seus pensamentos, parece um cachorro atrás de um pedaço de pau: toda vez que jogam o pau, você corre atrás dele. Em vez disso, faça como o leão. Em vez de correr atrás do pau, enfrente quem o jogou. Só se joga um pedaço de pau a um leão uma única vez".

Se tanto.

Como você vem experimentando a meditação e os exercícios deste livro, talvez já tenha uma noção do que Milarepa está dizendo. A orientação dada é muito simples: concentrar-se na respiração. Porém, é inevitável que os pensamentos surjam e o distraiam. E mesmo já sabendo, antes de começar a meditar, que deve deixar os pensamentos passarem e levar a atenção de volta à respiração, é extremamente difícil fazer isso quando um pensamento surge.

Qual o problema, afinal? Por que Milarepa, Huang Po, Suzuki e, claro, o próprio Buda nos aconselham a não seguir os pensamentos?

Para compreender isso, temos de analisar melhor o que são os pensamentos e o prejuízo que podem nos causar.

A pergunta "O que é pensamento?" é bem complexa, mas a forma de pensamento de que temos mais consciência – e que parece ser uma das que os grandes mestres não aprovam – é o nosso discurso interior, as estranhas ponderações que passam incessantemente pela nossa cabeça. Digo "estranhas", mas elas não nos são estranhas, uma vez que nos perdemos nelas. É a vida. É como a vida sempre foi. Quando paramos para observar, porém, tudo *é* estranho. Começamos a nos questionar *para que serve*.

Nem todo mundo pensa do mesmo jeito, mas, enquanto lê este livro, a maioria de vocês vai estar "ouvindo" a voz interior. Na verdade, a sua voz interior está lendo este livro em voz alta em sua cabeça. Ao escrever essas palavras, também estou "falando" para mim mesmo em minha cabeça.

Algumas pessoas vivenciam essa conversa interior como um monólogo. É como se estivessem falando consigo mesmas, mas tudo ocorre na própria cabeça. Outras a vivenciam como um diálogo: elas mesmas perguntam e respondem. Às vezes, "ouvem" vozes ligeiramente diferentes, como uma peça de teatro com diferentes personagens encenada em sua cabeça. Há quem reforce essa conversa interior "vendo" imagens dela.

126

O pensamento em forma de conversa interior nos ajuda de inúmeras maneiras. Fazemos uso dele quando analisamos acontecimentos passados. Para nos estimular ou criticar.

Quando paramos para pensar sobre o assunto, é realmente estranho. Por que fazer comentários sobre o mundo em vez de simplesmente vivenciar o mundo? Para que contar a nós mesmos o que acontece e o que estamos fazendo, sendo que já sabemos, pois somos nós mesmos que estamos fazendo? Eis aqui um dos principais problemas com o pensamento, sobre o qual as tradições antigas nos advertem: ele nos deixa permanentemente a certa distância da vida.

O QUE HÁ DE ERRADO EM PENSAR?

Os pensamentos nos separam da realidade.

Passamos a vida toda dizendo a nós mesmos, numa conversa interior, o que está acontecendo conosco. É como decidir ser comentarista esportivo em vez de praticar um esporte, estando sempre acompanhados por um especialista que tende a ter uma visão negativa do jogo em andamento e de nosso desempenho nele.

No Capítulo 1, tratamos dos momentos raros e maravilhosos que descrevemos com a frase "Nunca tinha me sentido tão vivo". São os momentos em que nossa conversa interior se desliga, quando encaramos a realidade em vez de vivê-la em meio a camadas de comentários. É maravilhoso. No entanto, durante 99,9% da vida continuamos com esse fluxo de comentários, diluindo a experiência de estarmos vivos. Mas, se viver sem essa conversa interior é tão maravilhoso, por que não desligamos esse fluxo mais vezes? Porque é dificílimo interrompê-lo.

Não conseguimos desligar os pensamentos.

Os psicólogos falam em "estado de repouso do cérebro" para descrever o que este faz quando não está concentrado em completar uma tarefa que demande atenção. Nesse estado de negação da tarefa, porém, o cérebro não está em repouso, pois fica tagarelando.

Esse falatório tende a ser um comentário pontual sobre o que está acontecendo em volta, juntamente com muitas opiniões sobre o que gostamos e o que não gostamos. Nosso "estado de repouso" também inclui viagens mentais que nos tiram do momento presente, seja para olhar para trás, seja para a frente.

Nossos pensamentos podem ser desnecessários e inúteis.

Às vezes, quando os mestres das tradições antigas dizem que precisamos nos livrar do pensamento, é fácil nos confundirmos. Afinal, pensar é uma de nossas ferramentas mais poderosas, e bastante útil em geral. Vale a pena lembrar de Chime Rinpoche, mestre de Bowie, e a maneira mais acessível que ele tinha de abordar essa questão: o problema são os "pensamentos desnecessários".

Para muitos de nós, talvez seja impossível atingir o estado zen, aquele em que, como diria Huang Po, nossa mente está "imóvel como madeira ou pedra". Porém, se pudéssemos nos livrar de pensamentos desnecessários ou inúteis (ou pelo menos reduzi-los), ficaríamos muito menos estressados e mais felizes.

É fácil identificar o pensamento desnecessário: é qualquer pensamento que não seja útil. O exemplo clássico de pensamento desnecessário é conhecido de qualquer pessoa que tenha trabalhado num escritório às vésperas de uma grande reunião. A pessoa acorda às três da manhã. Pouco tempo depois, dá-se conta de que não vai virar para o outro lado e dormir de novo, mas sim ficar olhando para o teto. Então vem o primeiro pensamento desnecessário: "Eu preciso dormir".

É desnecessário – e inútil – porque ninguém volta a dormir ao pensar que precisa dormir. Na verdade, como você deve saber, pensar que é preciso dormir dificulta as coisas ainda mais. Acordado, você logo passa a ter mais pensamentos desnecessários e inúteis:

"Espero não fazer bobagem na reunião."

"Se eu não pegar logo no sono, vou fazer bobagem."

"Toda véspera de reunião eu faço isso. Perco o sono e depois fico um trapo."

"Qual é o meu problema? Por que me saboto desse jeito?"

Nem todo mundo tem esse mesmo fluxo de pensamentos desnecessários, mas você consegue reconhecer esse comportamento. O que precisamos que a mente pensante faça é nos ajudar a relaxar e a pegar no sono de novo; o que ela de fato faz é nos estressar, garantindo que permaneçamos acordados.

Em momentos como esse, os pensamentos são desnecessários e podem ser inúteis. E alguns pensamentos são ainda piores.

Muitos pensamentos são realmente prejudiciais.

No cenário de perda do sono, é como se os pensamentos estivessem zombando de nós, e às vezes eles parecem agressores ou provocadores.

Em pessoas que sofrem de ansiedade, uma espiral de pensamentos viciosos pode transformar um pequeno incômodo num ataque de pânico.

Em quem tem TOC, os pensamentos indesejáveis chegam a controlar as ações. Em algumas pessoas, isso se dá num nível ligeiramente irritante, mas há quem fique paralisado por comportamentos ritualísticos, sempre gerados por pensamentos invasivos.

Em quem tem depressão, uma sequência de pensamentos tristes ou negativos pode provocar ou piorar o estado depressivo.

Milhares de pessoas que não se identificariam com nenhum problema de saúde mental vivem com baixa autoestima ou uma feroz crítica pessoal, atormentadas por uma autocrítica constante, que sabota relacionamentos, empregos e a vida. Estão tão acostumadas a isso que acham normal.

De certo modo, é muito óbvio dizer que os pensamentos contribuem para a nossa infelicidade. Mas é preciso afirmar isso com clareza porque há pessoas tão presas ao mundo do pensamento que não percebem que é nele que estão. A identificação com os pensamentos é tamanha que não percebemos que não somos os nossos pensamentos.

É de importância vital realmente compreender essa questão, pois saber que os pensamentos contribuem com muito do nosso sofrimento significa que podemos reduzir o sofrimento apenas mudando a relação com eles.

O primeiro passo nesse sentido é compreender que temos um relacionamento com os pensamentos, e isso significa ter clareza de que não somos os nossos pensamentos.

✻ O SEU CAMINHO

Nesta seção você vai aprender que você não é os seus pensamentos e vai usar esse conhecimento para melhorar sua relação com eles. Se você vive atormentado por pensamentos negativos ou por uma crítica interior perniciosa, as técnicas que vamos explorar aqui podem oferecer alívio, mas também ajudam quem quiser se compreender de verdade e aprender a se relacionar com o mundo.

Em uma de suas palestras, a instrutora de *mindfulness* Tara Brach diz à plateia que vai compartilhar os três ensinamentos mais valiosos do mundo. E revela o primeiro: "Não acredite em seus pensamentos".

A plateia fica em silenciosa expectativa enquanto ela se prepara para revelar o segundo. Tara então diz: "Não acredite em seus pensamentos".

A plateia ri. Claro, agora já sabem qual vai ser o terceiro: "Não acredite em seus pensamentos".

Trata-se de um ensinamento fundamental. Ou, talvez, três ensinamentos fundamentais. Mas, antes que você consiga fazer a escolha de não acreditar em seus pensamentos, precisa aprender outra coisa. Eu diria, então, que os três ensinamentos mais valiosos do mundo na verdade são:

1. Você não é seus pensamentos.
2. Você não é seus pensamentos.
3. Você não é seus pensamentos.

O que isso significa de fato?

Os pensamentos fazem parte de nós. Eles acontecem em nós. Mas não nos definem. Não são a nossa essência. Somos algo muito maior que os nossos pensamentos.

O que somos então?

Nos exercícios de meditação, você foi orientado a observar os seus pensamentos. É você quem observa os pensamentos. Você é a consciência.

Se esse conceito parece um pouco complicado, vamos deixar o corpo de lado.

Você é este livro? (Garanto a você, esta não é uma pegadinha.) Você é o livro que está lendo agora? Não, não é. Você tem consciência do livro? Sim, tem. Você é aquele que tem consciência do livro. Consegue observar o livro, mas o fato de conseguir observá-lo não significa que seja o livro. O livro que você está lendo não o define. Isso seria uma bobagem.

Da mesma maneira, você é capaz de observar os próprios pensamentos, mas o fato de conseguir observá-los não significa que você seja os pensamentos. Seus pensamentos não o definem. Essa seria outra bobagem.

Talvez você se oponha a essa ideia e considere que o livro e os seus pensamentos não são a mesma coisa. Talvez você esteja dizendo: "O livro apenas está aqui, mas eu crio os meus pensamentos". No entanto, ao meditar aprendemos que não é bem assim. Muitos de nossos pensamentos não são criados por nós – com certeza, não são conscientemente criados por nós. Eles surgem. Muitos, nós nem queremos. Muitos não são relevantes nem úteis, nem benéficos, nem mesmo verdadeiros. Mas continuam surgindo.

Quando compreendemos que não somos os nossos pensamentos, praticamos o que os psicólogos chamam de "desfusão cognitiva", uma habilidade vital tanto para lidar com questões de saúde mental quanto para ampliar o conhecimento e a compreensão pessoal.

A fim de analisar melhor a diferença entre os pensamentos e a consciência dos pensamentos, vamos meditar de novo.

EXERCÍCIO: VOCÊ NÃO É OS SEUS PENSAMENTOS

Feche os olhos.

Respire fundo três vezes, lentamente.

Concentre a atenção na respiração. A cada inspiração, sinta o espaço. Ao expirar, relaxe.

Agora, preste atenção ao seu corpo. Concentre-se nas sensações dele. Passeie pelo seu corpo, observando o que está acontecendo.

De que parte você tem mais consciência? Por quê? Ela está tensa? Está contraída? Relaxada? Quente? Fria? Enquanto observa as sensações, elas mudam? Leve um tempo, o tempo que quiser, apenas observando o que está acontecendo com o seu corpo.

Ao fazer isso, esteja consciente *de sua consciência*. Perceba que *você está observando* tudo. Você tem um corpo. Mas você não é o seu corpo. Você é o observador.

Agora, desse mesmo ponto de vista, observe os seus pensamentos.

Atente para a conversa interior. Talvez ela seja: "O que significa estar consciente da consciência?" Ou: "É claro que sou os meus pensamentos". Ou: "Ainda não estou tendo pensamentos, por isso não consigo observá-los". Isso tudo é pensamento. Todos os dias temos milhares de pensamentos. Alguns úteis, outros desnecessários. Mas eles continuam sem parar.

Agora, deixe de lado os pensamentos e volte a prestar atenção à respiração.

Os pensamentos logo vão voltar. Talvez sejam: "Ótimo, você está bastante focado na sua respiração". Ou: "Não estou tendo pensamento nenhum". Ou: "Ele está errado. A minha mente está totalmente vazia agora". Isso tudo é pensamento. Observe-os. Observe que não é você que os cria. Eles simplesmente surgem.

Mais uma vez, esteja consciente *de sua consciência*. Perceba que *você está observando* tudo. Você tem pensamentos. Mas você não é seus pensamentos. Você é o observador deles.

Perceba que, ao observar as sensações do seu corpo ou os seus pensamentos, você se torna consciente de si mesmo como consciência pura, como observador de todas essas experiências.

Você tem um corpo, você tem pensamentos. Mas você não é nada disso. Você é a consciência pura que os observa.

Você é isso. Nós passamos grande parte da vida tão perdidos nos pensamentos que, na verdade, nunca enxergamos através deles e nos conectamos com o que somos de fato. Em geral, quando isso ocorre, há uma percepção de espaço, de luz, de tranquilidade ou de paz. Se você alcançar esse estado, permaneça nele quanto tempo desejar.

Depois, quando estiver pronto, leve a atenção para fora do corpo, para os sons do ambiente. Concentre-se neles por uns instantes.

Mexa os dedos dos pés e das mãos.

Lentamente, sem pressa, abra os olhos.

★★★

Em todo o meu trabalho de treinamento e *coaching*, ajudar as pessoas a compreender que "você não é os seus pensamentos" é um dos dois momentos mais transformadores (o outro é a *verdadeira* meditação, que vamos ver no Capítulo 7).

É um momento do tipo *Matrix*. Assim como no filme, quando Neo aprende que a realidade em que ele passara a vida toda não era a realidade, nós aprendemos que o mundo dos pensamentos não é tão real quanto pensamos. A realidade é o que ocorre quando os nossos pensamentos param um instante e temos uma experiência direta do mundo, sem o filtro de nossos comentários e julgamentos.

Naturalmente, seus pensamentos são reais. Estão ocorrendo. Mas o mundo que eles criam se você se identificar por completo com eles e acreditar neles não é tão real quanto imagina. É uma versão do mundo que foi bastante modificada por seus pensamentos.

O que você vai fazer com esse conhecimento? Vai se esforçar para ter pensamentos um pouco mais leves daqui em diante – questionando-os gentilmente e desafiando-os de vez em quando. Vai saber que, sempre que desejar, através da meditação será capaz de encontrar um espaço entre o seu eu e os pensamentos.

Quando se é novato na percepção de que o eu e os pensamento são coisas distintas, hesita-se um pouco; porém, quanto mais a pessoa meditar, mais forte será a compreensão desse conceito. Depois de um tempo praticando a observação dos pensamentos a partir do ponto de vista da consciência, na meditação, você vai conseguir aplicar essa habilidade no mundo real. Então, em vez de ser governado pelos pensamentos, vai conseguir observá-los à medida que surgirem, decidindo o que fazer com eles. Você pode se perguntar:

- É relevante para mim?
- É verdade?
- É benéfico?

Se nenhum dos seus pensamentos for relevante, verdadeiro ou benéfico, você pode deixá-lo de lado. Talvez isso seja pouco provável neste momento – sobretudo se estiver muito afetado por pensamentos incômodos –, mas é possível, com tempo e prática.

Se estiver pensando "Como os meus pensamentos podem ser irrelevantes para mim? Afinal, eu os estou pensando", a melhor analogia é lembrar dos anúncios que vê na tela do computador e como eles aparecem.

Por exemplo, vamos imaginar que você esteja comprando um colchão *on-line*. Se você for como a maior parte das pessoas, não vai comprar outro em dez anos. Você não só está na categoria "não vai comprar colchão", como também está bem longe da categoria "prestes a comprar colchão". Porém, a tecnologia que mostra anúncios em seu computador registrou que você está extremamente interessado em colchões; portanto, vai continuar a enviar propagandas de colchão meses a fio.

Não é verdade que esses anúncios não tenham nada a ver com você. De certo modo, a razão deles foi o seu comportamento, mas isso não os torna relevantes nem benéficos. Nem a imagem que fazem de você – "esta pessoa está mesmo interessada em colchões" – é verdadeira. Assim como esses anúncios podem estar relacionados ao seu passado, mas não serem relevantes, nem benéficos, nem verdadeiros, os seus pensamentos podem estar relacionados ao seu passado e serem igualmente irrelevantes, desnecessários e falsos no presente.

Por essa razão, não pense que deve se identificar com os seus pensamentos muito mais do que se identificaria com os anúncios que surgem na sua tela.

EXERCÍCIO: OBSERVE E IDENTIFIQUE OS PENSAMENTOS (FORA DA MEDITAÇÃO)

Às vezes, pessoas que aprenderam a meditar comigo e que gostaram dos benefícios da sensação de se separar dos pensamentos me perguntam: "Mas o que eu faço quando *não consigo* meditar? Não consigo meditar na vida real". Um tanto incomodado, naturalmente, eu digo que a meditação é vida real; que é provavelmente mais real que uma existência corriqueira, no piloto automático. Porém, sei do que estão falando. Elas não conseguem meditar no meio de uma reunião de trabalho, quando estão dirigindo, fazendo compras, quando estão por aí vivendo a vida normal.

A boa nova é que, longe da meditação, você pode praticar várias técnicas que vão melhorar a sua desfusão cognitiva, ou seja, vão propiciar um pouco mais de espaço entre o seu eu e os pensamentos.

Assim, você vai reforçar a compreensão de que não é os seus pensamentos e também:

- diminuir o poder dos pensamentos que o magoam;
- permitir-se passar mais tempo vivenciando o mundo diretamente e não "perdido em pensamentos";
- ajudar-se na jornada de compreender quem de fato é.

Essas técnicas partem da habilidade de observar os pensamentos, que você vem desenvolvendo com a meditação.

A primeira técnica consiste apenas em perceber e identificar pensamentos assim que eles surgem. Isso significa identificá-los de modo específico, reconhecendo que você não é o pensamento que está tendo.

Por exemplo, se você se esqueceu do aniversário de um amigo e se flagrou pensando "eu sou um péssimo amigo", a primeira coisa que precisa fazer é observar que está tendo esse pensamento. Quanto mais meditar, mais fácil vai ser observar e identificar os pensamentos como *pensamentos* nos momentos em que não estiver meditando.

Em seguida, deve identificar o pensamento. Por exemplo: "Estou observando que o pensamento 'sou um péssimo amigo' está na minha mente". Não é assim que falamos normalmente, essas frases são incomuns, mas importantes. Substituímos "sou um péssimo amigo" por "Estou observando que o pensamento 'sou um péssimo amigo' está na minha mente". Isso precisa ser feito porque "sou um péssimo amigo" o vincula ao pensamento, sem deixar espaço para questioná-lo nem contestá-lo. Por outro lado, "Estou observando que o pensamento 'sou um péssimo amigo' está na minha mente" é uma sequência de palavras que o identifica como observador do pensamento. Você não está rotulado por ele. Você não é o pensamento. Pode questioná-lo, contestá-lo. A diferença entre esses dois estados é imensa.

EXERCÍCIOS: QUESTIONE OS PENSAMENTOS

Observar e identificar já pode ser o suficiente para reduzir o poder dos pensamentos negativos, mas talvez você deseje se aprofundar para lidar com pensamentos negativos mais incômodos.

Vamos continuar com o mesmo exemplo. Você teve o pensamento "Sou um péssimo amigo" e já o reestruturou com a técnica da identificação: "Estou observando que o pensamento 'sou um péssimo amigo' está na minha mente". Como agora não está mais completamente vinculado ao pensamento, uma vez que o reconhece como um pensamento em observação, você pode questioná-lo.

Será ele 100% verdadeiro? É claro que você preferiria ter se lembrado do aniversário, mas esquecer uma vez o torna um péssimo amigo? Você consegue pensar em alguma outra prova de que na verdade é um bom amigo dessa pessoa?

Será ele sempre verdadeiro? Você é sempre um péssimo amigo? Como você trata os outros amigos? Consegue encontrar outras provas, de outros relacionamentos, que se contraponham à conclusão de que você é "um péssimo amigo"?

Existe outro modo de encarar essa situação? O que será que está acontecendo em sua vida que o fez esquecer esse aniversário? Está sobrecarregado ou sob muita pressão? Não há nenhum motivo para você ter um pouco mais de compaixão por si mesmo em vez de ser tão duro?

O que você diria a um amigo que tivesse tal pensamento? Se você de fato gostasse de uma pessoa e ela cometesse um erro, o que você diria? Provavelmente, diria que ela é uma boa pessoa, uma boa amiga, e que um engano não mudaria nada. Talvez você também sugerisse que a pessoa pedisse desculpas ao aniversariante com um presente, uma lembrancinha, um bilhete…

EXERCÍCIO: OS 10 MAIS

Se você observar que alguns pensamentos negativos são recorrentes, será útil fazer uma lista dos cinco ou dez mais frequentes. Faça a lista. Pendure-a na parede. Então, quando certo pensamento surgir, identifique-o: "Estou observando que o quinto pensamento está surgindo em minha mente".

Com esse tipo de frase, você acrescenta mais uma camada à desfusão cognitiva, podendo avaliar os pensamentos negativos com um pouco de bom humor.

EXERCÍCIO: SEJA AMIGO DE SUA AUTOCRÍTICA

Este exercício se baseia na suposição contraintuitiva de que a autocrítica é nossa amiga. Talvez isso soe absurdo para quem sofre com uma autocrítica particularmente perversa. No entanto, essa abordagem tem sido útil para muitas pessoas, e vale a pena experimentá-la. Ela se baseia na ideia de que, ainda que a nossa autocrítica não esteja sendo muito amigável, ela no fundo se preocupa conosco. Só não sabe como se expressar.

Você já conhece o poder da sua autocrítica. Este exercício vai ajudá-lo a usar esse poder a seu favor.

Da próxima vez que perceber essa autocrítica, converse com ela. Pergunte-lhe: "Por que veio?"

Feche os olhos, respire devagar e espere pela resposta. Se não houver resposta, repita a pergunta.

Se for o caso, direcione melhor a pergunta. Você poderia dizer muitas coisas, por exemplo:

> "Sei que está tentando me ajudar, mas como?"
>
> "O que está tentando fazer por mim?"
>
> "Agradeço por tentar me ajudar, mas essa estratégia não está funcionando. Tem outro jeito de me ajudar?"
>
> "O que mais poderia fazer por mim?"
>
> "Gostaria de melhorar isso, mas temos que pensar em uma maneira nova de trabalhar juntos. Como poderia ser?"

Use frases que funcionem com você, desde que faça as perguntas com educação, como um pedido de cooperação, e não como um confronto.

Se você sofre há muitos anos com a sua autocrítica, talvez este exercício lhe pareça estranho, mas tente fazê-lo. Se não chegar a lugar nenhum com ele, experimente a técnica *Questione os pensamentos*, acima, a fim de desafiar a sua autocrítica.

O SEU CAMINHO: SIGA EM FRENTE

1. Continue a sua prática de meditação. Tente aumentar o tempo da prática sem diminuir o número de vezes que medita. A frequência é importante. Além de observar os pensamentos, perceba que está observando os pensamentos. Aproveite todas as chances de reforçar a compreensão de que você não é os seus pensamentos; você é o seu observador.

2. Mesmo que a ideia de dizer coisas como "Estou observando que o pensamento 'sou um péssimo amigo' está na minha mente" pareça bastante absurda, experimente fazer isso por alguns dias (com qualquer pensamento negativo, claro). Com a repetição, a experiência vai se normalizar, e pensar apenas "Eu sou um péssimo amigo" (ou qualquer outra coisa) é que vai parecer errado (e é mesmo).

3. Lembre-se do que Bowie disse sobre "pequenos universos serem criados na mente". O que isso significa para você? Que pequenos universos você criou em sua mente com os pensamentos? Bowie disse que a alternativa seria "ver o mundo todo como a sua casa". Como seria isso?

4. Questione: "Quem sou eu se não sou os meus pensamentos?" Quando você medita e observa os pensamentos, como se sente essa parte de você que faz a observação? Ela é distinta da sua mente pensante? É distinta do eu que tem se mostrado para o mundo? Não precisa pensar demais nessas questões. Basta acolhê-las. E não é necessário ter respostas definitivas. Mas entretenha essas ideias por uma semana.

Capítulo 6: Inferno

Lição de vida: É sempre possível crescer, mesmo nas horas mais sombrias

"Eis algo em que as pessoas realmente pensam:
Faço parte disso? Quem são os meus amigos?
Estou sozinho? Meu Deus, é assustador estar
sozinho neste mundo."
(David Bowie, 1987)

"Quando alguém cria fantasmas, põe vampiros no
mundo e depois precisa alimentar com o próprio
sangue, a própria vida, a própria inteligência e
razão esses frutos de um pesadelo voluntário, sem
nunca conseguir satisfazê-los."
(Éliphas Lévi)

"As coisas ficam bem nítidas quando somos
encurralados."
(Chögyam Trungpa Rinpoche)

⚡ O CAMINHO DE DAVID BOWIE

Em 1975, Bowie sofreu um surto psicótico e anoréxico movido a cocaína. Mesmo assim, das profundezas do desespero, de alguma maneira ele decidiu limpar a cena, descartar os personagens e finalmente começar a enfrentar a realidade.

Em 29 de maio de 2004, David Bowie estava no palco do Borgata Event Center, em Atlantic City. A banda tinha acabado de tocar "Reality", a música título de seu último álbum. O cantor se dirigiu ao microfone para começar a canção seguinte, "Station to Station", a faixa título de um de seus álbuns dos anos 1970.

"Esta é lá dos anos 1970", ele disse. "Os *meus* anos 1970. Não foram necessariamente os *seus* anos 1970."

Lou Reed, amigo e às vezes parceiro de Bowie, escreveu a arrogante frase "Minha semana supera o seu ano" no texto da capa de *Metal Machine Music,* um álbum agressivo e de vanguarda. Com certeza muita gente na plateia de Atlantic City poderia ter pensado que a declaração de Bowie ia na mesma linha presunçosa – ele era um gênio criativo internacional, e as pessoas ali, provavelmente, não.

Mas, como já revelamos em capítulos anteriores, não era assim que Bowie enxergava os "seus" anos 1970 – com certeza não o período no qual ele escreveu e gravou "Station to Station". Os anos 1970 *pessoais* de Bowie não foram de jeito nenhum como o resto do mundo imaginava à época.

O período que vai do final de 1974 até a primeira metade de 1976 foi descrito por Bowie como o mais sombrio de sua vida (época em que arrasou nos Estados Unidos com o primeiro lugar de "Fame" nas paradas de sucesso, em que fez a melhor interpretação de sua vida no filme *O homem que caiu na Terra* e em que gravou "Station to Station").

A maior parte dessa época ele viveu recluso em Los Angeles, cidade que detestava. Primeiro, ficou com o baixista do Deep Purple, Glenn Hughes, depois foi morar com seu agente, Michael Lippman. Depois de passar três meses no Novo México filmando *O homem que caiu na Terra,* ele voltou a Los Angeles e alugou uma casa em Bel Air.

Anos mais tarde, Lippman recordaria o "comportamento extremamente instável... ele não saía de casa... Estava sobrecarregado e sob

142

intensa pressão, não conseguia aceitar a realidade de certos fatos" – uma lembrança cheia de eufemismos. Deixando "certos fatos" de lado, Bowie estava se esforçando para lidar com qualquer realidade. Foram dias de puro terror psicológico.

Anoréxico, pesava em torno de 44 quilos: "Nem pele e osso. Eu era só osso – osso com veias em volta". Anos depois, ele diria brincando que o único benefício da fama – a capacidade de conseguir uma mesa em um restaurante da moda – não valia de nada já que ele não comia e sobrevivia à base de leite.

Abastecido de cocaína, trabalhava sem parar (dizem que até Keith Richards se espantava com sua capacidade de ficar sem dormir), escrevendo canções, pintando, esculpindo e lendo obsessivamente, mergulhando fundo no estudo dos arcanos e de temas esotéricos. Sem dúvida, a anorexia, a falta de sono e o imenso consumo de cocaína contribuíram para seu frágil estado mental.

As biografias mais sensacionalistas estão cheias de rumores sobre o comportamento de Bowie nessa época. Ele estaria convencido de que tanto seres humanos quanto demônios estavam tentando matá-lo. Para lidar com os primeiros, tinha uma arma em casa; para lidar com os últimos, desenhava pentagramas em muitos lugares. Guardava as unhas cortadas e a urina para impedir que fossem usadas em feitiços contra ele. Contratou a bruxa Walli Elmlark para exorcizar a piscina da casa de Bel Air, convencido de que ela estaria possuída por um espírito do mal.

Pelos depoimentos do próprio Bowie, sabemos que os personagens que ele tinha criado anos antes, os quais tentara "matar" em vão, haviam se transformado em forças malignas que lhe apareciam em alucinações, ameaçando-o e dizendo que iriam possuí-lo. Bowie acreditava finalmente estar como sempre temera desde o surto do meio-irmão: prestes a cair no precipício. Anos depois, lembrou de ter pensado:

"Pronto, Terry. Estou prestes a me juntar a você."

O estado mental de Bowie nesse período parece assustadoramente semelhante ao do coronel Kurtz, interpretado por Marlon Brando em *Apocalipse Now*: um homem solitário, escondido do mundo, tido como poderoso, mas que na verdade não passava de uma casca, cuja sanidade ia desmoronando, cujo mundo estava em colapso, e que gemia baixinho "o horror, o horror".

TEM ALGUÉM AÍ?

Muitas outras estrelas do *rock* sofreram surtos psicóticos causados por drogas, mas a experiência de Bowie foi diferente em dois aspectos importantes: primeiro, no que diz respeito ao trabalho dele; segundo, por causa do resultado.

Em geral, quando algum trabalho é produzido por artistas nessa situação, ele é fragmentado, inacabado e nitidamente abaixo da média. Bowie, porém, conseguiu produzir uma obra-prima, o álbum *Station to Station*, em meio a um esgotamento desesperador.

Não surpreende que duas canções do álbum, a faixa título e "Word on a Wing", sejam pedidos de ajuda. "Word on a Wing" é sobretudo uma oração. Mas, como disse o escritor Chris O'Leary, não é uma oração convencional, e sim uma "negociação". Avaliando a capacidade de Deus, Bowie diz numa bravata irremediavelmente falsa que não precisa de ajuda nenhuma, que está demasiado ocupado, mas, se Deus realmente quisesse conversar, ele poderia encaixá-lo na agenda.

Por outro lado, "Station to Station" é um mergulho profundo no misticismo da cabala e na cultura esotérica ocidental nela baseada, inclusive a Ordem Hermética da Aurora Dourada e o trabalho de Aleister Crowley (ocultista britânico que já foi considerado "o homem mais perverso do mundo"). Bowie já se referiu à canção como "tratado de magia". Nela, a certa altura Bowie está à deriva e isolado, como sabemos que estava na época, mas então ele fala em mudar de *Keter* a *Mal'hut* – dois *sefirot* (posição) da Árvore da Vida da cabala –, movimento que implica um poder de criação divino.

Embora a locução *"station to station"* possa se referir literalmente a uma viagem de trem (transporte preferido de Bowie para viajar), ou às estações da via-crúcis, vale lembrar que ela também se refere a um tipo específico de telefonema da época da gravação do álbum.

Quando as residências compartilhavam uma linha e as ligações eram feitas através de uma telefonista, era possível pedir uma chamada de "pessoa para pessoa"; se a chamada não fosse atendida pela pessoa com quem se desejava falar, não era preciso pagar. Por outro lado, era possível pedir uma chamada de "estação a estação", e se a chamada se completasse pagava-se por ela, independentemente de quem atendesse.

Sem conseguir dormir – ou sem querer dormir –, Bowie ficava sozinho em seu refúgio de Bel Air, devorando textos sobre gnosticismo cristão, cabala, magia, alquimia, numerologia, tarô – e até mesmo sobre a procura do Santo Graal pelos nazistas. São esses os ingredientes de *Station to Station*. Eram também os caminhos que ele estava percorrendo, já que procurava uma saída para o sofrimento psicológico.

Podemos identificar esses caminhos apenas lendo a lista das canções do álbum ou ouvindo-as, mas é difícil não perceber que Bowie fazia uma chamada do tipo "estação a estação" para o mundo, sem se importar com quem iria responder. Qualquer pessoa ou coisa que o pudesse ajudar a se livrar dos personagens, a exorcizar os seus demônios, a silenciar vozes, a acabar com as alucinações e a lhe apresentar um caminho de volta à sanidade seria bem-vinda ao telefone.

LONGE DO ABISMO

Isso tudo nos leva a perceber como o surto psicótico de Bowie foi diferente daqueles vividos por algumas outras estrelas do *rock* (e por Terry): ele se recuperou. Bowie não só recuperou uma aparência saudável como também ficou mais forte física, mental e emocionalmente. Como conseguiu?

Numa entrevista de 1975, perguntaram sobre Bowie a Mick Ronson, talentoso guitarrista que tinha sido muito importante no desenvolvimento do som da era Ziggy Stardust. "O que ele precisa é de bons amigos à sua volta", comentou o cuidadoso e resoluto Ronson. "Gostaria que estivesse aqui agora, sentado ali, para que eu pudesse enfiar algum juízo nele."

Isso não aconteceu jamais. Bowie cortou os laços com quase todos que o tinham ajudado a se tornar famoso ou que ofereceram algum apoio naquele momento. Felizmente, Bowie ainda tinha uma amiga: a assistente Coco Schwab, que fez (mais ou menos) o que Ronson queria ter feito. Colocando-o diante de um espelho, ela o forçou a ver como estava acabado e lhe disse que, se continuasse assim, até ela iria embora. "Você não vale esse esforço todo", disse ela.

Provavelmente, não era uma ameaça para valer; Schwab foi extremamente leal a Bowie a vida inteira. Mas, como desafio, como provocação – será que o *próprio Bowie* achava que valia o esforço? – teve muito êxito.

Bowie reagiu deixando para trás o mundo vazio do *showbiz* de Los Angeles e indo para a Suíça, onde ficou apenas até ir morar em Berlim. Ali, em vez de levar o estilo de vida luxuoso, mas fechado de estrela do *rock*, viveu em locais (relativamente) modestos. Em vez de ficar em casa e receber tudo na mão, saía para o mundo real e aprendia a se reconectar com a vida. Começou a se refazer.

Obviamente, dizer que Coco Schwab salvou Bowie ao pedir que ele se recompusesse não é uma explicação razoável. Todo mundo sabe que mandar um viciado ou qualquer pessoa que sofra de anorexia ou que tenha delírios psicóticos "se recompor" costuma ter efeito nulo. Também sabemos que o conselho a ser dado a quem quer que esteja largando a adição em drogas seria se distanciar dos amigos viciados. Em uma atitude diretamente oposta, Bowie levou para Berlim o amigo e adicto Iggy Pop, para que pudessem se ajudar na recuperação.

Ele não recebeu nenhuma ajuda psiquiátrica – essa história aconteceu muitos anos antes de ele aderir ao Programa dos 12 Passos dos Alcoólicos Anônimos. E contava com a "má influência" de Iggy Pop bem junto de si. No entanto, Bowie conseguiu sair da anorexia e da psicose e também administrar melhor as adições (embora sem se livrar delas). Trata-se de um nível de recuperação que poucos alcançam, mesmo com intensos cuidados psiquiátricos e medicamentos fortes.

Embora ainda diante de uma longa jornada de recuperação, o progresso obtido por Bowie nos últimos meses de 1976 e em 1977 foi notável. Devemos concluir, portanto, que o trabalho – o estudo, a reflexão e a contemplação – que fez consigo mesmo propiciou os recursos e a resiliência de que precisava para se recuperar; que depois das esquisitices ruidosas e dos excessos dos tempos de Los Angeles Bowie trabalhou arduamente em prol da própria sanidade; que entre a estranha coleção de filosofias, religiões e crenças que ele explorou no refúgio de Bel Air encontrou verdades e apoios suficientes para sair do abismo.

No próximo capítulo, vamos tratar dessas filosofias, religiões, sistemas de crença e tradições antigas. Mas, em vez de procurar nelas utilidades impactantes, vamos explorar a sabedoria que as sustentam, verificar como se relacionam umas com as outras e como se relacionam com o ponto de vista budista e junguiano de Bowie (e como se diferenciam dele).

Vamos ver como elas talvez tenham ajudado Bowie, e como as verdades que apresentam podem nos auxiliar quando estamos diante dos momentos mais difíceis da vida.

☯ LIÇÃO DE VIDA: É SEMPRE POSSÍVEL CRESCER, MESMO NAS HORAS MAIS SOMBRIAS

Em algum momento ao longo da vida, podemos nos perder – com uma depressão grave, um colapso, uma crise na meia-idade. Às vezes, essas batalhas intensas resultam em aprendizados importantes. Como esse eclético conjunto de ensinamentos esotéricos de que Bowie se valeu em seu momento mais difícil poderia nos orientar na "noite escura da nossa alma"?

Em meados dos anos 1960, David Bowie e Marc Bolan foram amigos e rivais. Em Londres, quando a banda de Bolan, Tyrannosaurus Rex, tocou em um espetáculo no Royal Festival Hall, em junho de 1968, Bolan convidou Bowie para fazer a abertura, mas com a condição de que ele não tocasse nenhuma música.

Tal exigência pode parecer estranha, mas nessa época isso não era um problema para Bowie. Ele já tinha lançado nove compactos, mas todos tinham sido um fiasco. Então, não é nenhuma surpresa que estivesse considerando seriamente desistir de ser uma estrela *pop* e que tivesse ensaiado mímica com Lindsay Kemp. Assim, concordou em fazer a abertura de Bolan com o solo de mímica *Jetsun and the Eagle* [Jetsun e a águia], de vinte minutos.

O Jetsun do título era Jetsun Milarepa. Como você deve se lembrar do Capítulo 5, Milarepa foi o sábio que ensinou a não correr atrás dos pensamentos como os cachorros fazem com pedaços de pau, mas a agir como os leões. Uma das razões para Milarepa ser tão importante é que ele encarna um princípio fundamental do budismo da linhagem Kagyu: o de que qualquer pessoa, não importa em que situação, consegue chegar à iluminação, e que essa transformação pode ser alcançada no período de uma vida, sem a necessidade das inúmeras reencarnações sobre as quais lemos nas vertentes mais míticas dessa religião.

Quando o pai de Milarepa faleceu, sua mãe foi enganada pelos cunhados e privada da herança. Ela incentivou Milarepa a se vingar, e ele matou a família inteira dos tios. Mais adiante, atormentado pela culpa e pela tristeza, foi estudar budismo com o mestre Marpa; depois de um longo período de redenção através do trabalho físico, chegou à iluminação e se tornou um sábio.

A história de Milarepa sempre aparece nos ensinamentos de Chögyam Trungpa Rinpoche e Chime Rinpoche, e o Bowie discípulo era fascinado por ela: não importa em que situação você esteja, quantos passos errados tenha dado na vida ou o tamanho da queda, você pode reverter as coisas, crescer, desenvolver-se e encontrar novos propósitos na vida.

Na verdade, os dias mais sombrios costumam nos levar à transformação pessoal.

CRISE OU OPORTUNIDADE?

Em 1975, o que Bowie teve foi um esgotamento completo. No entanto, podemos enxergá-lo como um passo fundamental numa trajetória espiritual especialmente difícil.

Quando passamos por períodos difíceis assim, é possível encarar as coisas nesses termos, mas em geral fica bem mais fácil muitos anos depois. Depois de sair do fundo do poço, conseguimos olhar para trás, reconhecer o que aprendemos com a experiência e perceber como ela moldou e aprimorou a vida subsequente; mais tarde – bem mais tarde –, conseguimos sentir gratidão. Na hora, porém, a última coisa em que pensamos é numa "oportunidade de crescimento".

Talvez consideremos essa experiência como uma ruptura, talvez como crise de meia-idade, talvez como crise de fé. Em termos junguianos, esse pode ser o momento em que a nossa *persona* se distanciou tanto do nosso eu que ela simplesmente não é mais viável. Talvez possamos chamar esse momento de "noite escura da alma". Seja como for, nosso antigo modo de agir já não funciona; precisamos encontrar uma nova maneira ou...

Talvez nem saibamos o que significa esse "ou", pois esse período pode ser de grande desespero. Não há alegria na vida. Não há sentido. Começamos a questionar por que existimos. Talvez questionemos a vida em termos muito amplos. Perdemos o interesse até pelas coisas de que mais gostávamos. Começamos a ter consciência dos limites de nosso poder de controlar o mundo. As emoções negativas predominam – como a raiva, a tristeza, a frustração – sem que saibamos por quê.

Percebemos que as outras pessoas mal conseguem compreender o que estamos vivendo. No fundo, há uma forte sensação de vergonha ou inutilidade. Essa experiência pode ser muito parecida com o luto, mesmo que não tenhamos perdido ninguém.

Em termos psicológicos, é muito parecida com a depressão. Talvez seja assim que o seu médico tenha definido essa fase.

Se você está neste capítulo sobretudo porque vem atravessando um período muito difícil e está em busca de orientação, está perdoado caso esteja um pouco cético ou até mesmo desconfiado. De que se trata, afinal? Alquimia? Magia? Cabala? Não parece um caminho definido, não é? Mas precisamos nos lembrar de três coisas.

Primeira: Bowie melhorou. Em algum ponto dos estudos esotéricos que fez nesse período e dos conhecimentos que havia adquirido ao enveredar pelo budismo e pelos textos de Jung, ele encontrou o suficiente para uma notável recuperação física, mental e emocional.

Segunda: por trás da linguagem e dos rituais um tanto estranhos e desconcertantes dessas práticas existem milênios de sabedoria. Pode ser difícil identificar, mas, no coração dessa sabedoria complexa e esotérica, impregnada de alegorias, metáforas e confusão deliberada, há ensinamentos bastante benéficos.

Terceira: estamos avaliando esses assuntos apenas com um elemento a ser considerado por você entre tantos outros ensinamentos deste livro e de outros apoios que você talvez procure (ver página 165). Como sempre, escolha o que for melhor para você.

Nosso propósito é revelar os ensinamentos que orientaram a vida de Bowie. Nessa fase, as ideias que ele resolveu examinar eram muito esotéricas e místicas. Vamos acompanhá-lo nesse caminho. Talvez seja complicado, talvez demande repensar conceitos, talvez seja fácil se sentir um pouco perdido. Não se preocupe, não vamos nos aprofundar demais. E, depois de atravessar o gnosticismo, a cabala, a alquimia e a magia, vamos nos reunir no final do caminho e analisar o que aprendemos.

Em nenhum momento você vai ter de usar chapéus estranhos, converter-se a uma nova religião, fazer feitiços nem participar de nenhuma sociedade secreta. Quando estudamos o gnosticismo, a cabala, a alquimia e a magia, descobrimos que eles:

- não dizem o que a maioria imagina que dizem;
- dizem algo *completamente* diferente do que a maior parte das pessoas imagina;
- são convergentes em torno de alguns conceitos centrais, que, basicamente, são semelhantes aos conceitos que encontramos no budismo e na psicologia junguiana.

Essas tradições tiveram início quando as pessoas começaram a fazer as mesmas perguntas que fazemos hoje: Quem sou eu? Qual é o meu lugar no mundo? Como dar significado à minha vida?

NÃO DEIXE QUE DEUS O ATRAPALHE

Ao estudarmos o gnosticismo e a cabala, vamos nos deparar com uma barreira, pois muitas pessoas não acreditam em Deus. Sendo assim, como podem aprender alguma coisa com tradições que têm Deus em tudo? Felizmente, esse não é um problema real, pois, nessas tradições, "Deus" não significa o que muitos imaginam.

Quando os gnósticos ou os cabalistas falam de Deus, não estão pensando em um sujeito de barba branca que mora no Céu. Esse não é Deus coisa nenhuma. Quem imagina Deus assim é tolo, segundo opinião do rabino Moshe Cordovero, um grande mestre de cabala do século XVI.

Alguns gnósticos vão mais longe e não apenas afirmam que o Deus do Antigo Testamento não nos criou como também que nós o criamos. Assim, ele encarna muitas de nossas piores características, bem como as melhores facetas; a bispa gnóstica Rosamonde Miller escreveu: "Como é falho, o ser humano projetou uma mistura do ódio contra si mesmo com as mais sublimes aspirações até num ser que chamou de Deus".

Quando os cabalistas falam de Deus, estão falando de Ein Sof, o poder infinito e indescritível que sustenta toda a existência. Na verdade, ele é a existência. Como os budistas e os seguidores de outras religiões orientais, os cabalistas rejeitam o dualismo, ou seja, a noção de que somos separados, a noção de que existe "eu" e "o resto do mundo", e que "eu" está separado "daquilo". Existe apenas Ein Sof – ser, existência – e isso é o que nós somos. Estamos todos conectados e somos todos "Deus".

Portanto, você é Deus, mas não se entusiasme, pois todos e *tudo* também são. Este livro é Deus, assim como todos os outros livros.

Cordovero escreveu:

> A essência da divindade está em todas as coisas – só existe ela, e nada mais. Como faz com que tudo exista, nada pode viver de outra coisa qualquer [...] Ein Sof existe em cada existência. Não diga: "Isto é uma pedra, e não Deus". Deus me livre! Ao contrário, toda existência é Deus, e a pedra é algo permeado pela divindade".

Essa não é uma noção simples de compreender, pois, para nós, tudo é muito separado. Por ora, continuaremos com ela como um pensamento experimental: vamos ter como pressuposto que ela seja verdadeira e ver aonde nos leva.

Quando gnósticos e cabalistas falam sobre ficar mais perto de Deus, eles não estão pensando num velho de barba branca sentado num trono no Céu. Para eles, ficar mais perto de Deus é vislumbrar como o universo funciona de verdade, enxergar através da ilusão de nossa "realidade" dualista e descobrir quem realmente somos.

Ao ler o restante deste capítulo e encontrar a palavra "Deus", entenda que ela está sendo usada neste sentido: a energia que sustenta e conecta tudo no universo – você.

GNOSTICISMO: DISPENSE OS INTERMEDIÁRIOS

Em certo sentido, "gnosticismo" refere-se a um conjunto de crenças religiosas que se desenvolveram nos primeiros séculos de nossa era entre cristãos e judeus e foram consideradas uma heresia pela Igreja. Sendo assim, muitos dos textos gnósticos foram destruídos; outros, cuidadosamente escondidos.

No entanto, alguns desses textos vieram à luz na segunda metade do século xx, depois que uma coletânea foi descoberta perto da cidade egípcia de Nag Hammadi, em 1945. Esses textos continham trechos do *Evangelho de Tomé* e do *Evangelho de Felipe*, versões da vida de Jesus que foram excluídas do cânone cristão oficial.

Uma tradução em inglês de parte dos textos apareceu pela primeira vez em 1956 no *Jung Codex*, assim denominado porque o original tinha sido adquirido pelo Instituto Carl Gustav Jung, de Zurique, como presente de aniversário para o próprio Jung. Por que esses textos eram um presente perfeito para Jung? Porque Jung era fascinado pelo gnosticismo havia muito tempo, e os conceitos centrais por ele expressos ecoam as ideias que o analista desenvolveu em seu trabalho.

Mas por que esses textos tinham sido escondidos? Por que eram tão perigosos para a Igreja? Porque, em certo sentido, o gnosticismo apresenta a crença fundamental de que não precisamos da Igreja – nem de intermediários como os padres – para nos levar a Deus (ou, se você preferir, a uma compreensão de nosso verdadeiro eu). Em vez disso, podemos dispensar o intermediário e manter uma relação direta com Deus.

O gnosticismo parte de uma ideia mencionada num texto canônico e a expande. No *Evangelho de Lucas*, lemos: "O reino de Deus está entre vós". Em Coríntios, Paulo diz: "Não sabeis vós que sois o templo de Deus e que o Espírito de Deus habita em vós?" O evangelho gnóstico põe essa noção no primeiro plano da mensagem de Jesus. No *Evangelho de Tomé*, Jesus diz: "Se vossos guias vos disserem: O reino [de Deus] está no Céu, então as aves vos precederão; se vos disserem que está no mar, então os peixes vos precederão".

Os evangelhos gnósticos também deixam claro que Céu e Inferno não são lugares futuros, mas estados mentais nos quais podemos viver no presente. Do ponto de vista gnóstico, não é o pecado que nos conduz ao Inferno, mas a ignorância sobre quem somos. Enquanto não soubermos quem somos, estaremos no Inferno, aqui e agora.

A mensagem gnóstica é a de que Cristo (e outros profetas) não trouxe um segredo nem um conjunto de respostas, mas nos encorajou a dar início a um questionamento. A saída do "Inferno" é um mergulho profundo no eu. O *Evangelho de Tomé* diz:

> Jesus disse: Se fizerdes nascer em vós aquele que possuís, vós sereis salvos; porém, se não o possuirdes em vós, então sereis mortos por esse que não possuís.

Jung está de pleno acordo.

CABALA: UMA QUESTÃO DE EQUILÍBRIO

A obra de Dion Fortune, cujo livro *Autodefesa psíquica* foi um dos mais apreciados por Bowie na época em que morou em Los Angeles, apresenta um panorama relativamente acessível e básico sobre a magia e a cabala (embora nem todos os títulos sejam tão instigantes quanto *Autodefesa psíquica*). Em *Preparação e trabalho do iniciado*, ela escreve: "Existem dois caminhos para o mais profundo: o caminho místico, que é o caminho da devoção e da meditação, um caminho solitário e subjetivo; e o caminho do ocultista, que é o caminho do intelecto, da concentração e do desejo treinado... existe um caminho para cada um".

É razoável afirmar que, ao entrar em contato com a cabala pela primeira vez – os milhares de textos que constituem a tradição mais esotérica do judaísmo – você vai descobrir que ela se concentra no que Dion Fortune denomina de abordagem ocultista. ("Oculto", aliás, não é um termo negativo nem pejorativo, ainda que uma enxurrada de filmes de terror o tenha induzido a acreditar nisso.) O judaísmo valoriza o estudo e o empenho intelectual acima de praticamente tudo o mais, e a cabala propicia debates e diálogos intermináveis. A cabala é aberta a interpretações porque ela é interpretação.

Ela também apresenta sistemas complexos como a Árvore da Vida, que se parece com um intrigante jogo de tabuleiro. Bowie aparece fazendo um esboço dela numa foto da reedição do CD de *Station to Station* (e subsequentes edições), em 1991. Nessa foto, podemos ver que o cantor já fez uma silhueta bem definida da Árvore da Vida no chão e esboçou uma versão mais grosseira na parede, onde acrescentou um ponto de interrogação. Ele também está rebiscando e desenhando num caderno.

Quarenta anos depois – na última aparição de Bowie, no vídeo-epitáfio *Lazarus* – ele está de novo desenhando num caderno, usando o mesmo traje. Bowie não tomava decisões desse tipo à toa. Que a sua última mensagem contenha uma referência óbvia à cabala demonstra que ela era mais do que modismo para ele.

A Árvore da Vida é formada por dez *sefirot*, cada um representando uma das maneiras pelas quais o ser humano pode vislumbrar ou compreender Ein Sof. Em seu nível mais superficial, a Árvore da Vida é uma aula sobre a importância do equilíbrio: o lado esquerdo do esquema é *yin*, o lado direito, *yang*. Em seu nível mais profundo, a Árvore da Vida é um complexo sistema de bonecas russas. Cada *sefirá* contém todos os demais *sefirot*, e cada um funciona em quatro mundos distintos. De fato, se fosse possível desenhar esse esquema, a Árvore da Vida poderia ser representada com precisão como um símbolo do *yin* e *yang* dividido em dez partes, em que cada *sefirá* está incluída, inclui os demais e equivale a cada um dos demais. Vezes quatro.

Não é possível que Bowie tenha despendido tempo olhando a Árvore da Vida sem ser sempre lembrado de que a sua vida era desesperadoramente desequilibrada, sem ser sempre instado a encontrar um caminho de mais harmonia, sem ter sempre confirmado que ele valia a pena.

MAGIA: NA VERDADE, É COMO BILHAR

> Há uma única definição importante do objetivo de todo ritual mágico. Trata-se da união do microcosmo com o macrocosmo. O ritual completo e supremo é, portanto, a invocação do anjo da guarda; ou, na linguagem do misticismo, a união com Deus.

Essas são as palavras de Aleister Crowley, que já foi considerado o homem mais malvado do mundo. Mas ele não parece muito mau, parece? Esse é um dos paradoxos da magia. Vista de fora, parece intimidadora, assustadora, ameaçadora e bastante maléfica. No entanto, quando começamos a estudá-la, fica mais parecida com as sabedorias tradicionais que costumam ser chamadas de filosofias ou religiões.

É claro que alguns indivíduos e grupos deliberadamente deram ao tema um ar de mistério, e houve quem quisesse usar os poderes mágicos para propósitos ruins, mas as ideias centrais da magia são benignas e familiares.

A linguagem da magia é diferente (e pode ser intimidante), mas as mensagens de Crowley reverberam as palavras do rabino Moshe Cordovero: o microcosmo (você) e o macrocosmo (o divino, o universo) são essencialmente a mesma coisa, e o objetivo do ritual de magia é revelar essa relação.

Crowley, mais uma vez: "Não há distinção entre magia e meditação, a não ser do tipo muito arbitrária e incidental". Então, por que parecem tão diferentes?

Isso nos leva mais uma vez à distinção que Dion Fortune faz do ocultista e do místico. Na abordagem mística, a pessoa medita em busca de uma conexão direta com o divino (ou, em outros termos, uma compreensão melhor do verdadeiro eu). Na abordagem ritualística, simbólica ou ocultista, a pessoa segue práticas previstas e formalizadas no mundo físico.

No entanto, a magia adota um princípio rígido, "assim na Terra como no Céu", o que significa que os rituais praticados no mundo terreno devem ter efeito direto no plano mental. Portanto, os verdadeiros magos, e não os mascates, compreendem que seus rituais são representações físicas de algo que na verdade está acontecendo psicologicamente. Os demônios reais não estão numa piscina, estão na nossa mente.

O mágico que invoca e expulsa um espírito maligno está fazendo o mesmo trabalho de um terapeuta junguiano que lhe pede para se deitar no divã e contar seus sonhos.

Como disse Crowley:

> O espírito é apenas uma parte teimosa do corpo da pessoa. Invocá-lo é tomar consciência de uma parte da própria personalidade; dominá-lo e restringi-lo significa subjugar essa parte. Fica mais fácil compreender o processo fazendo uma analogia com o aprendizado de alguma proeza física e mental (por exemplo, o bilhar) através do estudo paciente e da prática reiterada, que muitas vezes implicam bastante desconforto e dificuldades.

Pausa para saborear o fato de que, quando o homem mais malvado do mundo procura uma analogia para a luta de um poderoso mago contra os demônios, a primeira ideia que lhe vem à cabeça é o bilhar. Aliás, "do estudo paciente e da prática reiterada, que muitas vezes implicam bastante desconforto e dificuldades" nos leva diretamente à alquimia.

ALQUIMIA: DOME PRIMEIRO O SEU DRAGÃO

Supostamente, a alquimia é a arte ou a ciência de transformar metal em ouro. Porém, um antigo tratado de alquimia explicita: "O nosso ouro não é o ouro comum". Sendo assim, há quem compreenda que os alquimistas criam uma forma particularmente pura do metal. Outros consideram ser esse um indício claro de que os alquimistas estão interessados apenas no ouro espiritual.

Os alquimistas fazem uso do acrônimo VITRIOLUM, que representa a expressão em latim *"Visita interiora terrae rectificando invenies occultum lapidem veram medicinam"*, cujo significado é "Visite o centro da Terra e, retificando-o, você vai encontrar a pedra oculta, que é a medicina verdadeira". Na alquimia, assim como na mitologia, a jornada ao centro da Terra representa a jornada interior, a busca pelo eu superior. Essa jornada ao interior – até as entranhas da Terra, o submundo – implica inevitavelmente um encontro com demônios e dragões, como acontece no mergulho nas profundezas de nosso ser. A fim de encontrar a saída da noite escura da alma, a mitologia sugere que lutemos contra esses demônios e dragões, mas, como veremos no Capítulo 7, talvez seja mais eficiente criar laços com nossos demônios e domar os dragões.

A palavra "retificar", que significa "endireitar", deve ser compreendida como o restabelecimento de sua verdadeira natureza. É o correspondente alquímico do processo de individuação junguiano. Os demônios e os dragões representam as suas sombras, que devem ser reincorporadas ao eu.

Os textos alquímicos se referem ao processo de transformar metal em ouro como "o trabalho grandioso" e insinuam que quem não empreende esse grande trabalho está desperdiçando a vida – fazendo eco à máxima de Sócrates, segundo a qual "a vida irrefletida não vale a pena ser vivida".

Os alquimistas também enfatizam, porém, que esse grande trabalho é um desafio extremo. Uma das principais etapas do processo alquímico é *solve et coagula* – dissolver e coagular. Essa expressão não nos deixa esquecer a extraordinária transição das lagartas para borboletas. Quando, ainda crianças, vemos pela primeira vez uma lagarta virar borboleta, imaginamos que ela entra numa crisálida, desenvolve asas e ressurge. Pronto. Na verdade, o que acontece dentro da crisálida é uma transformação extraordinária e radical, na qual a lagarta digere a si mesma com eficiência, dissolvendo-se por completo, exceto por um grupo pequeno de células denominadas células imaginárias, que conservam o projeto da criatura que acabará surgindo.

A metamorfose envolve destruição e também criação.

LONGE DO PRECIPÍCIO

Se crescemos no Ocidente, mesmo que não sejamos religiosos, não há como não sermos atingidos pelo conceito fundamental das religiões abraâmicas de que há algo errado conosco, de que somos seres caídos, pecadores que precisam ser salvos. Se e quando conhecemos as religiões orientais, nos surpreendemos com uma atitude muito diferente: não só não há nada de errado conosco, como há algo muito certo – basta enxergarmos através das ilusões da existência cotidiana para revelar essa virtude.

O mais surpreendente é que as tradições esotéricas ocidentais, que incluem versões menos convencionais do cristianismo e do judaísmo, evocam as religiões orientais, e não as religiões ocidentais tradicionais. Mais uma vez, a lição é: não há nada de errado com você. Você não precisa ser salvo. Não precisa ser corrigido. Só precisa enxergar quem é. Nessa abordagem mais compadecida, podemos resumir nos tópicos a seguir as lições que Bowie talvez tenha aprendido com os ensinamentos esotéricos tratados neste capítulo:

Você não está sozinho no mundo. Você é o mundo.

Quando estamos em plena noite escura da alma, podemos ter a sensação de não pertencer ao mundo. A lição do gnosticismo e da cabala é que não só pertencemos ao mundo como estamos intimamente conectados a todos e a tudo. Se tomarmos essa lição como ponto de partida, ela terá o potencial de mudar a forma como enxergamos quase todos os aspectos da existência – talvez apenas intelectualmente no início, se não conseguirmos *sentir* isso de imediato.

Você não vai para o Inferno após a morte, mas talvez esteja nele agora

Mais uma vez, mesmo quem não é nada religioso pode acreditar, lá no fundo, que um dia seremos julgados e punidos. No entanto, as tradições esotéricas nos mostram algo muito diferente.

Você não precisa ser salvo porque você tem o "pecado original"; você não precisa ser corrigido porque está errado. Você só precisa ser orientado a sair da confusão. É apenas a ignorância sobre quem você é que o deixa num estado mental semelhante ao Inferno.

Na verdade, não está certo dizer que você precisa ser orientado. Você vai ter de encontrar a saída. As tradições esotéricas, assim como as religiões orientais, simplesmente apontam a direção certa.

Os demônios não estão dentro de você. Estão na sua mente.

Como sair dessa confusão? Como enxergar através das ilusões? Como saber quem você é de verdade? Fazendo a jornada ao centro da Terra e enfrentando os demônios e dragões que você encontrar; mergulhando em seu interior ainda mais, revelando todos os aspectos ocultos de sua personalidade e tendo êxito em integrá-los a fim de revelar o seu verdadeiro eu.

(A palavra "esotérico", aliás, não significa "difícil de compreender", nem "obscuro", nem "conhecido de poucos", como se poderia imaginar. Significa "mais fundo". A sabedoria esotérica simplesmente conduz para dentro.)

Metaforicamente, somos orientados a combater os demônios. Mas seria errado e inútil levar a metáfora ao pé da letra quando trabalhamos no nível psicológico ou espiritual. Quando nos voltamos para nosso interior em busca de demônios, nossa tarefa não é vencê-los, mas criar com eles laços de amizade. Na verdade, o esforço para vencer os demônios pode ser a causa de muita infelicidade. A luta constante para subjugar partes de nossa personalidade pode ser extremamente cansativa e desanimadora. Estabelecer uma relação melhor com esses aspectos é prioridade máxima.

O "trabalho importante" é árduo, mas ainda é a melhor opção.

Enfrentar os demônios – seja lutando com eles, seja ajudando-os – parece uma tarefa assustadora, e é mesmo. Mas a alternativa é continuar em crise, fechado numa maneira de viver que já não funciona. Assim que damos início a essa jornada (e se você está lendo este livro, provavelmente já deu), é melhor ir até o fim.

OS PRÓXIMOS TRÊS DEGRAUS DA ESCADA

Quando você começar a sair das entranhas da Terra, a escalar lentamente o precipício, quais serão os passos seguintes?

Em primeiro lugar, com certeza a noite escura da alma o fez questionar seu modo de vida e seus propósitos. Portanto, a primeira tarefa é explicitar um propósito e um significado que sejam coerentes e o ajudem a definir a pessoa que você está se tornando. Para isso, você pode usar os exercícios apresentados na seção "O seu caminho".

Em segundo lugar, já falamos do encontro com os demônios e de como lidar bem com eles. O Capítulo 7 vai esclarecer melhor o que isso significa, e os exercícios na seção "O seu caminho" vão mostrar a você exatamente o que fazer.

Em terceiro lugar, também tratamos muito de "eu" e de "verdadeiro eu". O Capítulo 8 vai explicar com mais detalhes o que isso significa. Vamos então retomar o budismo e examinar o conceito budista de "ausência do eu", mas também vamos apresentar Nietzsche, um filósofo que, embora bastante controverso, obviamente influenciou muito o pensamento de David Bowie.

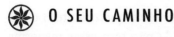# O SEU CAMINHO

Em períodos difíceis, temos a sensação de que a vida não tem direção. É importante nos reconectar com nossos propósitos e encontrar um sentido para a existência. Os exercícios desta seção trarão à tona pensamentos e sentimentos que vão orientá-lo na renovação de seus propósitos.

Você se lembra das três perguntas de Chime Rinpoche, mestre de Bowie?

    Quem é você?
    Onde você está?
    Aonde está indo?

Neste capítulo, nossa preocupação é com aquelas fases da vida em que a resposta para a pergunta "Onde você está?" será provavelmente: "Em algum lugar de que não gosto muito" ou "Onde não quero mais estar". Você precisa rapidamente se concentrar em saber aonde está indo. Os exercícios desta seção vão ajudá-lo a criar pensamentos e ideias que podem colocá-lo no rumo.

Ao fazer os exercícios, deixe que as respostas venham em termos de um grande destino para a sua jornada ou que tragam simplesmente a noção de qual será o passo seguinte. Ambas ajudam. Ambas são válidas.

REVISÃO: QUEM SOU EU SE...

Antes de começar os exercícios novos, reveja as suas respostas ao "Quem sou eu se..." do final das seções "O seu caminho" dos capítulos anteriores. Para facilitar, são elas:

- Quem sou eu se eu não fizer julgamentos?
- Quem seria eu sem as minhas necessidades infantis?
- Quem seria eu sem as minhas defesas?
- Quem sou eu se não sou o centro do universo?
- Quem sou eu se não sou os meus pensamentos?

Se você tem respostas a essas questões, deixe que orientem o trabalho nos exercícios seguintes. Se você ainda não tem essas respostas, deixe que os exercícios seguintes o ajudem a revê-las.

EXERCÍCIO: A PERSPECTIVA DO PASSADO

Um tema recorrente nas filosofias abordadas neste livro é o fato de termos uma boa compreensão de nós mesmos e do mundo quando somos crianças, mas a perdemos à medida que envelhecemos, ficando então imersos no mundo dos pensamentos e confusos com o mundo material à nossa volta.

Assim, passe algum tempo pensando na seguinte questão: "Do que você desistiu de gostar?"

Cite o máximo de coisas que lembrar (de qualquer período da vida; mas não é preciso voltar até a infância) e inclua aquelas das quais desistiu por motivos sensatos, relacionados à idade, a etapas da vida. Não estamos procurando coisas que você deveria voltar a fazer agora (embora essa possa ser uma boa ideia).

Depois que fizer uma lista razoável, avalie cada item e pergunte-se: "Por que eu gostava disso?" Tente achar uma resposta bem definida, que esclareça o sentimento positivo que esse item proporcionava, a necessidade que ele preenchia ou algum outro benefício evidente.

Em seguida, pense no que você tem agora que lhe proporcione o mesmo sentimento positivo, que preencha a mesma necessidade ou que ofereça o mesmo benefício. Se a resposta for "nada", reflita se está tudo bem ou se essa é uma lacuna que gostaria de preencher. Em caso positivo, como conseguiria fazer isso?

EXERCÍCIO: A PERSPECTIVA DO FUTURO

Imagine o seu melhor "eu" futuro.

Agora, imagine que essa versão futura melhorada esteja chegando ao fim da vida, mas muito feliz. Teve uma vida bastante satisfatória. Descreva essa vida e explique por que foi satisfatória.

Agora, imagine que essa versão futura melhorada volte no tempo e passe um período com você. Que conselho ela lhe daria? Você seria capaz de ouvi-la e de seguir seu conselho?

Que perguntas gostaria de fazer à sua versão futura melhorada?

EXERCÍCIO: A PERSPECTIVA DO PRESENTE

Durante uma semana, ao final do dia, complete estas três frases:

Hoje, senti propósito quando...
Hoje, a coisa mais significativa que fiz/disse/com a qual me envolvi foi...
Hoje, a coisa mais significativa que observei alguém fazendo/dizendo foi...

Escreva por que você sentiu esse propósito e por que foi significativo. Reflita sobre a sua definição de "propósito" e de "sentido".

EXERCÍCIO: OS ÁTOMOS QUE PENSAM SER VOCÊ

O rabino e sábio cabalista Moshe Cordovero disse: "Toda existência é Deus". O físico Frank Close escreveu:

Somos feitos de átomos. A cada inspiração, você inala um milhão, um bilhão, bilhões de átomos de oxigênio, o que dá alguma noção de como são pequenos. Todos eles, juntamente com os átomos de carbono de sua pele, bem como tudo o mais na Terra, foram preparados numa estrela há cerca de 5 bilhões de anos. Portanto, você é feito de coisas tão antigas quanto o planeta, tão antigas quanto um terço do universo [...] mas essa é a primeira vez que esses átomos se juntaram de modo a pensar que são você.

Na minha opinião, essas duas citações dizem a mesma coisa. Você pode discordar. Escolha a ideia que preferir: "Eu sou Deus" ou "Eu sou feito de estrelas", e reflita como essa visão sobre si mesmo poderia mudar as coisas.

Como ela mudaria como você se enxerga?

Como ela mudaria como você enxerga os outros?

Como ela mudaria a sua opinião sobre a razão da sua existência?

O SEU CAMINHO: SIGA EM FRENTE

1. Mantenha a prática da meditação. De vez em quando, acrescente a ela um mantra. Comece com uma meditação simples, acompanhando a respiração.

   Depois de alguns minutos, quando estiver acomodado, no ritmo da inspiração e da expiração, prolongue e aprofunde suavemente a respiração. Faça uma pausa curta, prendendo o ar por alguns segundos. (Prenda o ar apenas enquanto for cômodo.) Comece então a dizer este mantra simples (mentalmente). Ao inspirar, diga: "Nenhum lugar aonde ir". Ao prender a respiração, diga: "Nada a fazer". Ao expirar bem devagar, diga: "Ninguém a ser". Repita esses mantras por alguns minutos.

2. Se você tivesse todo o dinheiro de que precisasse, se não precisasse mais trabalhar, se não houvesse mesmo mais nada que fosse obrigado a fazer... o que você faria? O que faria hoje? O que faria com o resto da sua vida? Tente responder a essas perguntas no sentido mais amplo possível e depois fique com elas por algum tempo, respondendo-as sempre e observando se as respostas mudam.

3. Durante algum tempo, reflita sobre esta citação do mitólogo estadunidense Joseph Campbell: "A vida não tem sentido. Nós temos sentido e damos esse sentido à vida. É perda de tempo ficar fazendo perguntas quando você é a resposta". Na sua opinião, isso é verdade? E, se você acha que sim, essa ideia é estimulante ou intimidadora?

4. Durante uma semana, comece todos os dias com estas duas intenções simples:

   Vou encontrar sentido em tudo o que fizer hoje.

   Tudo o que eu fizer hoje vai ter propósito.

No final do dia, pense se você conseguiu (ou não) encontrar sentido, se você conseguiu (ou não) agir com propósito. Não se julgue com rigidez quando não conseguir agir com propósito nem sentido, mas comemore sempre que for bem-sucedido.

PEÇA AJUDA SE PRECISAR

O objetivo deste livro é ajudar você a se desenvolver como pessoa, ajudar você a descobrir a sua natureza verdadeira. Nesse sentido, o objetivo deste capítulo é reforçar o fato de que esse crescimento pode acontecer – e talvez seja até acelerado – durante períodos sombrios. Nós nos baseamos no fato de que podemos aproveitar os tempos difíceis (como os que Bowie enfrentou em 1975) em nosso benefício.

Isso é verdade. Porém, nem sempre isso vale para qualquer pessoa. Ainda que os exercícios neste capítulo e ao longo deste livro possam trazer muitos benefícios quando trabalhados em períodos sombrios, seria bobagem imaginar que qualquer um seria sempre capaz de reconstruir uma personalidade alquebrada sem ajuda profissional (como Bowie conseguiu).

Se você perceber que os conceitos neste livro não são suficientes, se você se sentir paralisado, se perceber que não consegue avançar, por favor, não deixe de procurar ajuda profissional.

Da mesma forma, em períodos de transição difíceis, algumas pessoas podem ter pensamentos e sentimentos suicidas. Até certo ponto, pensamentos sobre morte são naturais em momentos assim, pois em certo sentido uma parte sua está morrendo. Você está substituindo uma falsa noção de si mesmo por uma noção mais verdadeira. Algumas pessoas vão conseguir enquadrar eventuais pensamentos sobre morte dessa forma, lidando com eles. (No Capítulo 7, vamos ver exatamente o que fazer. Se você não quiser esperar, vá direto para a página 181.)

No entanto, o fato de existirem pessoas capazes de fazer esse tipo de trabalho sozinhas não significa que todo mundo deve ficar sem apoio. Se eventuais pensamentos e sentimentos suicidas se tornam mais frequentes, se eles não vão embora ou se eles começam a se tranformar em planos que podem levar à morte, então, por favor, procure ajuda profissional.

"Você pode fugir de tudo menos de si mesmo."
(Julian Priest, personagem de David Bowie na série
de tevê *The Hunger*)

"Todo tesouro é protegido por dragões.
É assim que você sabe que é valioso."
(Saul Bellow, *Herzog*)

"Talvez a única dor que possa ser evitada
seja a dor que vem da tentativa de evitar a dor."
(R. D. Laing)

⚡ O CAMINHO DE DAVID BOWIE

Em 1976, David Bowie se mudou para Berlim e levou junto o amigo (e colega de adição) Iggy Pop. Eles queriam o apoio um do outro para diminuir a dependência das drogas, enquanto Bowie começava a avaliar quem realmente era, tanto na vida quanto na música.

Você sabia que em algumas culturas, em alguns momentos da história, os canhotos foram considerados seres sem sorte e até mesmo malignos? Talvez você imagine que isso acontecia há muitos séculos, no tempo em que mergulhavam mulheres no lago para ver se eram bruxas, mas esse pensamento ainda estava vivo na Grã-Bretanha dos anos 1950, e os colegas do jovem David Jones gritavam "Satanás!" apenas porque ele escrevia com a mão esquerda.

Porque era canhoto, Bowie era ridicularizado e perseguido pelos colegas de classe, mas também sofria violência física dos professores, que batiam em sua mão esquerda quando ele tentava escrever com ela.

Não se tratava de uma experiência incomum na época, o que demonstra um tipo de pressão cultural que pode levar o indivíduo a esconder ou dissimular um aspecto pessoal inato porque o enxerga como indesejável ou ruim (ou até mesmo maléfico). É esse tipo de experiência que pode desenvolver o que Jung chamou de sombra, o acúmulo inconsciente de aspectos de nossa personalidade que aprendemos a ver como inaceitáveis.

Os momentos de nossa infância que estruturam a sombra podem ser nítidos e evidentes, como o tapa na mão de um menino quando ele usa a mão "errada" para escrever. Também podem ser subliminares e quase invisíveis, como a atmosfera fria da casa de David Bowie na infância. Podemos dizer que a sombra é o lugar onde o indivíduo enterra as emoções indesejáveis. No caso de Bowie, porém, ele aprendeu muito cedo que todas as emoções eram indesejáveis. De acordo com a descrição das pessoas que o conheceram no final dos anos 1960 e começo dos 1970, não é exagero supor que ele praticamente enterrou toda a vida emocional em uma sombra inconsciente, deixando no nível consciente uma personalidade fria, calculista e sem emoções. Nessa época, ele se referia a si mesmo como "robô".

Bowie tinha plena consciência do conceito de individuação de Jung e compreendia que o processo de descoberta de si mesmo significaria trazer à consciência o conteúdo da sombra e ao mesmo tempo descartar as *personas* que vinha usando na vida pública. Ele sabia que incorporar elementos de sua sombra seria o caminho para o verdadeiro eu, mas também tinha consciência de que essa integração exigiria coragem, força e tempo.

Bowie era fascinado pelo conceito de sombra. Escreveu muito sobre ele ao longo da carreira, começando com "Shadow Man", de 1967, e prosseguindo com "The Man Who Sold The World" e "The Width of a Circle". Voltou ao assunto em várias das canções da temporada em Berlim, como "Breaking Glass" e "Beauty and the Beast". E retomou o conceito uma vez mais no álbum *Scary Monsters*. Além disso, personagens da sombra aparecem em videoclipes de seus dois últimos álbuns.

Obviamente, Bowie conhecia sua sombra e sabia que era importante. Também sabia que Jung já tinha falado sobre o perigo de ignorá-la:

O homem que não atravessa o inferno de suas paixões também não as supera. Elas se mudam para a casa vizinha e a qualquer momento poderão atear o fogo que queimará a sua casa. Sempre que desistimos, deixamos para trás ou esquecemos, há o perigo de que as coisas que negligenciamos voltem com mais força.

Nesse trecho de *Memórias, sonhos, reflexões*, Jung parece nos retratar como espectadores ingênuos que de repente são sabotados pela própria sombra. Mas, quando sabemos que existe uma sombra, quando sabemos que deixá-la sem escrutínio numa escuridão remota e inconsciente pode causar muitos problemas – ansiedade, fobias, depressão, adições –, estaremos nos sabotando se nem ao menos considerarmos o trabalho de individuação. "Um homem possuído pela sua sombra está sempre atrapalhando a própria luz e caindo nas próprias armadilhas", disse Jung.

Em "Word on a Wing", a "oração" de Bowie no álbum *Station to Station*, ele conta que vinha atrapalhando a própria luz e explicita a intenção de nunca mais fazer isso.

POR QUE BERLIM? POR QUE IGGY?

Comprometido com o despojamento de suas *personas* e o confronto com a sua sombra, Bowie decidiu que o melhor lugar para fazer isso seria Berlim, e a melhor companhia nessa jornada interior seria Iggy Pop.

Em princípio, duas decisões que parecem estranhas. Nessa época, Berlim era a capital mundial da heroína (título que disputava com Amsterdã, mas, enquanto o grama de heroína custava 130 dólares na capital holandesa, em Berlim ela podia ser encontrada por metade do preço), e Iggy Pop era um viciado em heroína tentando se reabilitar.

O bom senso diria que Berlim não era o lugar certo nem Pop a pessoa certa. Então por que Bowie tomou essa decisão?

Bowie sempre foi muito suscetível ao ambiente, sempre fez paralelos entre o seu mundo íntimo e o mundo exterior. Ao se mudar para Berlim, estava indo para uma cidade que refletia o seu mundo interior, uma cidade cujo problema essencial espelhava o seu problema essencial.

Ele era um homem dividido. De um lado, o seu eu consciente; do outro, a sombra inconsciente. Ele sabia que precisava desesperadamente derrubar o muro entre esses lados e reintegrá-los.

Berlim era uma cidade dividida. De um lado, o Ocidente; do outro lado, o sombrio Leste comunista. E havia na cidade uma população que queria desesperadamente derrubar o muro que a dividia e se reunir com amigos e familiares que tinham sido separados.

Bowie não apenas se mudou para uma cidade dividida ao meio por um muro, mas alugou um estúdio com vista para o muro e próximo de uma torre de vigia da Alemanha Oriental. Os soldados da Alemanha Oriental conseguiam enxergar o interior do estúdio onde Bowie gravava, e ele tinha como vista os arames farpados. Assim, era sempre lembrado das barreiras externas, mesmo que trabalhasse para romper as internas.

Se Berlim era o ambiente perfeito para o trabalho que Bowie precisava fazer, por que Iggy era a companhia perfeita? Bowie sabia que parte do processo de individuação incluía se libertar das *personas* que ele tinha inventado, e a *persona* central a partir da qual as outras surgiram era Ziggy Stardust. A semelhança entre os nomes Iggy e Ziggy não é coincidência. Em 1971, quando Bowie fez uma turnê pelos Estados Unidos e viu pela primeira vez uma apresentação de Iggy Pop, ele logo fez anotações sobre um novo personagem que poderia ser a base das canções de seu álbum seguinte. Ziggy era Iggy.

Evidentemente, Ziggy Stardust tinha raízes em outras pessoas (inclusive Vince Taylor, estrela efêmera do *rock* britânico cujo declínio notável inspirou a história do álbum *Ziggy Stardust*, e o Legendary Stardust Cowboy,* de onde saiu o sobrenome de Ziggy). Contudo, não há dúvida de que foram as famosas e extremadas *performances* ao vivo de Iggy que realmente fascinaram Bowie e formaram a base do personagem que impulsionaria a sua fama.

Por isso Iggy era a companhia perfeita em Berlim. Bowie poderia descartar a sua *persona* estrela do *rock* porque, tendo Iggy a seu lado, não precisava mais dela. Não precisava atuar como Iggy Pop quando Iggy Pop podia fazer isso por ele. Se quisesse se esconder em uma *persona* Iggy Pop, poderia simplesmente se esconder atrás do próprio Iggy Pop (como de fato o fez, sendo tecladista da banda de Iggy durante várias semanas de uma turnê em 1977).

É claro que havia muitos outros aspectos no relacionamento dos dois, inclusive uma amizade sincera e confiança na colaboração criativa, mas o fundamental nesse período específico – em que Iggy estava por perto e o mundo interior de Bowie se exauria na paisagem de Berlim – é que Bowie sentiu que "pela primeira vez, a tensão estava fora de mim e não dentro".

UM CHOQUE RÁPIDO E FORTE

Durante os anos 1970 era comum que, vendo estrelas do *rock* como David Bowie ou os *punks* que vieram depois dele – com seus trajes extravagantes e comportamento escandaloso –, as pessoas das gerações anteriores comentassem que o que eles precisavam mesmo era de um "choque rápido e forte". A geração mais velha, que tinha passado pela guerra, costumava dizer que esse choque poderia ser providenciado pelo serviço militar.

No final de 1976, Bowie decidiu dar um choque rápido e forte em si mesmo e adotou um estilo de vida bastante espartano se comparado

• • • • • • • • • • •
* Nome artístico do texano Norman Carl Odam, que atuava nos anos 1960. (N. T.)

com sua estadia em Los Angeles. Fotos da época mostram o homem que durante os cinco anos anteriores fora um ícone da moda e formador de tendências vestindo *jeans* e camisa xadrez. Ele comprou uma bicicleta – uma bicicleta comum de três marchas, nada estilosa – e circulava com ela de seu apartamento no número 155 da Hauptstrasse até o estúdio. Quando não estava de bicicleta, usava o transporte público. Fazia as próprias compras e, como qualquer mortal, ficava chateado quando o seu colega de apartamento (Iggy) comia tudo.

Quando os dois voltavam para casa à noitinha, seu grande prazer era assistir ao último episódio de *Starsky & Hutch*,* como pessoas comuns. "Berlim foi a minha clínica", diria Bowie depois. "A cidade me devolveu o contato com as pessoas."

Parte desse novo regime consistia na redução da dependência química. Iggy descreveu a cena das drogas de Berlim como "uma cultura artística criativa de fim de semana" em oposição às 24 horas de consumo da Costa Oeste estadunidense. Eles ainda consumiam, mas não sem parar. Bowie parou de usar cocaína. Ambos bebiam, mas permaneciam sóbrios nas horas de trabalho. Nesse período, a saúde física de Bowie melhorou, e ele ganhou peso.

Ele tinha muita consciência de que seu estilo despojado ainda era de muito privilégio se comparado com o de outras pessoas. Embora comprasse ele mesmo seus mantimentos, fazia isso no KaDeWe – loja de departamentos de padrão alto. Morava perto de uma região de Berlim ocupada por imigrantes turcos pobres e prestava atenção tanto às dificuldades econômicas quanto à discriminação racial que sofriam. Segundo Bowie, a canção "Heroes", escrita em Berlim, tratava da luta diária dos imigrantes turcos "que enfrentavam e suportavam esse tipo de realidade" e de como iam levando as coisas "pelo simples prazer de estar vivos". Mesmo quando os artistas dizem que não estão falando de si mesmos, é claro que estão, e esse relato das pressões econômicas e raciais que os imigrantes turcos enfrentavam é também uma canção sobre as pressões psicológicas que Bowie vivia ao enfrentar sua sombra. "Eu me despi e fui tirando camada por camada", ele disse.

· · · · · · · · · · ·

* No Brasil, *Starsky & Hutch – Justiça em dobro*. Série policial da tevê estadunidense da década de 1970. (N. T.)

LIÇÃO DE VIDA:
SEJA CORDIAL COM SEU LADO SOMBRIO

A fim de crescer como pessoa, precisamos incorporar todos os aspectos de nossa personalidade, inclusive as partes ocultas – antes rejeitadas – que Jung chama de "sombra". Não é um processo simples, em parte porque jamais nos ensinaram a lidar com emoções difíceis e incômodas. Mas podemos aprender.

Apesar de Carl Jung ter formalizado o conceito de individuação e de integração da sombra apenas no século xx, em algum nível a ideia básica já era conhecida havia séculos. Isso é óbvio porque esse conceito sempre surge na ficção. Podemos vê-lo no romance vitoriano *O médico e o monstro*, de Robert Louis Stevenson, no qual o respeitável doutor Jekyll tenta isolar todas as partes indesejáveis de sua personalidade no seu *alter ego*, o senhor Hyde. A incapacidade de abarcar todos os aspectos de sua personalidade em um único eu, integrado, tem consequências desastrosas e criminosas. O mesmo tema foi explorado em muitas histórias de lobisomem, que remontam a pelo menos 2 mil anos, e também na atualidade, no universo das HQs da Marvel em que o educado doutor Bruce Banner e sua destruidora contraparte, o Incrível Hulk, são uma versão moderna de Jekyll e Hyde.

Também é frequente encontrarmos o processo de individuação e de integração da sombra nas histórias infantis. A princesa que beija um sapo e o transforma num príncipe percorre a jornada da individuação: inicialmente, ela faz algo que parece irrefletido, repugnante e até assustador, a fim de colher uma grande recompensa. *A Bela e a Fera* apresenta a mesma história: a de que, se aprendermos a permanecer com o que inicialmente nos pareceu assustador, o benefício é imenso.

Graças aos estudos comparativos de Joseph Campbell, sabemos que narrativas semelhantes podem ser encontradas em várias culturas mundo afora: o herói que viaja até o Inferno ou o mergulhador no mar tenebroso devem lutar contra dragões ou monstros a fim de obter o tesouro almejado e cumprir sua missão, mas acabam voltando à tona triunfantes e transformados. Os monstros são a sombra; a conquista do tesouro simboliza a concretização do verdadeiro eu.

Ao empreender o desafiador trabalho de individuação, todos nós precisamos embarcar em nossa própria jornada do herói. Campbell diz o seguinte:

> É descendo o precipício que recuperamos os tesouros da vida. Ali onde você tropeça está o seu tesouro. A caverna onde você tem medo de entrar acaba sendo a fonte do que você está procurando. A maldição que estava na caverna, tão temida, torna-se o centro.

UMA CAVERNA CHEIA DE DEMÔNIOS

Por falar em cavernas, a história budista que melhor ilustra esse tema é a da caverna de Milarepa.

Milarepa está recolhendo madeira para o fogo. Ao voltar para a sua caverna, descobre que ela está cheia de demônios – demônios ferozes, que destruíam a caverna e rosnavam de raiva. Naturalmente, Milarepa sente medo e não sabe o que fazer. O primeiro pensamento é de que precisa se livrar dos demônios, e a primeira atitude é persegui-los na caverna. Porém, os demônios gargalham e não vão embora.

Milarepa, então, como bom discípulo budista, pensa: "Já recebi muitos ensinamentos sobre o pensamento correto e a ação correta. Posso colocá-los em prática. Posso usar o meu conhecimento intelectual para derrotar esses demônios". Então começa a falar aos demônios sobre o darma, explicando-lhes tudo o que sabia sobre o eu e ausência do eu, sobre a natureza da impermanência, o conceito de vazio. Os demônios não se mexem. Não vão embora.

Milarepa encolhe os ombros e percebe que não tem como se livrar dos demônios. "Está certo", diz. "Parece que vocês vão ficar aqui por um tempo. Vamos ter que achar um jeito de conviver. Se precisarem me dizer alguma coisa, digam. Se precisarem fazer alguma coisa, façam. Se quiserem destruir tudo, destruam. Não tenho como impedi-los. Vamos encontrar um jeito de conviver."

Nesse momento, os demônios desaparecem… menos um. O maior, o mais feroz, o mais assustador deles continua ali. Milarepa encolhe os ombros com um suspiro, vai na direção do demônio e faz algo espantoso: põe a cabeça dentro da boca do demônio. "Se quiser me comer, coma", diz ele. Nesse momento, quando Milarepa se entrega por inteiro ao maior e mais feroz demônio, este faz uma reverência e some.

Nessa história, encontramos a virada mencionada no capítulo anterior. Isto é, enquanto a maioria dos mitos e histórias da cultura ocidental nos diz que a nossa tarefa é derrotar os demônios caso os encontremos, a história de Milarepa ensina algo muito diferente: a maneira de lidar com demônios é aceitá-los. Sua última estratégia não foi tentar consertar o problema, mas aceitá-lo, rendendo-se à realidade. Assim ele conquista a liberdade.

É sensato enfiar a cabeça na boca de um demônio? A princípio, parece que não. Vamos então examinar as várias etapas da reação de Milarepa diante dos demônios para entender o que essa história nos ensina.

A primeira etapa é apenas de consciência. Quando Milarepa volta à caverna, percebe os demônios. Isso não parece nada difícil. Se você entrasse numa caverna e ela estivesse cheia de demônios, você provavelmente os perceberia também. Mas, nessa metáfora, é importante o fato de Milarepa conseguir realmente enxergar os demônios. Eles são facetas da própria personalidade que ele reprimiu, eliminou ou ignorou. Nesse momento, ele finalmente toma consciência delas. Passando da analogia budista para a terminologia junguiana, é nesse momento que ele percebe que tem uma sombra.

A segunda etapa é a da tentativa de perseguir e espantar os demônios, uma reação bastante instintiva e compreensível. Quando Milarepa percebe como sua sombra é assustadora, tenta afastá-la, mas, como é de esperar, não consegue.

A terceita etapa é interessante. Trata-se de uma reação inteiramente racional. Ele decide colocar o aprendizado em prática, os ensinamentos de Buda, a fim de lidar com os demônios. Porém, uma atitude meramente racional – como diria Buda, como diria Jung – não é suficiente. Saber das coisas (por exemplo, saber que demônios não existem, que são apenas aspectos de sua própria personalidade) não é suficiente. Como sabe quem já fez terapia, a parte racional – o *insight*, o instante do "ah" – é apenas o começo.

É necessária uma reação emocional. Precisamos encontrar o nosso limite e nos desarmarmos. A nossa reação deve ser de inteira aceitação dos demônios e de sua natureza, e essa é a reação de Milarepa na sequência. Ele diz aos demônios: "Tudo bem, vamos conviver na caverna". Trata-se do compromisso de aceitar as emoções complicadas, de aceitar partes da personalidade que ele antes reprimira ou negara. É o ponto de virada. Quando resistimos ou nos afastamos, tudo piora. Quando aceitamos, o poder dos demônios diminui. As coisas que tememos se tornam menos assustadoras.

Nesta altura da história de Milarepa, a maioria dos demônios vai embora. O mais assustador permanece. Milarepa precisa reunir toda a sua coragem para ir além da aceitação e se render por completo. Quando consegue fazer isso, o último demônio some.

Milarepa não vence os demônios com batalhas. Na verdade, não os vence. Aprende a aceitá-los, a conviver com eles, a se render a eles. Dessa maneira, eles deixam de ser assustadores. A reação de Milarepa indica o melhor jeito de incorporar a nossa sombra: aceitando o que surgir e convivendo com o que surgir. Durante algum tempo, vai ser como colocar a cabeça na boca do demônio.

Milarepa diz aos demônios: "Faça o pior". E nós dizemos às nossas emoções: "Estou pronto para aceitá-las completamente".

SENTINDO OS NOSSOS SENTIMENTOS

A fim de conhecer a nossa sombra, de ser cordial com nossos demônios, precisamos dar conta dos sentimentos que surgem quando exploramos esse lado sombrio. É só isso o que devemos fazer. Mas é uma tarefa assustadora.

Em geral, temos muita dificuldade em apenas sentir os sentimentos. Por quê? Por várias razões. Porém, a mais evidente é que não sabemos como fazer. A maioria das pessoas jamais aprendeu a sentir os sentimentos.

Alguém lhe ensinou como sentir os sentimentos? Pouco provável. Já fiz essa pergunta em inúmeras sessões de treinamento ao longo dos anos e pouquíssimas pessoas responderam que tinham aprendido a sentir os seus sentimentos. Aliás, ninguém aprendeu essa habilidade valiosa com os pais nem na escola, essa instituição feita para preparar os jovens para a vida. A pequena porcentagem de pessoas que tinha recebido tal orientação já tinha feito cursos de conscientização.

Não só não sabemos como sentir nossos sentimentos, como não sabemos que é possível sentir os sentimentos.

Muitos acham que têm apenas duas opções quando vivenciam um sentimento que consideram difícil, incômodo ou negativo: ocultá-lo ou deixá-lo de lado. Para ocultar os sentimentos, usam uma variedade de defesas psicológicas (como as que mencionamos no Capítulo 3) ou projetam o sentimento em outra pessoa. Se estiverem bravas, ficam bravas com alguém, gritando com quem estiver por perto. Não têm consciência da terceira opção (infinitas vezes melhor) de simplesmente sentir o sentimento, de simplesmente aceitá-lo.

A outra razão de as pessoas terem dificuldade para sentir os seus sentimentos é que elas não sabem quais são eles. Muitos não conseguem identificar o que estão sentindo nem rotular o sentimento que surge. Em geral, nosso vocabulário emocional é limitado.

Outra barreira é que nós temos dificuldade em compreender a diferença entre pensamento e sentimento. A linguagem deixa essa confusão ainda maior. Se eu pergunto a alguém que estou orientando como se sentiu em determinada situação, é provável que a pessoa me responda com uma frase que começa com "Eu senti que..." ou "Eu me senti como..."

É confuso, mas frases que começam com "Eu sinto que..." ou "Eu me sinto como..." em geral descrevem pensamentos, e não sentimentos. Do mesmo modo, frases que começam com "Eu acho que ele..." ou "Eu acho que você..." provavelmente expressam pensamentos e julgamentos, e não sentimentos.

Além dessas razões pelas quais sentir os nossos sentimentos pode ser difícil, existem ainda dois outros fatores que tornam mais problemático sentir os sentimentos ocultos em nossa sombra. Primeiro, eles ficaram ocultos por muito tempo, sendo portanto sentimentos que tememos. Segundo, nós os enterramos ali porque acreditávamos (de certo modo) que fossem "ruins", que não deveriam ser sentidos. Esses dois fatores podem nos levar a questionar nossa capacidade de aguentar esses sentimentos caso eles venham à tona.

Na realidade, como vimos no exemplo de Bowie, muitos dos sentimentos que bloqueamos não são "difíceis" nem "problemáticos" nem "ruins". Fomos levados a acreditar nisso pelas pessoas à nossa volta. Porém, há quem tenha bloqueado momentos de fato traumáticos.

Seja lá qual for o seu caso, você deve ser cuidadoso com o trabalho da próxima seção. Comece o processo com sentimentos mais leves e vá gradualmente aumentando a intensidade dos sentimentos que deseja controlar, sendo gentil e suave consigo mesmo. Se for o caso, procure apoio.

✳ O SEU CAMINHO

Ser cordial com a própria sombra pode liberar sentimentos há muito bloqueados. Para ajudar você a lidar com isso – e com a sua vida emocional como um todo –, esta seção apresenta técnicas que ajudam a processar os sentimentos "difíceis" com gentileza e carinho.

Nesta seção, vamos usar as palavras "sentimento" e "emoção" alternadamente. Em termos técnicos, elas são ligeiramente diferentes, mas para os nossos propósitos cabe empregá-las como sendo semelhantes na essência, pois na fala comum nós as utilizamos para dizer a mesma coisa. Por outro lado, embora alguns especialistas façam distinção entre as duas, não conseguem dizer de fato qual é a diferença. Portanto, não vamos nos deixar apanhar pela confusão. Além disso, quero que você tenha em mente outra distinção, mais importante: a distinção entre as duas partes integrantes de um sentimento.

Nossos sentimentos apresentam dois elementos: uma sensação física e um pensamento que a acompanha (em geral, uma série de pensamentos). Neste trabalho, vamos focar a sensação física e, espelhando a prática da meditação, vamos deixar os pensamentos de lado.

EXERCÍCIO: DÊ NOME ÀS EMOÇÕES

Como mencionamos antes, um dos obstáculos mais poderosos a sentir os sentimentos para valer é não ter um repertório emocional vasto o suficiente, que permita discriminar entre sentimentos diferentes e identificá-los direito.

Assim que conseguimos identificar e nomear corretamente os nossos sentimentos, somos mais capazes de controlar a nossa vida emocional. Em muitos casos, ser capaz apenas de identificar de modo correto e nomear o que estamos sentindo é o suficiente para lidarmos melhor com uma emoção "difícil".

A primeira etapa deste exercício consiste em apenas pensar no máximo possível de sentimentos e anotá-los. Faça isso antes de continuar a leitura.

Agora, a segunda etapa. Pegue a palavra "tristeza" (estou supondo que você a tenha escrito). Procure na lista os sentimentos mais relacionados à tristeza. Digamos que sejam variações ou subdivisões da tristeza:

- angústia
- solidão
- infelicidade
- frustração
- desconsolo
- desamparo
- desestímulo
- desprezo
- rejeição
- vazio
- tormento
- melancolia
- depressão
- exaustão

Não estamos brincando de fazer glossário. Essas palavras não significam o mesmo que tristeza; cada uma tem um significado particular. Se você tiver um vocabulário emocional rico a ponto de distinguir entre os muitos tipos de tristeza, você vai conseguir controlar muito melhor a sua vida emocional.

A terceira etapa consiste em retomar as outras palavras da sua lista e encontrar algumas variações para cada uma – assim como na lista acima, em que há variações para tristeza.

Quando você não conseguir mais, busque inspiração na internet, pesquisando uma "lista de emoções humanas" ou algo assim. O objetivo deste exercício não é testar os seus limites, mas expandi-los.

TÉCNICA: COMO DAR NOME A UM SENTIMENTO

Agora que você já tem um vocabulário para descrever as suas emoções, como fazer uso dele?

Lembre-se de que, quando falamos da sua relação com os seus pensamentos, no Capítulo 5, encorajei-o a falar dos pensamentos de uma maneira específica, enfatizando que você não é os seus pensamentos, mas, sim, um observador deles. Do mesmo modo, você não é os seus sentimentos. Você é um observador dos seus sentimentos.

Pratique a descrição dos seus sentimentos desse jeito, mesmo que pareça um pouco bobo. Por exemplo, em vez de dizer "Estou bravo", diga: "Estou observando agora uma sensação física que identifico como raiva".

Não é o que faríamos normalmente. Mas é esse o ponto, pois essa acaba sendo uma maneira mais precisa de descrever o que está acontecendo, pois ela incorpora uma distância que lhe permite aceitar um sentimento que antes era muito incômodo.

COMO SENTIR UM SENTIMENTO, PARTE 1: A MEDITAÇÃO REAA

REAA: Reconhecer, Experimentar, Aceitar, Amar. Esta é uma técnica própria para lidar com emoções "difíceis". (Na verdade, um jeito de sentir todos os sentimentos.)

O ser humano evoluiu e começou a classificar certos sentimentos como "difíceis" ou "indesejados". Por exemplo, quando estamos tristes, achamos que isso é um problema, que deveríamos estar alegres e afastar sentimentos como esse. Mas afastar os sentimentos "difíceis" não ajuda em nada. Eles voltam, em geral mais fortes. Ao contrário do que imaginamos, acolher os sentimentos "difíceis" os torna mais controláveis. Portanto:

Nós os *reconhecemos*. Nós os rotulamos, damos um nome a eles. O simples fato de descrever o sentimento, de lhe dar um nome, diminui o poder que ele teria de incomodar ou atrapalhar. Isso reequilibra nossa relação com esse sentimento.

Nós os *experimentamos*. Nós situamos o sentimento em nosso corpo. Silenciamos a nossa mente ocupada e focamos somente o ponto em que o sentimento se manifesta em nosso corpo.

Nós os *aceitamos*. Nós os recebemos como recebemos um velho amigo.

Nós os *amamos*. Nós oferecemos a eles a nossa atenção, nosso carinho e nosso amor.

Por que razão eu sugeriria a você gostar de uma parte sua da qual até agora você não gostava muito, da qual na verdade *des*gostava ativamente, como a tristeza, a raiva e outras emoções "negativas"?

Vamos trabalhar com a tristeza.

Gostar da sua tristeza talvez não seja o que você queira, mas é o que ela precisa que você faça. Para simplificar, vamos materializar as coisas. Imagine que um filho ou um amigo querido esteja triste.

Se essa pessoa está triste, você deixa de gostar dela? Não. Você dedica a ela o seu tempo e atenção? Sim. Você diz: "Vá embora, me deixe, não quero mais ver você até que esteja feliz e bem outra vez"? Não, você não faz isso. Mas costumamos dizer coisas assim para nós mesmos quando estamos tristes e fazemos uso de qualquer técnica disponível (bebida alcoólica é a preferida) para anestesiar esse sentimento.

Neste exercício, nesta meditação, percebemos que a nossa tristeza é semelhante à do filho ou do amigo. Ela precisa de nosso tempo, cuidado e carinho. Se lhe dedicamos tempo, cuidado e carinho, ela se desenvolve naturalmente e nós passamos por ela.

Ao oferecer nossa atenção amorosa ao filho ou ao amigo, nós os ajudamos a atravessar a tristeza. Podemos fazer o mesmo conosco.

Esta meditação deve ser feita quando você tiver um sentimento "difícil" ou "negativo". Não espere que o sentimento seja intenso para praticá-la pela primeira vez. Na verdade, você pode começar simplesmente se recordando de algum acontecimento que tenha despertado um leve sentimento "negativo". Pratique com sentimentos leves; não pratique com traumas.

Observação sobre a palavra "amor"

Se para você é muito difícil dizer que ama as suas emoções ou que você se ama, substitua a palavra "amar" por "gostar" ao longo desta meditação. Se até isso for difícil, use pensamentos do tipo "isto está OK" ou "eu estou OK".

A meditação

Sente-se confortavelmente, relaxado, mas alerta. Feche os olhos.

Concentre-se apenas na respiração. Tome consciência do ritmo da inspiração e da expiração.

Os pensamentos vão distraí-lo como fazem com todo ser humano, com aquela voz tagarela na cabeça. Quando os pensamentos surgirem, afaste-os com gentileza, deixe que desapareçam, e retome o foco na respiração: inspire... expire...

Concentre-se agora nos sentimentos. O que você está sentindo neste instante?

(Para o objetivo deste exercício, vamos usar a tristeza. Obviamente, você pode substituí-la por qualquer outro sentimento que esteja de fato sentindo. Se deseja praticar com uma emoção "difícil", mas está se sentindo bem no momento, recorde um acontecimento ou incidente recente que tenha provocado esse sentimento. Recorde-se dele com clareza; imagine que está de volta a esse momento e observe o que viu, o que ouviu. O sentimento vai voltar.)

Agora, **reconheça** o sentimento e dê nome a ele. Não diga "estou triste" porque não é exatamente isso o que está acontecendo. Você está observando a tristeza no seu corpo. Portanto, diga: "Observo uma sensação física em meu corpo que identifico como tristeza".

Localize e **experimente-a** exatamente onde ela se manifesta em seu corpo. Talvez na garganta, no peito, na barriga...

Descreva como é a sensação: tensa, pesada, aguda, chata, leve, acolhedora, fria? Descreva-a sem julgar ("o meu peito está tenso", e não "o meu peito está horrível").

Agora, **aceite**. Acolha. "Olá, tristeza, minha velha amiga. Arrumei um tempinho para você em minha agenda cheia. Vamos passar um tempo juntos."

Se o sentimento for desagradável, tente aceitá-lo. Esta é a nossa prática. (Mas, se for demais, se for insuportável, retome o foco na respiração. Ou abra os olhos. Tente fazer a meditação em outro momento, com um sentimento menos intenso. Se você praticar com sentimentos leves, vai conseguir controlar os mais intensos aos poucos.)

Em seguida, ponha a mão no coração. Sinta a pressão da mão no peito. Varie um pouco a pressão, para realmente perceber esse contato.

Agora envie a si mesmo uma mensagem de amor. Direto no coração. Deixe que o "você triste" saiba que você o ama tanto quanto ama sua versão alegre. O seu amor por você mesmo é incondicional.

Você acabou de fazer algo extraordinário. Em vez de afastar o sentimento "difícil", você lhe deu **amor**. Como se sente?

Permaneça nesse estado em que consegue sentir tanto a emoção "difícil" quanto o amor pelo tempo que desejar.

Em seguida, bem devagar, com cuidado, no seu tempo, volte a atenção para o seu corpo.

E, quando quiser, bem devagar e suavemente, abra os olhos.

COMO SENTIR UM SENTIMENTO, PARTE 2: A TÉCNICA "CHÁ COM MARA"

Nem sempre é possível meditar. Nesta técnica, porém, pegamos os elementos da meditação REAA e os utilizamos até mesmo no trabalho.

Na psicologia budista, Mara é um demônio – se preferir, ele é o arqui-inimigo de Buda. Mas Mara não é mau. Mara faz parte de Buda. Ele representa aquilo que gostaríamos de afastar: as facetas difíceis ou indesejáveis. Mas Buda ensina que devemos acolher esses sentimentos.

Em uma das versões da história, Buda convida Mara para um chá. Mas ele não está de fato convidando um demônio para tomar chá. Ele está se comprometendo a conviver com o sentimento "difícil".

A nossa prática é: comprometer-nos a aceitar o sentimento por alguns minutos. O chá simboliza que *decidimos* fazer isso e o faremos com gentileza, com amor por nós mesmos.

Vamos praticar com um sentimento ligeiramente incômodo, não com traumas.

A técnica

1. Prepare uma xícara de chá. Se você não gosta de chá, esta etapa é opcional, mas uma bebida quente e reconfortante vai ajudar.
2. Identifique o sentimento. Dê nome a ele.
3. Respire. Deixe os pensamentos irem embora.
4. Procure o sentimento em seu corpo. Localize a sensação física.
5. Comprometa-se a aceitá-la por determinado tempo (por exemplo, enquanto toma o chá).
6. Faça isso com gentileza e amor.
7. Quando os pensamentos surgirem, respire e volte a atenção para o seu corpo. O ideal seria praticar num lugar sossegado, com tempo, mas é possível fazer isso no trabalho ou num café lotado. Ninguém vai saber o que você está fazendo.

O SEU CAMINHO: SIGA EM FRENTE

1. Continue a prática da meditação com respiração que você fez nos capítulos anteriores.
2. Comprometa-se a fazer algumas pausas por dia apenas para perguntar a si mesmo: "O que estou sentindo?" Se for difícil, imprima uma lista de sentimentos. Pendure a lista na parede onde sempre possa vê-la para renovar o seu repertório de emoções.
3. Ao longo do dia, observe as emoções, questione se as está tratando de maneira cordial. Como é provável que você tenha passado anos considerando certas emoções como "negativas" ou "indesejáveis", vai levar um tempo para se acostumar a elas. Então, faça algo diferente e considere as emoções como amigas. Se elas insistirem, encontre tempo para tomar com elas um "Chá com Mara" ou passar pela "Meditação REAA".
4. Aprendemos com o exemplo de Bowie que ter uma sombra não é errado nem ruim. Tendo isso em mente, considere esta questão: "Se eu integrar a minha sombra, quem sou eu?"

Capítulo 8:

Heróis

Lição de vida:
Procure até encontrar
o seu verdadeiro eu

"Queria ver como eu era e que tipo de coisas
queria expressar no lugar das personagens
que eu havia criado."
(David Bowie)

"No fim, temos de retornar ao nada, onde não há
ponto de referência, apenas o nada."
(Chögyam Trungpa Rinpoche –
True Perception: The Path of Dharma Art)

"Torne-se quem você é."
(Epígrafe do trabalho de graduação de Nietzsche,
de autoria do poeta grego Píndaro)

⚡ O CAMINHO DE DAVID BOWIE

A busca do eu pode ser um caminho longo e complicado, cheio de desvios e becos sem saída. Depois de conseguir encontrar a si mesmo durante o tempo em que viveu em Berlim, na Alemanha, David Bowie voltou a se perder nos anos 1980, distraído pelo sucesso espetacular do álbum *Let's dance*. Ironicamente, foi o projeto Tin Machine, mal recebido por todos, que o recolocou no caminho do autoconhecimento.

O filósofo Blaise Pascal, que viveu no século XVII, dizia que "todos os problemas da humanidade derivam de sua inabilidade de ficar só e em silêncio".

Não é possível descobrir nosso verdadeiro eu a menos que estejamos preparados para passar algum tempo sozinhos e quietos, mas muitos prefeririam fazer qualquer outra coisa que não isso. Pascal não era o único a achar que temos dificuldade para ficar a sós com nossos pensamentos; 350 anos depois de ele escrever essa passagem, psicólogos sociais da Universidade da Virginia em Charlottesville forneceram a evidência científica que prova o argumento.

Em sua pesquisa, os participantes deviam sentar-se numa sala escassamente mobiliada durante quinze minutos e apenas pensar; sem *laptop*, *smartphone*, caderno ou caneta. O experimento teve diversas variações. Numa delas, os participantes foram deixados sozinhos por quinze minutos, durante os quais não puderam fazer nada a não ser pensar, ou, se quisessem, apertar um botão que lhes daria um choque elétrico doloroso.

Não se tratava de um grupo de pessoas que gostasse de sentir dor. Todos os participantes tinham afirmado em testes escritos, anteriores ao experimento, que pagariam para *evitar* um choque elétrico. No entanto, em vez de ficarem pensando tranquilamente, 67% dos homens e 25% das mulheres se decidiram pelo choque elétrico doloroso.

É incrível o que somos capazes de fazer para evitar ficarmos sozinhos com nossos pensamentos. Podem ser choques elétricos. Podem ser anos de adição em cocaína. Pode ser o alcoolismo. Pode ser fantasiar-se e interpretar uma série de personagens que aos poucos começamos a desprezar.

Depois de anos de evasivas, as letras do álbum *Low* trazem David Bowie sentado a sós com seus pensamentos. Se antes ele escrevia canções sobre alienígenas, agora escrevia sobre si mesmo. Se um dia o ambiente de suas canções foi o espaço sideral, agora era um cômodo com as cortinas fechadas.

Não há muitas letras em *Low*. Bowie não tem muito a dizer. Ele mal se conhece, o que poderia dizer? Sabe que há sentimentos escondidos dentro de si, mas ainda não os identificou. E isso é tudo o que podemos compilar dos fragmentos de palavras do lado A do álbum.

Intuitivamente, Bowie descreveu a incapacidade de escrever muitas letras para o álbum não como um bloqueio, mas como um gargalo. Ele não estava vazio de ideias. Havia muita coisa para colocar para fora; apenas não conseguia. Não havia nenhum ponto de referência.

A música é diferente de tudo. As letras mal oferecem aos ouvintes um fiapo de significado. Mais da metade do álbum é instrumental. Bowie aceitou o conselho de um antigo mestre e voltou à estaca zero. Também é um retorno à estaca zero em outro sentido. Bowie referia-se a Berlim como seu "útero": um lugar onde se sentia seguro novamente; um lugar para renascer; um lugar para se reconectar.

No fim do milênio, quando a revista especializada em música NME declarou que Bowie era o artista mais influente de todos os tempos e lhe perguntou sobre seus trabalhos mais importantes, *Low* e *Heroes*, o artista não se mostrou particularmente preocupado em discutir sua extraordinária inovação e influência. Preferiu explicar o papel desses álbuns na sua vida, dizendo apenas: "Uma espécie de cura estava acontecendo, tanto espiritual quanto emocional".

Muitos fãs consideram *Low* e *Heroes* os melhores álbuns de David Bowie; não deve ser coincidência o fato de eles terem sido os primeiros no qual o verdadeiro Bowie começa a aparecer por baixo das máscaras – os primeiros álbuns nos quais os ouvintes se sentem genuinamente conectados não apenas ao brilho criativo do artista, mas também a suas emoções. Nem sempre entendemos muito bem sobre o que ele está cantando, mas sabemos que está triste.

O tom de *Low* é triste, mas não depressivo. Ao confrontarmos nossa sombra, podemos descobrir que há tristeza nela, como no caso de Bowie, mas é quando *evitamos* a sombra que entramos em depressão. De fato, Bowie dizia que na tristeza de *Low* ele conseguia ouvir um otimismo verdadeiro:

"Posso me ouvir realmente tentando melhorar."

Ao escrever o livro *David Bowie: Fame, Sound and Vision* [David Bowie: Fama, som e visão], o sociólogo Nick Stevenson realizou muitas entrevistas com fãs do artista e escreveu: "Impressionou-me a quantidade de pessoas que disseram ouvir *Low* como uma maneira de lidar com os períodos de depressão. A música melancólica do álbum deu voz ao tumulto interior de Bowie e ajuda muitos de seus ouvintes a lidar com a própria perturbação".

COMPAIXÃO

No início dos anos 1970, Bowie achava fácil escrever para outros cantores, mas difícil escrever para si mesmo. Conseguia escrever uma canção para Mott the Hoople com muito mais facilidade do que escrevia para David Bowie. Essa é uma das justificativas para a criação dos personagens. Ele podia escrever uma canção para Ziggy Stardust ou para Thin White Duke porque conhecia a ambos muito melhor do que conhecia a si mesmo.

Ele não tinha ideia do que David Bowie queria cantar.

Em 1976, enquanto escrevia as canções de *Low*, começou a descobrir. No ano seguinte, ao escrever as canções de *Heroes*, estava mais conectado a si mesmo e conseguiu escrever e cantar as canções emocionalmente ricas do álbum, inclusive a faixa-título, que é uma de suas *performances* vocais mais icônicas e provavelmente a canção que mais o conecta emocionalmente às pessoas entre todas as de sua criação. O robô encontrou seu coração.

Reconectou-se consigo reconectando-se com os outros. Em Berlim, todos os dias Bowie se comprometia a agir mais "normalmente", a viver menos isolado. E sentiu-se realizado de aprender a simplesmente voltar a conversar com as pessoas.

Saindo de sua reclusão para interagir com o resto do mundo, Bowie descobriu que se importava com ele. Numa entrevista para promover o álbum, disse a Allan Jones, da revista *Melody Maker*: "*Heroes* é, eu espero, compassivo, compassivo com as pessoas e as situações desesperadoramente estúpidas nas quais se metem, em que nós nos metemos".

Em outra ocasião, sugeriu que a mensagem da faixa-título era "podemos sair desta", mas, num nível mais pessoal, também significava "vou ficar bem".

DISTRAÇÃO

Nick Stevenson conclui que *Heroes* articula "a possibilidade de reconstruir o eu". É exatamente essa a nossa tarefa.

Não é fácil, e não acontece na primeira tentativa. No zen-budismo existe a imagem de cair sete vezes e se levantar oito. Precisamos dessa resiliência para descobrir quem somos de verdade.

Para começar, é muito fácil se distrair. Bowie se empenhou em iniciar o processo de autoconhecimento em 1976 e prosseguiu nele pelos seis anos seguintes. Porém, acabou se distraindo por causa da mais infeliz das circunstâncias: tornou-se uma estrela global.

Embora nos anos 1970 David Bowie já fosse a figura mais importante e influente da cultura popular, ele nunca tinha sido um verdadeiro sucesso comercial. Porém, em 1983, *Let's dance* virou uma febre mundial. O álbum ficou em primeiro lugar na lista de mais vendidos de vários países e vendeu mais de 10 milhões de cópias; a turnê Serious Moonlight, que inicialmente se apresentaria em locais com capacidade para 5 mil a 10 mil pessoas, acabou sendo levada a estádios com 80 mil lugares, e a demanda por ingressos às vezes excedia a capacidade dos locais em mais de quatro vezes.

Em meados de 1984 David Bowie era uma estrela dez vezes maior do que fora nos dezoito meses anteriores.

Sabemos pela canção "Fame", de 1975, época em que era *cult*, que Bowie não gostava da fama. Agora ele era uma superestrela planetária, e essa experiência o tirou completamente do eixo.

Não é que Bowie não quisesse ser famoso. É evidente que ele se sentia parcialmente atraído pela ideia. Depois de descobrir um público global, sobretudo um grande público nos Estados Unidos, Bowie fez concessões para continuar com ele. Mais tarde, descreveu seu comportamento nesse período como o de proxeneta de um público que ele não reconhecia nem entendia, dizendo que, nos estádios, olhava para a plateia e se perguntava quantos discos do Velvet Underground "aquela gente" possuía.

Para se manter nesse nível de sucesso, precisou parar de se comportar como um *outsider* e passar a agir como celebridade. Conforme disse, "há uma linha que os norte-americanos não cruzam. É preciso haver certo conformismo... ao passo que os ingleses acolhem os excêntricos". Toda a excentricidade – assim como todos os sinais de bissexualidade – foram sumariamente eliminados da imagem de Bowie em meados dos anos 1980, à medida que ele criava uma nova *persona*, completamente limpa, para o público dos Estados Unidos – e o do mundo todo.

Seus dois álbuns seguintes – *Tonight* e *Let Me Down* – venderam bem e conduziram a uma nova turnê mundial, mas não eram inspirados nem tinham brilho, o que deixou Bowie (que descreveu os álbuns como "desastrosos") desapontado consigo mesmo, incomodado e infeliz com sua vida. Mais tarde, ao rever esse período, mostrou-se apavorado com a falta de integridade de suas atitudes e enxergou com clareza como a fama tinha se tornado um obstáculo a seu verdadeiro propósito.

Ele estava vendendo discos, estava ganhando dinheiro, mas o preço dessa carreira e do sucesso financeiro foi deixar a espiritualidade em compasso de espera. Sua jornada de autoconhecimento foi sabotada por essa nova *persona* amiga do *mainstream*. Ele chegou ao ponto de começar a pensar apenas em ganhar tanto dinheiro quanto pudesse rapidamente e depois se aposentar: "Achava que eu era apenas um invólucro oco e que terminaria como todos os outros, fazendo esses *shows* estúpidos e cantando 'Rebel Rebel' até cair morto".

Essa é talvez uma característica da vida de Bowie: o período que as pessoas viam como triunfal era para ele um momento de profunda infelicidade. Da mesma maneira, o período que o público considerava um desastre era para ele uma época de alegria e bênçãos.

TUDO O QUE VOCÊ SABE ESTÁ ERRADO

Nem os críticos nem os fãs de Bowie – nem ninguém, na verdade – gostou da Tin Machine, a banda que o artista montou como rota de fuga desse período de fama extraordinária, mas ele a considerava a melhor coisa que poderia ter lhe acontecido.

Por trás da Tin Machine estava a ideia de que David Bowie não era mais um artista solo; ao contrário, ele era apenas "mais um da banda". Inevitavelmente, essa aposta no anonimato falhou, e toda a atenção permaneceu concentrada nele. Mas, graças ao abandono (admitidamente meio artificial) do percurso esperado na carreira, Bowie reaprendeu o que significava escrever o que queria, em vez de atender à expectativa do público, e isso o lembrou do que realmente desejava fazer: ser um artista experimental comprometido com a exploração regular de novas áreas, e não apenas um *pop star* desesperado em busca de um som do qual o público gostasse:

> "A Tin Machine foi muito importante porque me descontextualizou. Depois disso, ninguém tinha a mínima ideia do que eu iria fazer."

E ele manteve o público tentando adivinhar durante toda a década de 1990, com uma série de álbuns que mudavam de estilo e direção intencionalmente. Nesse período, quem gostava de um álbum não tinha nenhuma garantia de que fosse gostar do próximo. Ficou cada vez mais difícil saber quem era "o público de David Bowie", mas Bowie tinha cada vez mais clareza de quem *ele* era. Bowie deu então mais um passo para superar sua dependência química e juntou-se aos Alcoólicos Anônimos. Por fim, foi também nesse período que ele conheceu Iman e se casou com ela (mais sobre o assunto no Capítulo 9).

Em 2002, Bowie lançou o álbum *Heathen*. Se podemos argumentar que ele começou a descobrir quem era David Bowie em 1977, com os álbuns *Low* e *Heroes*, também podemos argumentar que, com *Heathen*, ele deu um passo importante no processo de descobrir quem era David Jones.

Num *talk show* estadunidense ao qual compareceu para promover o disco, Bowie disse: "Acho que este é o trabalho mais pessoal que já fiz. Ele fala apenas de mim e de como me sinto em relação às coisas". Essa é uma afirmação que muitos cantores e compositores poderiam aplicar a toda a sua obra. No entanto, vinda de Bowie, alguém que tinha passado anos fugindo dos próprios sentimentos, a declaração era extraordinária, pois refletia uma mudança genuína. Bowie estava finalment feliz em ser quem era.

O que havia por trás dessa mudança de perspectiva em *Heathen*? No que Bowie estava pensando? Quais ideias estava explorando? Ele nos deu algumas pistas no encarte do disco, que tem fotos de três livros: *A interpretação dos sonhos*, de Freud; *Teoria da relatividade geral*, de Einstein; e *A gaia ciência*, de Nietzsche. São livros extraordinários (não há de fato um livro chamado *Teoria da relatividade geral*, mas Einstein realmente publicou *Fundamentos da teoria geral da relatividade* em 1916, um ano depois de seus primeiros artigos sobre a teoria terem sido publicados em periódicos acadêmicos). Eles nos dizem que o mundo não é o que pensamos que seja (Einstein) e que nós não somos o que pensamos ser (Freud e Nietzsche). O resumo que Bowie fez das mensagens dessas três obras foi: "Tudo o que sabíamos estava errado. Tudo".

LIÇÃO DE VIDA:
PROCURE ATÉ ENCONTRAR O SEU VERDADEIRO EU

Neste estágio da busca pelo nosso eu, precisamos contemplar a ideia de que talvez nem mesmo tenhamos um eu. Está na hora de explorar (e talvez adotar) o conceito budista de "ausência do eu" – não apenas para ser do contra, mas porque explorar a ausência do eu pode ser fundamental para conquistarmos mais felicidade.

Entre as várias ideias iconoclastas do livro *A gaia ciência* está a famosa declaração de que "Deus está morto". Embora quase nunca seja possível estar 100% seguro sobre o que Nietzsche quer dizer (segundo o filósofo, essa frase foi proferida por "um louco"), essa declaração e sua discussão subsequente sobre moralidade costumam ser interpretadas como uma alusão ao fato de não mais podermos depender de uma lista de "farás" e "não farás" – um código moral objetivo e compartilhado por todos – para nos guiar ao longo da vida. Em vez disso, devemos olhar para dentro de nós mesmos e estabelecer nosso próprio conjunto de valores. Esse processo será discutido na seção "Seu caminho", neste capítulo.

Indiscutivelmente, no entanto, "Deus está morto" não é a afirmação mais iconoclasta de Nietzsche, mas o fato de ele acreditar que nosso senso de identidade é uma ilusão.

Quando Bowie lutava para ser ele mesmo – a canção "Heroes" fala também das dificuldades emocionais do artista –, três ideias que ele tinha absorvido e às quais fizera referências em sua obra (a psicologia ocidental, o budismo e a filosofia de Nietzsche) o instigaram a questionar o próprio conceito do eu. Segundo essas três tradições, nosso eu não é o que normalmente pensamos que é, e cada uma apresenta uma visão ligeiramente diferente dele.

Como vimos no capítulo anterior, a psicologia ocidental sugere que nosso conceito habitual do eu é incompleto: há mais coisas ocultas sob a superfície. A psicologia salienta a necessidade de integrar aspectos anteriormente rejeitados do inconsciente para compreender totalmente o eu.

Das três obras presentes no encarte de *Heathen*, o livro de Nietzsche foi o que mais influenciou Bowie. Nessa época, já fazia trinta anos que ele era fascinado pela obra do filósofo. Em *A gaia ciência*, Nietzsche diz que "cada pessoa é o ser mais distante de si mesmo", ressaltando a dificuldade de se conhecer. Seu equivalente da jornada de autorrealização é a busca de se tornar o super-homem, ou o além do homem. Segundo Nietzsche, o ser humano pode alcançar esse estado "vendo através da ilusão de si mesmo".

O budismo vai um passo além, declarando simplesmente que o eu não existe.

A esta altura, você tem o direito de se perguntar se isso é importante. Não podemos apenas deixar os filósofos com seus conceitos abstratos e continuar com a nossa vida?

Podemos. O perigo é que, se eles estiverem certos, a vida que vivemos não será real. E estaremos perdendo a verdadeira experiência de viver. Alan Watts, autor de *The Way of Zen* [O caminho zen], um livro que Bowie devorou quando adolescente, foi um brilhante divulgador de complexas filosofias orientais. Ele tem uma boa metáfora para explicar por que devemos tentar entender conceitos complicados como a ausência do eu: porque, se não o fizermos, passaremos a vida "comendo o cardápio" em vez da comida. Se não o fizermos, não experimentaremos a realidade intensa e maravilhosa da vida, mas uma versão diluída da realidade, filtrada por nosso pensamento conceitual. Se não o fizermos, viveremos no mapa, e não no território.

Mas o que estou pedindo que você faça? Que fortaleça a percepção de si mesmo, como aconselha a psicologia ocidental? Que abandone completamente o eu, como exorta o budismo?

A menos que... será que não existe uma maneira de fazer as duas coisas? Acho que pode haver, mas, antes de descobrir, precisamos compreender mais um conceito intrigante da filosofia budista: a ideia de que existem duas realidades.

Por mais estranho que pareça esse conceito de 2.500 anos de idade, ao examiná-lo estaremos também examinando a mecânica quântica, para a qual as teorias do físico Albert Einsten contribuíram de forma decisiva.

AS MONTANHAS JÁ NÃO SÃO MONTANHAS, AS ÁRVORES JÁ NÃO SÃO ÁRVORES

Tanto o budismo quanto Nietzsche afirmam que a realidade em que vivemos não é tão real quanto imaginamos. Na verdade, segundo Nietzsche, *todas* as filosofias deveriam chegar a essa conclusão. Em *Além do bem e do mal*, ele diz: "Seja qual for a filosofia adotada, seja qual for o ponto de vista, a irrealidade do mundo em que acreditamos viver é a coisa mais certa e inabalável que existe".

Segundo o budismo, o mundo em que pensamos viver é uma realidade *relativa*, mas, ao desenvolvermos uma compreensão mais profunda, seremos capazes de ver a realidade *absoluta* (a realidade "real", se quisermos).

Para explicar essa ideia, o mestre de Bowie, Chime Rinpoche, às vezes usava o ditado zen-budista segundo o qual antes de começar a meditar, "montanhas são montanhas e árvores são árvores": isto é, enxergamos o mundo da maneira usual. Depois de meditar por um tempo, percebemos que "montanhas já não são montanhas e árvores já não são árvores": isto é, passamos a enxergar a realidade absoluta em que todas as coisas estão interconectadas, e não separadas. Se continuarmos a praticar a meditação, afirma o ditado zen-budista, chegaremos a um ponto em que "as montanhas são novamente montanhas, e as árvores são novamente árvores": isto é, manteremos a compreensão plena da realidade absoluta, e essa consciência mais profunda da interconexão de todas as coisas nos permitirá atuar com mais habilidade na realidade relativa de nossa vida cotidiana. Viveremos na mesma realidade relativa de todos, mas nossas ações passarão a ser guiadas pelo conhecimento da realidade absoluta.

Não é muito fácil entender a ideia de que a realidade que observamos através de nossos sentidos não é verdadeira e que existe outra realidade mais acurada. No entanto, é mais fácil entender esse conceito hoje, quando a ciência já comprovou algo igualmente em desacordo com a maneira como percebemos a realidade: que os objetos sólidos ao nosso redor não são de maneira nenhuma sólidos, mas, na verdade, coleções de muitas coisas bastante pequenas e bastante rápidas que giram no espaço; e que em cada objeto aparentemente sólido que vemos há muito mais espaço do que objeto. No entanto, ainda estou digitando nas teclas sólidas de um teclado sólido apoiado com segurança numa mesa sólida, e estou sentado numa cadeira sólida apoiada num piso sólido.

Quando descobrimos que esses são conceitos da física moderna, pensamos algo como: "Bem, não é o que parece e certamente não é o que eu sinto, mas tudo bem, talvez seja verdade". E aceitamos a afirmação, mesmo sem entendê-la muito bem.

De maneira muito semelhante, podemos pegar essa ideia de realidade absoluta – a ideia de que estamos todos conectados, e não separados – e pensar: "Bem, não é o que parece e certamente não é o que eu sinto, mas tudo bem, talvez seja verdade". E podemos aceitá-la, mesmo sem entendê-la muito bem.

No que diz respeito a esse conceito, o budismo não afirma a mesma coisa que a física? Ou, para estabelecer a cronologia correta, a física não afirma a mesma coisa que o budismo? Essencialmente, a mensagem da física é: cadeiras são cadeiras e escrivaninhas são escrivaninhas, mas, se você realizar alguns experimentos, verá que as cadeiras não são cadeiras e as escrivaninhas não são escrivaninhas. Mas, uma vez que você saiba disso, é claro que a melhor maneira de viver é considerar que a cadeira é uma cadeira e a escrivaninha é uma escrivaninha, pois assim você saberá onde se sentar e onde colocar a xícara de café.

Para o caso de algum físico estar lendo estas linhas, sim, estou ciente de que minha descrição de um átomo como uma "coisa incrivelmente pequena" está longe de ser precisa. Os átomos são pequenos, mas, como ressaltou ninguém menos que Werner Heisenberg, físico alemão e ganhador do Prêmio Nobel, "não são coisas". Segundo ele, "os átomos, ou as partículas elementares [...] formam um mundo de potencialidades ou possibilidades, e não um mundo de coisas ou fatos". Os desbravadores da física quântica moderna transmitem exatamente a mesma mensagem dos budistas: pare de pensar no mundo como um conjunto de coisas, pare de ver o mundo como um monte de partes separadas.

> O que a humanidade precisa fazer é prestar atenção ao hábito de pensar de maneira fragmentada, conscientizar-se dele e depois dar um fim nele. Assim a experiência da realidade será completa.

Este comentário foi feito pelo físico David Bohm, mas poderia facilmente ser uma citação do Buda ou de um dos mestres zen-budistas que criam *koans* para ajudar seus discípulos a entender que a maneira como eles pensam não corresponde à realidade. Bohm, aliás, é mais conhecido pela teoria da ordem implicada e explicada, segundo a qual existem duas realidades: a realidade observável, da qual estamos cientes, e uma realidade mais profunda, que está além. Sua teoria foi desenvolvida para explicar o comportamento das partículas subatômicas, mas ela ecoa fortemente a filosofia oriental, que há 2.500 anos postula a existência de duas realidades.

Vamos então explorar o conceito de ausência do eu, não apenas porque soa intrigante, mas porque haverá um benefício para nós ao final da exploração. Agora que entendemos o ditado zen-budista sobre montanhas e árvores, sabemos que é seguro explorar o conceito de ausência do eu porque não perderemos o senso de identidade conquistado a duras penas. Sabemos que, mesmo se em algum momento decidirmos que não existe um eu, seremos capazes de avançar para outra posição, na qual novamente haverá um eu. A diferença é que teremos uma perspectiva ligeiramente diferente sobre ele, e isso será crucial.

A AUSÊNCIA DO EU NÃO É UM PROBLEMA

O primeiro sentido budista para a ausência do eu é possivelmente o mais fácil de entender: não existe um eu *fixo*.

Mudamos constantemente. Dá para ver que mudamos fisicamente e sabemos – pois tivemos aulas de ciência – que no final da vida os átomos do nosso corpo serão muito diferentes daqueles que carregávamos quando nascemos. Estamos em constante fluxo.

Sabemos que nossas opiniões e nossas crenças mudam também. Nesse aspecto, Nietzsche concorda com o budismo: "Somos uma pessoa diferente a cada momento", ele escreveu em *A gaia ciência*. Portanto, como podemos "nos tornar quem somos"? Nietzsche teria sugerido que o tornar-se é um processo sem fim. Seu super-homem, como o iluminado budista, sente-se completamente à vontade com a incerteza e a mudança constante.

O segundo sentido budista para a ausência do eu é o de que *ninguém está no comando*. Não há um chefe dentro da sua cabeça.

Já mencionamos isso no Capítulo 1. Agora que já passamos pelo Capítulo 5 (no qual entendemos que não criamos nossos pensamentos ativamente, mas que a maioria deles apenas surge), vai ser mais fácil entender a coisa toda. Não existe um gerente ou um presidente controlando tudo o que você faz.

Na meditação, quando tentamos focar a respiração, mas somos assaltados por um fluxo ininterrupto de pensamentos, sentimentos e outras distrações, parece que há dezenas de *bits* de um *software* rodando dentro de nós, todos com necessidades, vontades e prioridades próprias, todos vomitando pensamentos e sentimentos.

O terceiro sentido budista para a ausência do eu é o de que não existe um eu *separado*, que estamos intrinsecamente ligados a todos e a tudo neste mundo. Este é provavelmente o aspecto da ausência do eu mais difícil de entender, porque parece algo muito diferente da nossa percepção. No entanto, depois de nos abrirmos para o fato de que o mundo das partículas subatômicas é completamente diferente da maneira como percebemos o mundo de cadeiras e escrivaninhas, mas que ainda assim ele é real, vamos admitir a possibilidade de que a não existência de um eu separado seja verdadeira também.

Quero que você faça isso porque é importante, porque a ideia de que estamos separados está na raiz de grande parte do nosso sofrimento, da nossa ansiedade, da nossa alienação, da nossa angústia e, no final, da nova raiva. Se você compreender esse aspecto do eu, a infelicidade – a sensação de inadequação, de que há algo faltando em nossa vida – começará a se dissipar.

Voltemos a Alan Watts, o autor predileto do Bowie adolescente. Não existe explicação mais clara sobre o significado da ausência do eu do que a apresentada no livro *The Book on the Taboo Against Knowing Who You Are* [O livro sobre o tabu contra saber quem você é], no qual ele afirma que "a ideia prevalente de que uma pessoa é um ego separado, fechado numa bolsa de pele, é uma alucinação que não está de acordo nem com a ciência ocidental nem com as religiões-filosofias experimentais do Oriente. Ele diz:

Sofremos de uma alucinação, de uma sensação falsa e distorcida de nossa existência [...] A maioria de nós tem a sensação de que o eu é um centro de sentimento e ação separado, que vive do corpo físico e é limitado por ele, um centro que "confronta" um mundo "exterior" de pessoas e coisas, que, por meio dos sentidos, entra em contato com um universo estranho e alienígena. Expressões de linguagem comuns refletem essa ilusão. "Vim a este mundo", "Você deve encarar a realidade", "A conquista da natureza". Esse sentimento de ser um visitante solitário e temporário do universo está em franca contradição com tudo o que a ciência sabe sobre a humanidade (e sobre todos os outros organismos vivos). Nós não "viemos a este mundo"; nós emergimos dele, como as folhas de uma planta. Cada indivíduo é a expressão de todo o reino natural, uma força única do universo inteiro.

A mudança de percepção – ver-se como *parte* intrínseca do universo, como força do universo, e não como algo separado largado *no* universo – é potencialmente transformadora. Se você conseguir compreender isso de verdade, terá a opção de tratar a vida como um "jogo fabuloso", diz Watts, e não como algo de onde precisa tirar alguma coisa, como se a vida "fosse um banco à espera de ser roubado".

Já discutimos que, para o budismo, o apego é a causa do sofrimento, mas sem um eu não existe apego. Quanto mais nos agarrarmos à ideia de que somos seres separados – em oposição ao universo que nos cerca –, mais difíceis os nossos problemas se tornarão. Quanto mais avançarmos na ideia da ausência do eu – na direção de nos entender como parte do universo –, mais cedo poderemos nos desfazer das camadas de sofrimento mental que nos acomete como uma praga.

Jack Kornfield, mestre em *mindfulness*, conta que um dia ele perguntou a um mestre de meditação do Sri Lanka qual era a essência do budismo. O mestre riu e repetiu três vezes:

A ausência do eu não é um problema.
A ausência do eu não é um problema.
A ausência do eu não é um problema.

Será possível ter um forte senso de individualidade, como recomenda a psicologia ocidental, e ao mesmo tempo manter essa individualidade com leveza, como prega a fisolofia oriental? Será que isso é mesmo remotamente possível? Eu acredito que sim. Acredito que, se conseguirmos chegar a um ponto em que enxergamos que as montanhas não são montanhas e que as árvores não são árvores e depois voltarmos para uma situação em que as montanhas são montanhas e as árvores são árvores, conseguiremos também chegar à compreensão da ausência do eu e depois voltar a uma situação cotidiana na qual o eu exista.

Conta-se que costumavam perguntar a Buda: "É verdade que não temos um eu?" E Buda costumava responder algo como: "Nem pergunte. Não se deixe apanhar por esse tipo de teorização. É inútil". O que fica claro é que, tal como acontece com diversos ensinamentos budistas, o conceito da ausência do eu não é uma "verdade". Debater a veracidade do conceito é irrelevante.

A ausência do eu não é uma doutrina. É uma *estratégia de vida*.

Portanto, vamos considerar essa ideia como tal. Em vez de pensar que há poucas pessoas que de alguma maneira alcançam o raro estado de iluminação de viver permanentemente sem o eu, vamos imaginar que talvez todos possamos aos poucos nos aproximar dele, que essa possa ser uma mudança de perspectiva gradual que assumiremos como estratégia para renunciar ao sofrimento, para renunciar às causas do sofrimento e abraçar a vida de uma maneira que nos abra a possibilidade de sermos mais felizes.

Buda não estava interessado na "dança serpentina dos dragões", não estava interessado em saber se algo era verdadeiro ou falso, certo ou errado, verificável ou não; como sempre, sua principal preocupação era "funciona?" e "isso é útil?" Pode ser. Pode ser útil para você. Vamos descobrir como conseguir ao menos um vislumbre de como é a ausência do eu.

✳ O SEU CAMINHO

Nesta seção, você vai trabalhar seus valores para fortalecer o eu e ao mesmo tempo se preparar para a ausência completa do eu, com algumas meditações mais profundas. Parece estranho? Talvez seja, mas vamos lá.

A meditação tem sido importante ao longo de todo este livro, mas agora ela se tornará absolutamente essencial. É difícil compreender ideias como a do Capítulo 5 (você não é os seus pensamentos) sem meditar. E é ainda mais difícil compreender este capítulo sobre a ausência do eu sem a prática regular da meditação.

Mesmo meditando regularmente, não alcançamos esse entendimento quando queremos, pois não se trata de um objetivo alcançável, mas de algo que simplesmente acontece. Porém, é possível atingir um estado de prontidão que torne mais fácil compreender a ausência do eu.

Intenção é a chave, como em todo o processo de meditação. Ou talvez seja melhor dizer que a falta de intenção é a chave. Tentar fazer algo acontecer não nos ajuda na meditação; quanto menos tentarmos – ou esperarmos – chegar ao estado de ausência do eu, mais provável isso se torna.

Essa é a verdade, por pior que seja. O aspecto mais importante da meditação – e um dos seus principais benefícios – é o fato de ela ser talvez a única atividade em que não tentamos alcançar nada.

Entre os atributos que somos estimulados a trazer para a meditação estão o de não fazer esforço e o de não fazer nada. De certa maneira, no momento em que nos desapegamos da ideia de conseguir um resultado, começamos o processo de revelar a ausência do eu. O eu convencional tem opiniões fortes sobre o que deseja, e na maior parte das vezes deseja aquilo que não tem. O eu convencional quer que algo aconteça, quer fazer alguma coisa, quer ir a algum lugar, quer eliminar um item da lista de tarefas. Quando entramos num estado que não envolva nenhum desses desejos, eliminamos várias maneiras pelas quais o eu se faz conhecer.

Se não quisermos nada, se não quisermos fazer nada, se não quisermos que nada em particular aconteça, o eu passa a ser bastante desimportante. Para que ele serviria? Durante a meditação, o eu é desnecessário.

E como se dá a ausência do eu?

Nos exercícios de meditação deste livro, mostrei-lhe como se concentrar na respiração. Esse é o ponto de partida. Se você meditar por um período razoável de tempo, se você conseguir permanecer concentrado na respiração, será cada vez mais capaz de se manter sintonizado com o seu ritmo. À medida que o tempo de meditação aumenta, uma mudança de percepção pode acontecer: você e a respiração passam a ser *um*. O que isso significa? Significa que você ainda terá consciência da respiração, mas não a sensação de que existe um "você" que respira.

Mas não é necessariamente a respiração que o levará à ausência do eu. Pode ser apenas a consciência. Você está consciente de tudo o que está acontecendo – sons, sensações físicas, pensamentos – e, com o tempo, experimenta uma mudança de perspectiva semelhante: ainda tem consciência de tudo, mas já não é mais "você" que está consciente. Acredito, porém, que usar a respiração como foco é o caminho mais fácil para a ausência do eu. O ritmo regular da respiração estimula o desapego.

Sua tarefa é se livrar do meditador e permitir que a meditação aconteça. Só que não é uma tarefa, pois não se trata de algo que você possa almejar. Trata-se de se abrir para a possibilidade.

Agora vamos meditar mais uma vez, não com a intenção de chegar à ausência do eu, mas para explorar a ideia de ir mais fundo na respiração.

EXERCÍCIO: DEFINITIVAMENTE, NÃO É UMA MEDITAÇÃO DA AUSÊNCIA DO EU

Sente-se num estado de alerta relaxado, mantendo a espinha ereta e os ombros soltos.

Feche os olhos.

Primeiro, perceba que você decidiu fazer uma pausa e diminuir o ritmo. A seguir, traga para a consciência todos os sons que puder escutar. Depois de alguns minutos, tire o foco dos sons e coloque-o na respiração.

Observe sua respiração na parte do corpo – a qualquer momento do processo – que tenha mais sentido para você. Pode ser nas narinas, à medida que o ar entra e sai. Pode ser na garganta. Pode ser no peito, enquanto ele sobe e desce, ou pode ser na barriga. Por um momento, mantenha o foco na área escolhida e observe o ar entrar e sair.

À medida que surgirem pensamentos, o que inevitavelmente acontecerá, rotule-os como pensamentos e deixe-os ir. Então, sem se julgar pela distração, volte a se concentrar na respiração.

Depois de um tempo, amplie o foco para todo o processo de respirar.

Siga o caminho do ar pelo nariz e pela garganta, até chegar aos pulmões.

Preste atenção a cada centímetro cúbico de expansão no seu corpo.

Observe o final da inspiração. Faça uma pausa e esteja consciente dela. A seguir observe o início da contração que expulsa o ar. Siga o fluxo da expiração.

Quando os pensamentos surgirem de novo, e eles vão surgir, observe-os, rotule-os e deixe-os ir. Se você começar a se entediar, trate o tédio como outro pensamento. Diga "pensando que estou entediado" e deixe ir. Continue a meditar.

Siga o fluxo do ar que entra e do ar que sai pelo máximo de tempo que conseguir.

★ ★ ★

Repita essa meditação sempre que puder. Quanto mais tempo você meditar, quanto mais regularmente você meditar, mais profunda a meditação se tornará. Em algum momento haverá uma mudança de percepção. É difícil colocar em palavras, mas haverá apenas a respiração e a meditação. Não tente *fazer* isso acontecer, sob pena de um fracasso garantido.

Trata-se de um estado impalpável que, se acontecer, não dura muito. No entanto, mesmo um vislumbre breve e ocasional desse outro estado pode ser suficiente para ajudá-lo a entender a vida de uma maneira diferente: como um jogo fabuloso, e não como um banco a ser roubado. Portanto, vale a pena comprometer o tempo necessário.

Lembre-se: a ausência do eu não é um problema.

EXERCÍCIO: IDENTIFIQUE OS SEUS VALORES

Veja a lista de valores a seguir e marque aqueles que você considera importantes para a sua vida, aqueles que o fazem viver do jeito que vive. Sugiro que marque entre três e cinco, mas sinta-se à vontade para marcar mais se julgar que são relevantes.

Assim que tiver escolhido os seus valores, siga os seguintes passos para cada um:

1. Pense em um momento em que realmente viveu de acordo com esse valor, um momento em que suas ações ou suas palavras trouxeram esse valor para a sua vida.

Abnegação	Cooperação	Fazer a diferença
Aceitação	Cortesia	Felicidade
Alegria	Credibilidade	Flexibilidade
Amizade	Crescimento	Generosidade
Amor	Criatividade	Graça
Apreço	Cuidado	Gratidão
Aprendizado	Curiosidade	Honestidade
Atenção plena	Dedicação	Humildade
Autocontrole	Desenvolvimento	Inclusão
Autonomia	pessoal	Independência
Bem-estar	Determinação	Individualidade
Bom humor	Disciplina	Inovação
Bondade	Diversão	Inspiração
Busca de resultados	Diversidade	Inteligência
Calma	Eficiência	Justiça
Calor	Empatia	Lealdade
Caridade	Entusiasmo	Liberdade
Colaboração	Equidade	Liderança
Compaixão	Equilíbrio	Originalidade
Compreensão	Espiritualidade	Otimismo
Compromisso	Estabilidade	Ousadia
Confiabilidade	Ética	Paixão
Consistência	Excelência	Paz
Contribuição	Família	Pertencimento

Pontualidade	Resiliência	Tolerância
Positividade	Respeito	Trabalho árduo
Proatividade	Responsabilidade	Tradição
Profissionalismo	Riqueza	Utilidade
Qualidade	Sabedoria	Verdade
Realização	Saúde	Versatilidade
Reconhecimento	Segurança	Visão
Relacionamento	Sucesso	

2. Pense em um momento em que não viveu de acordo com esse valor, um momento em que suas ações ou suas palavras foram incoerentes com esse valor.

3. Pense em um momento em que viu outra pessoa vivendo de acordo com esse valor (ou um valor muito semelhante). Se não se lembrar de um exemplo real, recorra a livros, filmes etc.

4. Pense em um momento em que viu outra pessoa vivendo de maneira oposta a esse valor ou de maneira que ofendesse ou contrariasse alguém que vive segundo esse valor.

Agora reveja a sua lista. Ainda acredita que esses são os valores importantes para você? Gostaria de eliminar algum ou acrescentar outros?

EXERCÍCIO: COMPREENDA OS SEUS VALORES

Depois de confirmar quais são os seus valores, responda às seguintes perguntas para cada um:

Por que este valor é importante para mim? Por exemplo, se o seu valor é a disciplina, a resposta poderia ser: "Porque desejo ser a melhor pessoa possível, e sem disciplina sei que recaio em comportamentos que me afastam disso".

Quais são as crenças que sustentam este valor, que o levam a ter este valor? Por exemplo, se o valor for o respeito, a resposta pode ser: "Acredito que todos merecem ser tratados com respeito".

O que você faz no dia a dia que mostre que este é um dos seus valores? Por exemplo, se o valor for a colaboração, a resposta pode ser: "Quando comando uma reunião de trabalho, tenho o cuidado de pedir a opinião de todos os participantes".

Para cada valor, escreva uma frase que comece com "Eu quero..." e que expresse o valor ou explique como ele se encaixa na sua vida. Por exemplo, se o valor for equidade, a frase pode ser: "Quero promover a equidade e a igualdade em todos os grupos em que estiver envolvido".

Depois de realizar todos os exercícios, revise a sua lista de valores e confirme se ela está correta. Sinta-se à vontade para remover ou acrescentar valores. Esta é uma obra em andamento.

EXERCÍCIO: PEQUENOS AJUSTES

Depois de confirmar os seus valores, deixe a lista de lado por uma semana. Nesse período, ao final de cada dia, faça um balanço dos acontecimentos:

Houve ocasiões em que você viveu de acordo com algum desses valores? Houve ocasiões em que poderia ter vivido de acordo com seus valores, mas não o fez?

Seja honesto. Não há motivo para se envergonhar de não conseguir agir segundo os próprios valores de vez em quando. Todos passamos por isso. No fim desta semana, depois de avaliar as ocasiões em que esteve alinhado com seus valores e aquelas em que isso não aconteceu, imponha--se a tarefa de pensar num pequeno ajuste capaz de ajudá-lo a se alinhar melhor com cada valor escolhido.

Não se trata de empreender grandes mudanças de comportamento, mas de coisas simples. Por exemplo, se o valor for a gratidão, o pequeno ajuste poderia ser: "Vou comprar alguns cartões de agradecimento, envelopes e selos e deixá-los na minha mesa. Um *e-mail* de agradecimento é legal, mas uma nota escrita à mão se torna especial nestes tempos digitais".

EXERCÍCIO: ESCREVA SOBRE OS SEUS VALORES

Escrever regularmente sobre os próprios valores nos ajuda a nos manter alinhados com eles, mas os benefícios dessa prática vão muito além. No livro *The Upside of Stress* [O lado bom do estresse], a psicóloga Kelly MgGonigal afirma que:

> escrever sobre os próprios valores é uma das intervenções psicológicas mais eficazes [...] faz as pessoas se sentirem mais potentes, no controle, orgulhosas e fortes. Também faz com que se sintam mais amorosas e empáticas com os outros. Aumenta a tolerância à dor e o autocontrole, e reduz a ruminação inútil das experiências estressantes.

É uma lista impressionante de benefícios. Mas como a coisa funciona? Segundo a teoria, ao escrever sobre nossos valores pessoais e como eles se relacionam aos acontecimentos da nossa vida, conseguimos avaliar e esclarecer o significado dos acontecimentos, em especial dos mais estressantes. Uma coisa é sentir-se exausto depois de um dia cansativo, outra coisa é parar para entender que a razão do cansaço é o fato de não termos poupado esforços para ajudar um amigo, porque valorizamos a amizade. O dia que apenas rotularíamos como exaustivo se torna, assim, um dia com significado, um dia em que nos dispusemos a ajudar alguém com base num valor de vida que prezamos.

O SEU CAMINHO: SIGA EM FRENTE

1. Continue a meditar. Incorpore o foco mais profundo apresentado no exercício "Definitivamente, não é uma meditação da ausência do eu".
2. Você acha que o conceito de eu/ausência do eu é como um botão de ligar/desligar? Ou é mais como um espectro? Você acha que, durante a meditação, sentiu um rebaixamento gradual do eu? A "individualidade" que você carrega pelo resto do dia ficou um pouco menos importante durante a meditação?
3. Tente manter uma parte do dia sem compromissos e permita que os outros ditem a sua agenda, permita-se fazer o que os outros querem

que você faça, ouça o que os outros têm a dizer sem contradizê-los ou corrigi-los. Não tente conseguir nada em benefício próprio. Procure reservar o maior tempo possível para isso.

4. Passe a próxima semana refletindo sobre esta questão: "Quem sou eu sem o meu eu?" Se essa ideia lhe parecer abstrata demais, pense nos seguintes termos: "Quem sou eu se não tiver um eu fixo?", "Quem sou eu se não estiver separado do restante do universo?" Se a questão ainda estiver demasiadamente abstrata, tente passar a próxima semana se perguntando: "De que maneira eu passaria por essa situação se o meu senso do eu não fosse tão forte?"

"Houve períodos em que estive tão fechado
em meu próprio mundo que não me relacionava
com ninguém [...] Atualmente, mais do que nunca,
eu me sinto um animal muito social, coisa que não
era. E adoro esta liberdade. Adoro a alegria que
ela proporciona."
(David Bowie)

"Viver é amar. Não amar é estar morto. Estar feliz
é devotar-se a alguma coisa. Existir apenas para si
mesmo é abandonar-se, exilar-se no Inferno."
(Éliphas Lévi, *A chave dos grandes mistérios*)

"O amor também precisa ser aprendido."
(Friedrich Nietzsche, *A gaia ciência*)

⚡ O CAMINHO DE DAVID BOWIE

No final dos anos 1980, David Bowie finalmente olhou por baixo da máscara e encontrou David Jones. O evento catalisador desse exame de consciência mais profundo e dessa maior honestidade pessoal foi a paixão por Iman. Antes dela, Bowie não era capaz de amar. Foi apenas quando desistiu de controlar tudo e se abriu para o amor que alcançou a felicidade.

No Capítulo 2, falamos da entrevista de Bowie a Mavis Nicholson no programa *Afternoon Plus*, em 1979. Ali ficamos sabendo que ele não teve um ursinho de pelúcia na infância e que jamais gostou muito de brinquedos de criança. Pressionado a pensar em alguma influência da época, saiu-se com o Pato Donald. Ele *gostava* do Pato Donald? Não, ele não o suportava. Segundo Bowie, o Pato Donald era importante porque o ensinara a odiar.

A entrevista traz uma imagem reveladora da infância do artista, mas não só. Vamos agora analisar outra parte dessa conversa, aquela em que eles discutem o amor e também falam de um dos momentos mais importantes da adolescência de Bowie: um incidente traumático costumeiramente negligenciado em seus relatos.

Muitos conhecem a história da cor diferente de seus olhos: ele levou um soco de um colega de escola, George Underwood, numa briga por causa de uma menina. O resultado foi que a pupila do olho esquerdo ficou permanentemente dilatada. Bowie e Underwood se tornaram amigos. De fato, anos depois, Bowie o contratou para fazer a arte da capa dos álbuns *Hunky Dory* e *Ziggy Stardust*. É claro que seus olhos característicos acabaram por se tornar uma parte importante de sua imagem de *outsider*, o que levou muitas pessoas a subestimar o efeito traumático de um ferimento que exigiu duas cirurgias, várias semanas no hospital e levou à perda permanente de um olho. (Mais tarde Bowie explicou que as coisas não iam ao encontro dele; apenas se tornavam maiores.)

Na entrevista ao *Afternoon Plus*, Nicholson questiona Bowie acerca do amor. A princípio, ele diz despreocupadamente que se apaixonava rápida e facilmente. Até que Nicholson lhe pergunta qual é o verdadeiro significado do amor. Nesse momento, Bowie se fecha e se coloca na defensiva, como se quisesse fugir do assunto.

Mavis: Amar alguém significa compartilhar a vida com essa pessoa.

David: Não, acho que não. Acho que dá pra amar de longe.

Mavis: Mas se decidisse não amar de longe, você, como artista, teria de abrir mão de muito do seu tempo por essa pessoa.

David: Sim, e não sou capaz disso. Não, o amor não pode ficar no meu caminho... [*Ele estica os braços para a frente, com as mão juntas, num gesto para se proteger, e afastar o amor.*] porque eu sinto... hum... me defendo dele de uma maneira inacreditável. [*Passa as mãos de cima a baixo pelo corpo como a sugerir uma camada de proteção, uma armadura.*]

Mavis: Do que está se defendendo?

David: De perder o outro olho.

Então Bowie ri, mas a risada é nervosa. É uma piada, mas, ao mesmo tempo, visivelmente *não é* uma piada.

Em *Herzog*, um dos romances favoritos de David Bowie, escrito por Saul Bellow, o herói que dá nome ao livro escreve o seguinte: "Agora não consigo suportar a bondade. Sentimentos, coração, tudo está num estado estranho!" Podia ser um texto escrito por David Bowie em qualquer momento da primeira metade da sua vida, quando não permitia que o amor ficasse no seu caminho.

As emoções, como sua família havia lhe ensinado, "serviam apenas aos aposentos dos criados". Seria razoável concluir que seus pais eram incapazes de expressar suas emoções de maneira clara para os filhos ou de responder adequadamente às emoções deles. Assim, não é de surpreender que o jovem Bowie preferisse não expressar as próprias emoções.

No livro *Rebel Rebel*, ao analisar a canção "Station to Station", Chris O'Leary observa que, quando pronuncia a palavra "amor", Bowie resmunga, "como se fosse tão alheio [ao amor] que não pudesse conceber como articular a palavra adequadamente". De fato, no ano em que gravou "Station to Station", Bowie declarou à *Playboy*:

Nunca me apaixonei. Na verdade, talvez tenha me apaixonado uma vez, e foi uma experiência horrível. Acabou comigo. Foi detestável. Apaixonar-se é algo que provoca ciúme e uma raiva bruta, tudo menos amor, ao que parece.

Fica fácil dar crédito aos relatos de uma personalidade robótica, fria, sem emoções, comuns nos anos 1970. Essa era, por exemplo, a opinião de Ian Hunter, vocalista da banda Mott the Hoople. Vale a pena lembrar que Bowie era fã da banda e admirador de Hunter, e para eles escreveu a canção "All the Young Dudes", que se transformou em seu maior *hit* e abriu o caminho para sucessos que valeram a Hunter o respeito que seu talento merecia. Ainda assim, apesar de tudo o que Bowie tinha feito por sua banda, Hunter o descreveu assim: "Ele nunca teve humanidade. Ele suga. Como Drácula. Suga o que pode e depois passa para a próxima vítima".

Uau! Se essa era a impressão que Bowie deixava naqueles que admirava e ajudava, não é de espantar que durante uma entrevista ao NME o jornalista Angus MacKinnon tenha observado que "Bowie positivamente jorra solidão. Ela o envolve como uma mortalha pegajosa".

DE VOLTA À RAÇA HUMANA

Em 1996, quando Bowie disse que finalmente tinha se tornado um animal social – informação que abre este capítulo –, o jornalista com quem ele estava conversando – Mick Brown, do *Telegraph* – disse: "É quase como se eu estivesse ouvindo alguém dizer que estava de volta à raça humana".

Era exatamente isso o que Bowie estava fazendo. O processo de voltar a ser humano começou quando ele descartou seu personagem final – o artista *mainstream* de *Let's Dance*, *Tonight* e *Never Let Me Down* – e formou a banda Tin Machine. A banda foi um fracasso em todos os sentidos convencionais, mas devolveu Bowie a ele mesmo; e isso significa que ele estava pronto para o encontro que viria a mudar sua vida.

Em setembro de 1990, sabendo que Bowie era fascinado pela modelo Iman, o cabeleireiro Teddy Antolin convidou-a para sua festa de aniversário e implorou a um Bowie ainda recluso que fosse também. Não posso evitar o clichê: foi amor à primeira vista.

Iman Mohamed Abdulmajid não era uma modelo comum. Tinha nascido em Mogadíscio, na Somália, e vivido lá até o pai se tornar embaixador na Arábia Saudita. Iman foi mandada para um internato no Egito, um país mais liberal, onde aprendeu quatro línguas (árabe, italiano, francês e inglês), mas sua educação foi interrompida em 1969, quando tinha

216

14 anos e seu pai recebeu ordens de retornar à Somália, na esteira de um golpe militar. A família fugiu para o Quênia, onde Iman começou a estudar ciência política na Universidade de Nairóbi. Quando um fotógrafo a parou na rua e lhe perguntou se já tinha pensado em ser modelo, Iman demonstrou raciocínio rápido e ciência do próprio valor: respondeu que ele poderia fotografá-la por 8 mil dólares, o custo da faculdade.

O fotógrafo, Peter Beard, concordou e enviou as fotos para os Estados Unidos. Estava lançada a carreira de Iman como modelo. De 1975 a 1989, ela foi uma das mais importantes modelos do mundo, mas decidiu se aposentar. Sabia que uma nova geração surgia para substituí-la e preferiu "sair por cima". Ela também tinha um plano: lançar uma linha de cosméticos para um conjunto mais diversificado de tons de pele, algo que não existia naquela época.

De modo que, quando se conheceram, Bowie e Iman estavam num período de transição – de certa maneira, ambos se afastavam da fama a fim de levar uma vida diferente. Disso resulta que os dois dispunham de tempo e espaço para um novo relacionamento. Bowie, em especial, o homem que quinze anos antes tinha se queixado de que o amor acabara com ele, estava afinal pronto para rasgar a armadura que tinha construído em torno das próprias emoções.

Juntos, Bowie e Iman conquistaram algo raro no meio artístico: um casamento amoroso, estável e duradouro.

ESTAMOS FELIZES AGORA?

Com Iman, Bowie foi finalmente capaz de se abrir para o amor, uma mudança que teve impacto na sua obra e na sua vida emocional, pois ele se tornou muito mais à vontade para falar de seus sentimentos.

Em 1992, um ano depois do casamento, Bowie lançou *Black Tie White Noise*. Ele declarou à revista *Rolling Stone* que o novo álbum tinha saído de uma situação emocional muito diferente, que refletia "uma disposição de renunciar ao controle de meus sentimentos, de deixá-los um pouco soltos, de me relacionar com as outras pessoas, que é algo que tem me acontecido devagar – e, céus!, foi difícil – nos últimos dez ou doze anos".

Céus! *Foi* difícil, mas agora ele estava no caminho certo. Bowie continuou:

Sinto-me bem mais livre para falar sobre mim mesmo e sobre o que me aconteceu, porque consegui encarar os acontecimentos. Durante muitos anos, tudo ficou intocado. O dia anterior ficava sempre intocado. Eu jamais queria voltar e examinar algo que tivesse feito. Mas as coisas mudaram. Eu me sinto vivo.

Em 1999, quando lançou *Hours*, Bowie foi capaz de dizer que aquele álbum falava de amor. Apenas isso. Não havia alienígenas, nem conceitos, nem personagens. Apenas amor. O sentimento contra o qual precisou se defender, o sentimento que ele considerava "uma doença", a palavra que mal conseguia pronunciar – agora ele conseguia compor um álbum inteiro sobre o tema.

Para divulgar *Hours*, Bowie escreveu uma intrigante entrevista com sua versão mais jovem, que foi publicada em todo o mundo. Eis uma parte dela:

David Bowie Jr.: Está feliz agora?
David Bowie Sr.: Estamos mais felizes do que nunca. Mais do que merecemos, na verdade.
David Bowie Jr.: Como assim?
David Bowie Sr.: Você levou muito, muito tempo para aprender a compartilhar a vida com outra pessoa. Mas agora nós estamos centrados.

Para centrar-se, foi necessário entender não apenas a diferença entre David Bowie e suas *personas*, mas também a diferença entre David Bowie e David Jones. Quando ele fez isso, Iman pôde afirmar com convicção: "Eu me apaixonei por David Jones, e não por David Bowie. David Bowie é apenas uma *persona* […] O homem que eu conheci foi David Jones".

Vamos voltar ao que sabemos sobre a infância de Bowie: a ausência de bichinhos de pelúcia e a instrução "não me faça sujeira" quando pegava tintas para brincar. Agora, comparemos esse cenário com a maneira como Bowie encarava a paternidade. Num *webchat* com fãs do marido feito quando Lexi, a filha do casal, já andava, Iman contou que a menina com certeza tinha muitos bichos de pelúcia e que o pai a deixava brincar com seus instrumentos musicais.

Depois de conseguir se abrir para o amor, Bowie (junto com Iman) estava determinado a dar a Lexi uma infância muito diferente da que teve: uma infância na qual a criança podia mexer nas guitarras caras do pai sem levar bronca e na qual podia abraçar bichos de pelúcia.

LIÇÃO DE VIDA: ESTEJA SEMPRE ABERTO AO AMOR

Como trazer mais amor para a nossa vida? Em primeiro lugar, precisamos saber o que é o amor. (Dica: ele não se traduz na frase "Não consigo viver sem você", tão comum em filmes e canções.) A seguir, precisamos saber onde o procurar.

Para onde David Bowie foi? Ele entrou num guarda-roupa.

Ao final de sua última aparição, no videoclipe que fez para "Lazarus", Bowie entra cambaleante em um guarda-roupa e desaparece da nossa vida. Estava vestido com um traje idêntico ao que usava ao desenhar a Árvore da Vida (nas fotos das reedições de *Station to Station*), de modo que obviamente desejava nos lembrar como a cabala judaica tinha sido importante para ele. Porém, na nossa cultura, não dá para entrar num guarda-roupa (de frente ou de costas) sem nos remetermos a *As crônicas de Nárnia*, a história criada por C. S. Lewis que se transformou em filmes de enorme sucesso.

Bowie não usou esse simbolismo à toa. Teria ele relido a história de Nárnia (todos os livros foram originalmente lançados durante sua infância), uma mistura de temas cristãos e pagãos, no momento em que sua vida se aproximava do fim? Teria ele lido as outras obras de C. S. Lewis? Eis o que esse autor tinha a dizer sobre o amor:

> Não existe nenhum investimento seguro. Amar é estar vulnerável. Ame, e seu coração certamente sofrerá. Se quiser que ele permaneça intacto, trate de não oferecê-lo a ninguém, nem mesmo a um animal. Envolva-o cuidadosamente em passatempos e pequenos luxos; evite confusões; tranque-o na segurança do caixão de seu egoísmo.

Na primeira metade da vida, Bowie pôs em prática essa estratégia e acabou no inferno, conforme a previsão de Lewis. Ao perceber seu destino, o artista decidiu se abrir novamente para o amor. Como fez isso? Como nós podemos fazer isso? Como cultivar ativamente o amor?

Algumas pessoas fazem terapia para alcançar esse objetivo. Muitos imaginam que a terapia existe para ajudar as pessoas a terem *insights* sobre os seus problemas. Porém, nas palavras de Thomas Lewis, Fari Amini e Richard Lannon, autores de *A General Theory of Love* [Uma teoria geral do amor], "o *insight* é a pipoca da terapia". A jornada do paciente e do terapeuta é o filme. Segundo esses autores, as pessoas "chegam à terapia incapazes de amar e saem dela com essa capacidade restaurada".

Portanto, essa é uma alternativa para quem deseja se reconectar com a capacidade de amar. Tanto quanto sabemos, porém, Bowie nunca fez terapia. Preferiu fazer o caminho de volta ao amor sem ajuda profissional. É claro que ele frequentou as reuniões dos Alcoólicos Anônimos, e sabemos que nessas reuniões ouviu o conselho de renunciar ao controle e cultivar a aceitação, estratégias que repercutiram nele e certamente o ajudaram a se reconectar com as próprias emoções.

Quando desistimos do controle, nós nos abrimos a nos reconectar com os outros. Em *A General Theory of Love*, a relação paciente-terapeuta é descrita desta maneira: "Aqueles que conseguem se abrir com outra pessoa percebem que a visão que têm de si mesmos se torna mais clara. Como quem desperta de um sonho, jogam fora todas as armadilhas de uma vida inadequada". Mas isso pode acontecer em *qualquer* relação. Quando alguém de fato nos enxerga, somos capazes de nos abrir.

Sabemos muito pouco sobre o casamento de Bowie e Iman. Apesar de vivermos num mundo obcecado por celebridades, o casal formado por uma estrela do *rock* e uma supermodelo conseguiu manter a união longe dos olhos de todos. Não sabemos o que cada um deu ao outro, mas o fato de a jornada de Bowie de volta à raça humana ter se dado junto com seu relacionamento com Iman não pode ser uma simples coincidência. Ao contrário, devemos supor que essa relação era mutuamente reveladora, ou seja, que eles aprendiam sobre o outro à medida que aprendiam sobre si mesmos, que enxergavam um ao outro e que cresciam emocionalmente com o casamento. Dessa maneira, Bowie conseguiu "jogar fora todas as armadilhas de uma vida inadequada".

Estou sugerindo que os leitores que desejem se abrir ao amor se casem com uma supermodelo? Não parece um solução muito prática, não é mesmo? O que havia por trás disso, então? O que mais pode ter ajudado Bowie a se abrir para o amor? E como podemos aprender a fazer o mesmo?

O AMOR COMEÇA COM VOCÊ

Um dos conceitos mais importantes ensinados por Chögyam Trungpa Rinpoche era o *maitri*, e Bowie deve ter sido apresentado a ele durante o tempo que passou no mosteiro Samye Ling. *Maitri* é a palavra sânscrita para "amor", e o ensinamento é o de que devemos ser bondosos, cordiais e amorosos conosco se quisermos ser capazes de amar os outros. Em páli, o termo equivalente é *metta*, e ele está presente na prática *metta bhavana*, também conhecida como meditação do amor universal.

Se você já teve algum contato com práticas de *mindfulness* com um bom mestre, já deve ter sido apresentado à poderosa meditação do amor universal e descoberto como ela ajuda a desenvolver a própria capacidade de amar. Se o mestre não era tão bom, talvez você tenha sido apresentado à meditação do amor universal como um exercício fofo no qual grupos de pessoas sorridentes desejam felicidade ao mundo todo. Essa abordagem hippie faz algumas pessoas fugirem desesperadamente do *mindfulness* e da meditação. A versão aguada da meditação do amor universal (que foca a superfície da prática e não explica o que deveria estar acontecendo *abaixo* da superfície) causa um grande mal-entendido quanto ao significado real de meditar.

A palavra *bhavana* pode ser traduzida como "meditação", mas neste caso ela significa "desenvolvimento" ou "cultivo". Quando praticamos a meditação do amor universal, não estamos, primeiramente, disseminando amor pelo mundo; estamos procurando por ele dentro de nós mesmos. O verdadeiro trabalho da meditação do amor universal não está no ato de desejar felicidade aos outros, mas no de, primeiramente, encontrá-lo e culvivá-lo dentro de nós mesmos, o que é muito mais difícil.

Na seção "O seu caminho", vamos percorrer todos os estágios da meditação do amor universal, mas antes é preciso entender exatamente o que significa cultivar o amor, o que demanda saber exatamente o que o amor significa.

O QUE É O AMOR?

Todo mundo sabe o que é o amor, certo?

Será? No Capítulo 6, esclarecemos que, no contexto deste livro, a palavra "Deus" não significa aquilo que muitas pessoas acham que ela significa. Nas tradições esotéricas, "Deus" significa algo diferente – e essa diferença é vital. Do mesmo modo, devemos ter clareza de que, quando utilizada em práticas profundas como a meditação do amor universal, a palavra "amor" não significa o que muitas pessoas acham que significa. O amor de que estamos falando é muito distinto daquele ao qual costumamos nos referir no dia a dia.

Nossa compreensão do que seja o amor é moldada por dois fatores: o uso da palavra na cultura popular (em especial nos filmes de Hollywood e na música *pop*) e o impacto do capitalismo no nosso comportamento. Graças ao capitalismo, transformamos a nós mesmos e às outras pessoas em *commodities*. Nem todos nós, e não o tempo todo, mas em proporções alarmantes. Quando buscamos um relacionamento, nós o fazemos, em grande medida, da mesma maneira pela qual procuramos roupas, um telefone ou um carro novo. Tentamos conseguir o melhor produto que o mercado nos oferece.

Durante o tempo que passou em Berlim, se ao sair de casa David Bowie subisse em sua bicicleta e tomasse o rumo oeste – em vez de seguir para o norte, onde ficavam os estúdios Hansa –, teria ido parar na Bayerischer Platz, reduto de artistas e intelectuais judeus. Einstein morou ali, assim como o psicanalista e filósofo social Erich Fromm. *A arte de amar*, a pesquisa de Fromm sobre a natureza do amor, reverbera o pensamento budista ao descrever o amor como uma "capacidade" que pode ser aprendida e desenvolvida e ao enfatizar a necessidade de o indivíduo primeiro amar a si mesmo; não de maneira presunçosa, arrogante ou autocentrada, mas como um pré-requisito para ser capaz de amar o resto do mundo. Só assim uma pessoa pode estabelecer um relacionamento genuinamente amoroso, ao contrário daquelas que enxergam as relações amorosas do ponto de vista capitalista:

A felicidade do homem moderno consiste na emoção de olhar as vitrines das lojas e de adquirir tudo o que o seu dinheiro pode comprar [...] Ele (ou ela) enxerga as pessoas de um jeito semelhante. Uma mulher atraente ou um homem atraente são troféus. "Atraente" em geral significa um conjunto de qualidades populares muito procuradas no mercado de personalidades [...] A sensação de se apaixonar acontece apenas com respeito às *commodities* humanas que estão dentro das possibilidades de troca. Estou em busca de uma transação; o objeto deve ser desejável do ponto de vista de seu valor social e ao mesmo tempo deve me querer, baseado em meus trunfos e minhas potencialidades públicas e ocultas. Assim, duas pessoas se apaixonam quando encontram o melhor objeto disponível no mercado tendo em vista as limitações de seu próprio valor de troca.

Em 1956, quando Erich Fromm publicou o livro, essa afirmação deve ter soado cínica ou até mesmo brutal, mas na era do Tinder ela descreve com precisão o comportamento de grande parcela da população.

A maneira como avaliamos ou encaramos um relacionamento é um dos fatores que matizam nossa compreensão da palavra "amor"; outro é a suposição cultural de que o amor é algo que devemos procurar no outro, e não algo que carregamos dentro de nós. Imaginamos que devemos encontrar alguém que nos ame se quisermos mais amor na nossa vida. Esse é o tipo de amor mais comumente expresso na cultura popular, típico do mote "não consigo viver sem você", tão presente nas canções que ouvimos. Erich Fromm diria que isso não é amor, mas "apego simbiótico", uma dependência disfuncional e nociva.

Na meditação do amor universal, o amor não é antes de tudo algo que acontece na relação com determinada pessoa, mas uma maneira de existir no mundo que afeta o modo como nos relacionamos com tudo e com todos.

Amar alguém é importante, mas no contexto do trabalho que estamos executando neste livro – a tentativa de abrir o coração ao amor – não é o nosso ponto de partida. Encontrar alguém para amar e nos amar é uma ideia excelente, mas, se quisermos mais amor em nossa vida, a primeira tarefa é encontrar e desenvolver o amor dentro de nós. Temos de aprender como amar, ou, mais precisamente, temos de aprender a nos tornar amor. Temos de nos abrir para o amor que já está lá.

Antes de sair atrás do objeto do nosso amor, precisamos desenvolver a capacidade de amar.

COMO CULTIVAR O AMOR

Amar é algo que fazemos naturalmente, mas em muitas pessoas a capacidade de amar foi bloqueada ou tolhida. Nós nos fechamos para o amor, mas podemos nos abrir novamente. Esta é a primeira tarefa da meditação do amor universal: não oferecer amor a alguém, mas achá-lo dentro de nós e cultivá-lo.

A meditação *metta bhavana* tradicional consiste numa série de aspirações. Há muitas variações no texto, mas todas são baseadas no canto budista "Os quatro ilimitados":

> Que todos os seres sencientes possam desfrutar da felicidade e da raiz da felicidade. Que possamos permanecer livres do sofrimento e da raiz do sofrimento. Que não nos separemos da suprema felicidade, que é livre de sofrimento. Que possamos viver na mais pura serenidade, livres da paixão, da agressão e do preconceito.

Na meditação do amor universal, dizemos algo como: "Que x seja feliz e conheça a raiz da felicidade. Que x esteja livre do sofrimento e da raiz do sofrimento. Que x esteja seguro e protegido de todo mal. Que x seja saudável. Que x experimente o bem-estar". Repetimos essas aspirações várias vezes, e a cada vez a identidade de x muda. Tradicionalmente, começamos com aspirações para nós mesmos: "Que eu seja feliz..." A seguir, repetimos as aspirações para alguém que amamos. Depois, para alguém de quem não gostamos nem desgostamos. Finalmente, para alguém de quem não gostamos. Em algumas versões, há um estágio extra, no qual x é todos os seres sencientes do planeta. Alguns mestres acrescentam ainda outro estágio, no qual x abarca todo o universo, senciente ou não.

À primeira vista, essa prática parece uma espécie de predição do futuro, uma demanda, uma exigência ou um pedido: que todos sejam felizes! Mas é fundamental não ficar obcecado com os resultados da prática. As aspirações não são o aspecto mais importante. Elas estão ali apenas para disparar algo dentro de nós. Sua função é fazer-nos focar o sentimento de amor.

Na meditação do amor universal não importa se todas as pessoas a quem desejamos felicidade se tornam de fato mais felizes; o que importa é o que acontece conosco quando tentamos expressar amor, em especial por aqueles de quem não gostamos. Somos ou não capazes de sentir amor? Essa é a questão crucial da prática.

Essa meditação não foi criada para que todas as pessoas do mundo estivessem o tempo todo saudáveis, felizes e livres do sofrimento. Ela foi criada para, gradualmente, diminuir e eliminar os bloqueios que nos impedem de abrir nosso coração.

Experimente a prática de cultivar sentimentos positivos em relação a alguém de quem não gosta e você afinal vai começar a entender o que significa a expressão "amor incondicional", e como é difícil alcançá-lo (a menos que você seja um ser humano realmente extraordinário). É muito provável que sinta seu coração cercado por um muro e que resista bravamente a isso. As aspirações são muito bacanas, mas o verdadeiro objetivo da meditação do amor universal é perceber esse muro, entender quando ele se fecha e quando não se fecha, e aprender a mantê-lo aberto por mais tempo.

A QUEM VOCÊ AMA?

Dizem que quando a meditação *metta* foi trazida do Oriente para o Ocidente os discípulos pediram que a ordem fosse trocada e a prática começasse com outra pessoa, alguém que o praticante amasse. Os mestres insistiram que a razão de começar a prática por si mesmo é o fato de ser mais fácil amar a si mesmo do que a outra pessoa, mas os discípulos contestaram, dizendo que isso simplesmente não era verdade. Achavam difícil amar a si mesmos.

Corre a lenda de que o dalai-lama ficou desconcertado ao conhecer o conceito ocidental de aversão a si mesmo. Seja essa história verdadeira ou não, ela certamente *indica* uma verdade: na nossa sociedade, muitas pessoas têm dificuldade com a ideia de desejar o bem a si mesmas e de se oferecer amor. Quando apresento a meditação do amor universal nas minhas aulas de *mindfulness*, muita gente acha o primeiro estágio bastante difícil – e até mesmo impossível.

É comum haver pessoas que simplesmente não sabem por onde começar a prática. Quando peço que localizem no corpo o sentimento de amor, são incapazes de fazê-lo. *Onde seria? Como seria a sensação? Como fazer isso?* A ideia lhes é tão estranha que parece impossível.

Ainda que você seja assim, ainda que, no momento, você se sinta absolutamente distante do amor, não há razão para que as coisas continuem do mesmo jeito. Pense em David Bowie, um homem que em determinado momento da vida se fechou às emoções porque acreditava que o amor lhe fazia mal, mas que depois conseguiu manter um casamento amoroso duradouro.

Agora, vamos tratar da meditação *metta* e de outra prática para cultivar o amor. Vamos nos concentrar no ponto de partida e dar lugar àqueles que acham difícil se imaginar neste exercício.

Tente fazer os exercícios mesmo que todo esse papo sobre amor não faça a sua cabeça.

✸ O SEU CAMINHO

Nesta seção você vai fazer algo que pode soar assustador, mas que na verdade é muito simples. Você vai abrir o seu coração para o amor. Não se trata de encontrar o amor em algum canto do mundo. Trata-se de aprender a ser o amor.

Todo mundo tem a capacidade de amar. E todo mundo tem resistências e bloqueios que às vezes impedem o ato de amar.

Sua tarefa é descobrir onde está o seu bloqueio e dar a esse ponto uma atenção gentil e benevolente, de modo que consiga dissolver a resistência e se abrir para o amor.

Os exercícios a seguir são muito simples e diretos, mas nem por isso fáceis. É bastante improvável que você pratique a meditação do amor universal pela primeira vez e instantaneamente comece a irradiar amor pelo mundo. O mais provável é que descubra uma série de pontos de resistência a cada estágio dos exercícios. A resistência não é um problema. É a resistência que estamos buscando, pois ela indica onde o trabalho deve ser feito.

A meditação do amor universal não foi pensada como um momento tranquilo de amabilidade, mas como um desafio que, com o tempo, lhe permitirá sentir mais amor.

Talvez você esteja pensando: "Espere aí, com certeza o amor não é um negócio difícil". Não, o problema não é o amor. O problema é derrubar o muro que construímos em volta do nosso coração para nos proteger.

Porém, antes de embarcar na meditação do amor universal, você fará um exercício mais simples, chamado "Cultive o amor".

Nos exercícios a seguir, identifico as principais maneiras pelas quais você pode encontrar a resistência e sugiro maneiras de enfrentá-la. Se você não perceber nenhuma resistência desse tipo, ignore as estratégias de enfrentamento. Do mesmo modo, se encontrar uma resistência ligeiramente diferente, teste as estratégias sugeridas, pois elas poderão ser úteis.

EXERCÍCIO: CULTIVE O AMOR

Normalmente, quando sentimos amor por uma pessoa – alguém especial em nossa vida –, é apenas por um momento breve: quando a reencontramos depois de uma ausência longa, quando ouvimos sua voz ao telefone depois de um tempo separados, quando nos lembramos de um momento importante que compartilhamos com ela no passado.

Nosso coração se enche de amor.

Conhecemos essa sensação. E sabemos que, na maioria dos casos, ela não dura muito. Talvez dure quinze segundos, talvez um pouquinho mais. Então nossa mente pensante passa para a próxima coisa que devemos dizer, ou fazer, ou com a qual nos preocupar, e o sentimento evapora.

No entanto, não somos obrigados a deixar esse sentimento desaparecer depois de quinze segundos. Podemos nos agarrar a ele e permitir que cresça. Podemos cultivar o amor. Este exercício foi pensado para que você aprenda a fazer isso.

Para começar, feche os olhos. Pense em alguém por quem sinta um amor incondicional ou alguém que o ame incondicionalmente.

Agora, evoque ativamente esse sentimento de amor. Você pode recordar um momento que passaram juntos ou apenas imaginar o rosto sorridente dessa pessoa. Vasculhe a sua memória em busca do momento que dispara o sentimento de amor por ela.

Quando chegar ao sentimento, concentre-se nele do mesmo jeito que se concentra na respiração (veja página 25), ou seja, sem *pensar* nele, apenas estando consciente dele e mantendo-o como foco de sua atenção.

Quando perceber que foi distraído por pensamentos e ideias (como o de se preocupar se está fazendo o exercício do jeito "certo"), faça exatamente como durante a meditação da respiração: rotule o pensamento como tal, deixe-o ir e volte a se concentrar no sentimento de amor.

Talvez você perceba que consegue sustentar esse sentimento por mais tempo do que imaginava. Talvez, na primeira tentativa, você mantenha o sentimento por trinta segundos; na tentativa seguinte, por um minuto; e assim por diante. Repita este exercício com frequência para ir aumentando aos poucos a capacidade de cultivar e manter o sentimento de amor.

Resistência possível: Não consigo me lembrar de ninguém que eu ame ou que me ame

Estratégia 1 – Se atualmente não houver ninguém que se encaixe nessas categorias, pense em uma pessoa do passado. Se ainda assim não conseguir, pense que não tem de ser uma pessoa que você amou 100% absoluta, definitiva e permanentemente. Por exemplo, pode ser que você tenha um irmão ou uma irmã com quem teve um relacionamento complicado, de altos e baixos; porém, você sabe que eles te amavam quando você tinha 5 anos e eles tinham 7. Volte a esse momento, encontre uma lembrança de um dia em que eles foram bons com você. Use essa lembrança como gatilho para evocar o sentimento de amor.

Estratégia 2 – Você tem ou já teve um animal de estimação? Um cachorrinho é uma fonte maravilhosa de amor incondicional, e você pode usá-la (a lembrança do cãozinho) neste exercício. Os gatos não são conhecidos pelo amor incondicional, mas, se você é gateiro, use um gato no exercício. Também funciona com outros animais de estimação.

Estratégia 3 – Use um estranho bondoso como gatilho do sentimento de amor. Pense em alguém que foi bom com você por um momento e concentre-se nisso.

Estratégia 4 – Pense em alguém que você não conhece pessoalmente, mas que considera uma pessoa boa e amorosa. Pode ser uma figura do passado, um líder religioso ou espiritual ou uma celebridade inspiradora.

Resistência possível: Não consigo localizar o sentimento de amor

É perfeitamente normal topar com um obstáculo. Até este momento, o sentimento de amor sempre foi algo que simplesmente parecia acontecer. Sempre foi evocado por circunstâncias externas. Você nunca tinha tentado fazê-lo acontecer.

A ideia de que é possível fazer acontecer pode lhe parecer um tanto falsa. "Posso simplesmente evocar esse sentimento maravilhoso e me regalar com ele sempre que quiser? Eu mereço?" Sim, você pode. Sim, você merece.

Mas pode ser que você não tenha entendido a instrução. Mais ou menos como quando você vai a uma aula de ioga ou de pilates pela primeira vez e lhe dizem para relaxar certo músculo. Se nunca fez isso antes, a instrução lhe parecerá absurda. "Como faço? Como é que se isola um músculo? Como faço para relaxar?" Com o tempo, porém, você aprende.

A primeira coisa a entender é que tudo o que estou descrevendo é perfeitamente possível. Você pode criar esse sentimento. De fato, sempre que sentiu amor, você mesmo criou o sentimento. Houve um gatilho externo, mas *você* criou o sentimento. É assim que os sentimentos funcionam. Portanto, você *sabe* como fazer; apenas não sabe que sabe.

Não se estresse, não se preocupe e definitivamente não faça nenhum esforço. O objetivo não é obrigar algo a acontecer, mas permitir que algo aconteça, algo que pode acontecer muito naturalmente.

Estratégia 1 – No começo do exercício, ponha a mão no coração, bem no meio do peito. Passe alguns momentos concentrado no contato entre a mão e o peito. Observe a sensação. Observe como ela muda: concentre-se ora em perceber como a mão se sente contra o peito e ora em como o peito se sente contra a mão. Pratique essa mudança de perspectiva. No começo, ao experimentar esta prática, apenas mantenha a mão ali e concentre-se na região sem nenhuma expectativa pelo resultado. Apenas concentre-se no coração do mesmo jeito que se concentrava na respiração durante os exercícios anteriores de meditação. À medida que os pensamentos surgirem, deixe-os ir. Fique com o coração. Com o tempo, quando você se acostumar com esta ideia, tente alcançar o sentimento de amor. Não se preocupe se nada acontecer. Pode ser que você precise fazer este exercício mais vezes.

Estratégia 2 – Algumas pessoas não acostumadas a este tipo de trabalho emocional acham útil fazer-se uma pergunta que as tire ligeiramente do foco: "Como alguém experimentaria o sentimento de amor?" Essa é uma maneira suave de se acercar da tarefa, quase como um exercício escolar: se, neste momento, alguém estivesse experimentando o amor, qual seria a sensação?

Estratégia 3 – Não faça este exercício como uma tarefa planejada; espere que o sentimento de amor surja naturalmente na sua vida. Então, se julgar apropriado, feche os olhos, concentre-se no sentimento e deixe de lado os pensamentos e outras distrações. Observe em que lugar do corpo o sentimento está; observe sua textura; observe como ele muda. Quando ele diminuir, observe como o seu corpo se comporta. Toda vez que isso acontecer, você aprenderá um pouco mais sobre o sentimento, tornando-se mais capaz de evocá-lo no futuro.

EXERCÍCIO: MEDITAÇÃO DO AMOR UNIVERSAL

Já temos a lista básica de aspirações retiradas do canto budista "Os quatro ilimitados": "Que x seja feliz e conheça a raiz da felicidade. Que x esteja livre do sofrimento e da raiz do sofrimento. Que x esteja seguro e protegido de todo mal. Que x seja saudável. Que x experimente o bem-estar". Nela aparecem as expressões "raiz da felicidade" e "raiz do sofrimento", e a ideia é que, além de desejarmos que a pessoa seja feliz, desejemos também que ela compreenda as causas da felicidade.

Sente-se em silêncio e relaxe. Em algumas variações desta meditação, somos instados a fechar os olhos; em outras, devemos manter os olhos abertos. Faça sua escolha.

Por meio da técnica do exercício anterior que melhor funcionou com você, desperte o sentimento de amor e permita-se deixar-se envolver por ele durante algum tempo.

Empregue a técnica habitual para manter o foco no sentimento: observe quando se distrair, rotule a distração e volte a atenção novamente para o sentimento de amor.

Perceba que, mesmo que tenha utilizado a lembrança de outra pessoa para chegar ao sentimento, é você mesmo quem está gerando o sentimento de amor.

Observe a pureza desse amor incondicional.

Uma a uma, diga as aspirações para si mesmo, fazendo pausas para tentar perceber mudanças no sentimento ou resistências:

Que eu seja feliz.
Que eu esteja livre do sofrimento.
Que eu esteja seguro.

Que eu seja saudável.

Que eu experimente o bem-estar.

Se houver alguma resistência, sua tarefa é apenas observá-la, permanecer com ela por um tempo e, com gentileza, estimulá-la a ceder, para então prosseguir com o exercício. (Se encontrar uma resistência grande, experimente as estratégias abaixo.)

Expanda seu campo de consciência para incluir, além de si mesmo, alguém a quem você ame. Diga as aspirações para essa pessoa. Fique com cada uma por um tempo, observando como ela afeta o que você sente.

Expanda novamente seu campo de consciência para incluir uma pessoa de quem você não gosta nem desgosta.

Diga as aspirações para essa pessoa. Observe como os seus sentimentos mudam.

Expanda seu campo de consciência ainda mais e inclua uma pessoa de quem você não gosta, talvez alguém que o tenha magoado ou alguém a quem você considere um inimigo. Não se trata de justificar nem perdoar o comportamento dessa pessoa com essas aspirações. Trata-se de reconhecer que essa pessoa é um ser humano que deseja amor e segurança.

Todo mundo tem dificuldades, todo mundo sofre. Diga as aspirações para essa pessoa. Mais uma vez, observe as suas reações internas.

Agora, expanda sua consciência para incluir todas as pessoas do mundo.

Diga as aspirações para todos. Ao fazer isso, você estará reconhecendo que estamos todos interligados e que temos mais coisas em comum do que motivos para nos manter distantes.

Se quiser, faça mais uma rodada de aspirações para o universo. Se achar que não há sentido em desejar que o universo seja feliz, pule esta etapa ou mude as palavras. Mas pode ser que você descubra que deseja muito que o universo inteiro seja feliz.

Jon Kabat-Zinn, um dos pioneiros das técnicas de *mindfulness* no Ocidente, expressou de maneira brilhante a razão dessas últimas etapas: "O mais importante é colocar nosso coração no caminho da inclusão, e não da separação".

Resistência possível: Não gosto dessas frases, elas não me soam bem

Estratégia – Sinta-se à vontade para incluir nas aspirações palavras que tenham sentido para você. O importante é manter as aspirações coerentes à medida que você expandir seu campo de consciência.

Resistência possível: Achei que ia ser legal, mas tudo me pareceu meio mecânico

Como esta meditação é baseada numa lista de aspirações, é muito fácil acabar fazendo o exercício desse jeito mesmo, como uma lista. É como ticar os itens de uma lista sem nenhum sentimento verdadeiro. Se isso acontecer com você, dedique mais tempo ao estágio inicial, evocando o sentimento de amor. Certifique-se de que o sentimento esteja "no lugar" antes de começar as aspirações. Depois, faça o exercício com vagar, concentrando-se no que está acontecendo em seu interior, e não em dizer as palavras certas.

Resistência possível: Considero impossível desejar essas coisas boas para mim mesmo

Estratégia 1 – Mude a sequência do exercício e coloque-se depois da pessoa de quem você não gosta.

Estratégia 2 – Não se preocupe com o restante da meditação. Apenas fique com a resistência. Agora este é o seu exercício. Permaneça dez minutos com a sua resistência em amar a si mesmo. A seguir, veja se consegue expressar um pouco de compaixão: "Que eu seja bom comigo neste momento". Se também houver resistência a isso, pergunte-se: "Se um amigo me dissesse que é incapaz de desejar felicidade a si mesmo, que não consegue ter bons sentimentos em relação a si mesmo, o que eu diria para confortá-lo?" Diga para você. Se o seu amigo merece, você também merece.

233

Resistência possível: Não quero desejar coisas boas para meus inimigos

Lembre-se de que lhes desejar coisas boas não é sinal nem de que os perdoamos nem de que justificamos suas ações. Depois de entender esse ponto, tente outra vez ou simplesmente passe para a fase de desejar felicidade a todo mundo. (É claro que essa é uma maneira dissimulada de incluir os inimigos na meditação, mas facilita as coisas.)

O SEU CAMINHO: SIGA EM FRENTE

1. Quando o sentimento de amor surgir espontaneamente, concentre-se nele e tente sustentá-lo por meio das técnicas que aprendeu neste capítulo. Por que os sentimentos ruins duram horas e os bons têm que acabar tão rápido?

2. Inclua a meditação do amor universal nas suas práticas regulares. Se descobrir muitas resistências, sua tarefa será trabalhar com elas. Não se preocupe em "terminar" a meditação nem em fazê-la "direito". Fique com cada resistência por alguns minutos. De vez em quando, pergunte-se com gentileza: "Consigo me desarmar um pouco?" Mesmo que a resistência ceda apenas um pouquinho, isso já é maravilhoso.

3. Se surgirem sentimentos difíceis, lembre-se de que pode recorrer à meditação REAA e ao "Chá com Mara" (ambos no Capítulo 7).

Pergunte-se: "Se eu me amasse incondicionalmente, o que seria diferente?"

Faça-se estas perguntas:

Como alguém que se ama incondicionalmente falaria consigo mesmo? É assim que eu falo comigo?

Que tipo de relacionamentos têm as pessoas que se amam incondicionalmente? Meus relacionamentos são assim?

Como alguém que se ama incondicionalmente trata as outras pessoas? É assim que eu trato os outros?

Como alguém que se ama incondicionalmente cuida de si? É assim que cuido de mim?

Pense você mesmo em outras perguntas. Não seja duro consigo nas respostas, mas tente fazer mudanças positivas.

Capítulo 10:
Onde estamos agora?

Lição de vida:
Viva como um ser
iluminado

"Já tive sonhos grandes. Ah, cara, já tive sonhos grandes! Até que aprendi a simplesmente desfrutar do processo de trabalhar e do processo de viver."
(David Bowie)

"Às vezes, só entendemos o verdadeiro valor de um momento na hora em que ele se torna uma lembrança."
(Iman, em tuíte no dia em que Bowie morreu)

"Devolva-o!"
(Internauta, na área de comentários do vídeo "Comfortably numb", no YouTube, no qual Bowie se apresenta com David Gilmour no Royal Albert Hall em 2006; o comentário foi feito após a morte do artista)

⚡ O CAMINHO DE DAVID BOWIE

A morte de Bowie foi tão inspiradora quanto sua vida. Ele foi produtivo e criativo até o fim, partindo do mundo com o maravilhoso álbum *Blackstar*. O que podemos aprender com o último ano de vida de David Bowie?

Tony Visconti conviveu com David Bowie durante 49 dos seus 69 anos. Trabalhou com Bowie antes de ele ser famoso e ainda estava ao seu lado como colaborador de confiança no álbum final, *Blackstar*. A ligação entre eles vinha do budismo, da música e do fato de terem compartilhado o mestre Chime Rinpoche. A partir dessa perspectiva singularmente bem-informada, Visconti afirma: "No seu último ano de vida, David foi mais feliz do que nunca".

Eis aí algo a desejar: estar no ápice da felicidade já no fim da vida. E o último ano de Bowie não foi fácil, pois ele estava lutando contra o câncer. Chegar ao fim da vida nessas circunstâncias sentindo-se feliz diz muito sobre seu crescimento espiritual e psicológico. Mas uma das (muitas) maneiras pelas quais Bowie se diferenciava das normas culturais era sua contínua disposição de reconhecer o fato de sermos todos mortais.

Milarepa, o grande mestre do budismo tibetano, já apareceu algumas vezes neste livro. Uma das histórias sobre essa figura lendária da linhagem Kagyu que mais fascinava a Bowie e a Visconti era o seu compromisso com a meditação da impermanência. No Tibete, nas regiões em que o solo é tão duro que impede o enterro dos corpos e o combustível para a cremação é escasso e caro, os mortos recebem um "funeral celestial". Por trás desse elegante eufemismo está a circunstância de que os corpos são simplesmente deixados no chão para os abutres.

Milarepa era famoso por praticar a meditação nesses lugares, à noite, cercado de corpos em decomposição, esqueletos descarnados pelos animais e o que mais houvesse por ali.

Essa contemplação tem como objetivo ajudar um indivíduo – talvez se trate de forçá-lo – a encarar o medo da morte. Sentado no frio, fitando os corpos pútridos, ouvindo os ruídos dos animais, ele enfrenta da maneira mais vívida e visceral que se possa imaginar a realidade de que um dia estará na mesma condição.

238

VOCÊ VAI MORRER, MAS COMO VAI VIVER?

Qual a razão dessa prática lúgubre? No budismo, assim como em outras tradições, acredita-se que ninguém será verdadeiramente feliz nem capaz de aprender a viver sem contemplar a própria morte, sem aceitar que um dia o seu corpo será um cadáver. É preciso compreender a fundo que, para usar a terminologia de Frank Close, os átomos que atualmente pensam que são você um dia vão mudar de ideia e decidir que na verdade são outra coisa.

Quando os budistas dizem que tudo é impermanente, isso inclui você.

Hoje, para um indivíduo ocidental, a meditação da impermanência pode ser chocante. Ela desafia nosso conceito de trabalho espiritual (acontece que não se trata apenas de velas, incenso, colchonetes, sorrisos beatíficos e túnicas elegantemente fluidas) e é o exato oposto da maneira como nossa cultura pensa sobre a morte. Muitas pessoas simplesmente fingem que não vai acontecer com elas. Do ponto de vista coletivo, criamos uma sociedade que raramente reflete sobre a morte, deixando a discussão para os profissionais. Individualmente, criamos um cotidiano ocupado demais para pensar nela, um cotidiano repleto de distrações que nos impedem de lembrar que um dia tudo isto vai acabar.

David Bowie, por outro lado, encarou a morte ainda muito jovem. Aos 20 anos, escrevia canções como "Please Mr. Grave Digger" e "Conversation Piece", que falam sobre assassinato e suicídio, respectivamente. O assassinato foi tema de suas canções desde "Running Gun Blues", de 1970, até "Valentine's Day", de 2013. O álbum 1. *Outside*, de 1995, gira em torno do assassinato, ao passo que o tema de *Diamond Dogs*, de 1974, é o genocídio.

No auge da fama de Ziggy Stardust, quando era um jovem de 25 anos dinâmico que se apresentava para um público de adolescentes, Bowie interrompia os sucessos do *glam rock* para cantar uma versão lenta e melancólica de "La mort", do francês Jacques Brel, uma canção que conduz o ouvinte por três longos versos recheados de imagens de infortúnios e decadência, de transitoriedade e extinção. Em 1977, numa entrevista para Jarvis Cocker na revista *Big Issue*, ele declarou: "Não consigo me lembrar de nenhum tempo em que não tenha pensado na morte".

No videoclipe "Lazarus", antes de entrar no guarda-roupa, Bowie está sentado a uma mesa, desenhando agitadamente num caderno. A seu lado vemos um caveira.

Amante dos livros e autodidata, Bowie devia conhecer bem São Jerônimo, o santo padroeiro dos eruditos, dos bibliotecários, dos estudantes e dos enciclopedistas. Amante das artes, devia saber que São Jerônimo costumava ser retratado diante de uma escrivaninha, escrevendo, com uma caveira ao lado. De fato, vários gestos das mãos e do corpo de Bowie nessa cena do videoclipe parecem espelhar as pinturas do santo.

Nas pinturas, a caveira está ali para lembrar a São Jerônimo que ele é mortal e tem um tempo limitado para fazer a sua obra. Ela também está ali, é claro, como um lembrete ao espectador. Bowie não precisou de símbolos. Enquanto estava gravando "Lazarus", os médicos lhe disseram que iriam interromper o tratamento contra o câncer. Ele sabia que ia morrer.

A caveira, portanto, está ali para nós. A mensagem é simples: você vai morrer. Agora, sabendo disso, como vai viver?

A caveira e a alusão a São Jerônimo aparecem no meio de uma profusão de símbolos e imagens. Seria necessário um livro inteiro para discorrer sobre todas as possíveis interpretações das letras de "Blackstar" e "Lazarus" e das imagens que Bowie e o diretor Johan Renck reuniram nos videoclipes de cada uma. O que logo salta aos olhos, porém, é que as letras e as imagens ressaltam as referências às práticas esotéricas que Bowie esteve estudando em Los Angeles, em 1975, a extraordinária mistura de alquimia, gnosticismo, cabala e magia que discutimos no Capítulo 6. Ao que parece, no fim da vida David Bowie estava novamente fascinado pelo conceito gnóstico que ele chamava de "Deus além de Deus" – o Ein Sof da cabala.

É claro que não devemos nos empolgar demais com nossa caçada aos símbolos. A estrela negra [black star] tem um significado alquímico, mas também existe uma marca de amplificadores de guitarra chamada Blackstar. É bem possível que – com seu amor por letras "descobertas" – um dia Bowie simplesmente tenha visto o nome no estúdio e pensado: "Esse seria um bom título".

No entanto, a imagem do astronauta morto não tem nada de ambígua. Quando aparece um astronauta num videoclipe de Bowie (e ele aparece nos clipes de "Ashes to Ashes", "New Killer Star", "Slow Burn", "Space Oddity" e "Black Star"), ele é Major Tom.

O QUE ACONTECEU COM MAJOR TOM?

"Space Oddity" é possivelmente a canção menos compreendida de Bowie. Todo mundo imagina que ela fala sobre um astronauta que se perde no espaço, incapaz de retornar à Terra. Em "Ashes to Ashes", de 1980, Bowie reinventa o personagem como um drogado, mas também não era esse o significado oculto da canção. Embora em certa medida tenha sido escrita para capitalizar a então recente chegada da humanidade à Lua, segundo seu autor "Space Oddity" é uma metáfora para o conceito budista da iluminação, sobre o qual ele estava estudando com Chime Rinpoche.

Se você pegar um exemplar do álbum original (aquele em que o cantor aparece com o cabelo loiro e encaracolado), vai ver que, na contracapa, há um desenho de Chime, o que demonstra a importância que o mestre tinha na vida e na obra de Bowie nesse momento.

Em entrevista a Mary Finnigan publicada no *International Times*, um jornal da contracultura, logo depois do lançamento da canção, Bowie esclarece que a iluminação budista é o principal significado da experiência de Major Tom. Finnigan republicou a maior parte da entrevista em seu livro *Psychedelic Suburbia* [Subúrbio psicodélico], que documenta o período dos anos 1960 em que Bowie foi seu inquilino e trabalhava nos projetos anteriores à fama, como o Beckenham Arts Lab. Ao falar sobre "Space Oddity", Bowie deixa claro que no final Major Tom não está perdido, mas livre. Ele explica que Tom foi além do nosso mundo de pensamento conceitual e chegou a um lugar onde "ele é tudo". Major Tom não é uma figura trágica, mas um ser iluminado.

Quarenta e quatro anos depois, quando Bowie rompeu um silêncio de dez anos com o lançamento inesperado de "Where Are We Now?", voltou ao mesmo assunto. Como em "Space Oddity", a canção tem uma história óbvia na superfície – uma viagem pelas lembranças de Berlim –, mas há outra camada. Enquanto os versos se ocupam da Potsdamer Platz, do clube noturno Dschungel, que Bowie e Iggy frequentavam,

241

e da loja de departamentos KaDeWe, onde faziam compras, o refrão contém uma mensagem simples sobre a natureza da iluminação. Ligada ao título da canção, a mensagem ecoa as perguntas que Chime fazia aos seus discípulos e tudo sobre o que ponderamos neste livro.

Quem é você?
Onde você está?
Aonde está indo?

Ao que parece, David Bowie experimentava uma alegria e uma serenidade que jamais sentira. Sua jornada de autoconhecimento tinha sido bem-sucedida. Mas onde *estamos* agora? Se empreendermos a busca pelo autoconhecimento delineada neste livro, aonde chegaremos? Qual é o ponto final?

☯ LIÇÃO DE VIDA:
VIVA COMO UM SER ILUMINADO

Onde termina a sua jornada? O ponto final da jornada budista é a iluminação. Podemos ter esperança de alcançar esse estado? Mesmo que pareça um objetivo extraordinário, com certeza podemos nos comprometer a viver uma vida mais iluminada.

Na seção "O caminho de David Bowie", seguimos aquilo que ele chamava de "busca de vida". Você repetiu essa busca e realizou sua própria jornada de autoconhecimento por meio dos exercícios da seção "O seu caminho". Porém, quando estamos à procura do nosso verdadeiro eu, como saber que o encontramos? Quando podemos dizer que chegamos lá?

Há duas respostas possíveis a essa questão, que dizem respeito às duas realidades que discutimos no Capítulo 8. Você deve lembrar que, segundo o budismo, elas são:

Realidade relativa: a realidade que percebemos à nossa volta e na qual costumamos viver, a realidade que (até começarmos a ler livros como este) achamos que é única.

Realidade absoluta: a verdadeira natureza das coisas, as quais somos capazes de apreciar se calarmos a mente e nos aquietarmos na pura consciência. Nessa realidade, a ideia de que estamos separados dos outros desaparece e passamos a nos sentir ligados a todas as pessoas e a todas as coisas.

Na realidade relativa, nossa tarefa é fortalecer a noção convencional do eu, ao passo que na realidade absoluta nossa tarefa é manter o eu muito menos forte. Parecem objetivos contraditórios, mas na verdade são inteiramente compatíveis. As duas ideias funcionam muito bem juntas. De fato, é necessário um eu forte para ser capaz de apreciar verdadeiramente a "ausência do eu" da realidade absoluta.

E então, como saber que chegamos ao fim da jornada?

243

AONDE VOCÊ ESTÁ INDO? (PARTE 1): REALIDADE RELATIVA

Na realidade relativa, seu progresso pode ser mapeado com muita facilidade. Para descobrir se chegou ao lugar em que precisa estar, basta rever o trabalho que fez até agora nas seguintes questões:

> tornar-se amigo do seu crítico interior (Capítulo 5);
> encontrar sentido e propósito (Capítulo 6);
> descobrir a sua sombra (Capítulo 7);
> encontrar os seus valores (Capítulo 8);
> conectar-se com a capacidade de amar (Capítulo 9).

Se você fez os exercícios relacionados a todas essas questões, então você chegou ao seu destino. Não é o ponto final, mas é certamente um ótimo lugar temporário. A razão de não ser o ponto final é que você pode rever este livro regularmente. Vamos aprender como fazer isso na seção "O seu caminho", mais adiante, na subseção "Revisão anual". Por falar nisso, não é preciso esperar um ano para fazer a revisão; verifique seu progresso sempre que quiser. Na verdade, você pode achar útil dar uma olhada nas perguntas da "Revisão anual" agora mesmo, antes de passar para o universo da realidade absoluta, que é mais complicado, mais vago e mais difícil de mensurar.

AONDE ESTAMOS INDO? (PARTE 2): REALIDADE ABSOLUTA

Já sabemos que as antigas tradições que tanto fascinavam David Bowie expressam nossa busca de maneiras diferentes. A busca pelo nosso verdadeiro eu, pela nossa verdadeira natureza, recebe nomes variados: jornada da individuação, iluminação, tornar-se o além do homem (nas palavras de Nietzsche) etc. Na alquimia, essa busca se chama Grande Obra.

Diferentes escolas de pensamento concordam que a Grande Obra envolve ver além do conceito comum de separação e descobrir um sentimento maior de conexão, mas aquilo a que devemos nos conectar recebe muitos nomes. Alguns dizem que estamos em busca de nossa conexão com a natureza, ou com o universo, ou com o divino, ou simplesmente com "tudo". Somos encorajados a vibrar com a energia que criou o mundo, a olhar para dentro à procura do reino de Deus, a reunir o microcosmo dentro do macrocosmo.

Se investigar mais fundo, logo você descobrirá que, em cada tradição, cada mestre utilizará uma terminologia própria: haverá quem fale de radiância, de luz, de energia; você poderá ser estimulado a se abrir, a deixar ir, a se elevar ou mudar de atitude, a abraçar o numinoso ou o luminoso, a transcender e ir além, enquanto se mantém firmemente no agora.

O vocabulário pode ser meio frustrante, mas o que se mantém coerente é a ideia de que precisamos despertar de um mundo de ilusões e entender nossa verdadeira natureza assim como a do universo que nos cerca. Portanto, vamos deixar de lado o palavreado confuso e definir com mais clareza o significado desse despertar. Não importa quantas tradições você estude, quantos mestres você tenha, quantas variações do conceito de despertar você tenha escutado; acredito que todas caem nas categorias a seguir.

Despertar intelectual

Em essência, é a compreensão de que você não é os seus pensamentos. Exploramos essa ideia no Capítulo 5, observando que muitas tradições afirmam que, se estivermos perdidos em nossos pensamentos, não conseguiremos entender a realidade. Estaremos sempre vendo uma versão do mundo incompleta, enviesada e filtrada, e por isso também teremos uma visão incompleta de nós mesmos. Para que esse tipo de despertar aconteça, é preciso alcançar um estado do qual possamos enxergar o mundo e a nós mesmos sem pensamento algum. Sem rótulos, sem palavras, apenas pura consciência do que somos.

Ao conseguir isso, voltaremos a ser como éramos no começo da vida, ou como os seres humanos eram antes de desenvolver a linguagem. Quando desenvolvemos a linguagem, passamos a ter pensamentos e começamos a categorizar tudo o que nos cerca como objetos separados de nós – e a nos separar do restante do mundo. Portanto, existe uma barreira fundamental entre nós e o despertar.

Será que conseguiríamos viver o nosso dia a dia sem pensamentos ou sem a linguagem? Não, é claro que não. Mas precisamos ser capazes de sair desse modo de funcionamento para enxergar a verdadeira realidade. E, *quando estivermos* operando no mundo do pensamento e da linguagem, precisamos manter a compreensão de que os pensamentos e a linguagem são o mapa, e não o território.

Despertar emocional

Esse despertar envolve a descoberta de que você pode abrir o coração naqueles momentos em que normalmente o fecharia, de que você tem a capacidade de se abrir ao amor, e não a de fechar-se para ele.

Ao explorar o assunto no Capítulo 9, percebemos que, embora soe maravilhoso, esse processo pode ser extremamente difícil. Todos os dias somos ensinados a nos fechar mais, a construir um muro em torno no nosso coração a fim de nos proteger. Abrir-se novamente ao amor pode levar muitos anos, o que nos lembra que, para a maioria das pessoas, despertar para a realidade é um processo longo e gradual, com muitas tangentes, desvios e contratempos.

Despertar conceitual

O despertar conceitual envolve a compreensão de que não somos seres separados, que estamos interconectados ao universo. A necessária mudança de perspectiva é extrema, pois *aparentemente* estamos mesmo separados. A melhor explicação para o fato de sermos seres claramente separados, mas ainda assim conectados a tudo, vem de Alan Watts:

> Você é uma função do comportamento do universo inteiro, assim como a onda é uma função do comportamento de todo o mar.

Cada onda é distinta das outras ondas em volta, mas ainda assim é parte do oceano. Conforme Watts ressaltou, não dá para colocar uma onda no balde e levá-la embora. Do mesmo modo, podemos ser ao mesmo tempo visivelmente distintos e conectados a tudo ao nosso redor. No budismo, isso faz parte do conceito de ausência do eu. No gnosticismo, esse é o entendimento de que somos apenas expressão do Deus além de Deus – Ein Sof –, como tudo e todos no universo.

DEVEMOS BUSCAR A ILUMINAÇÃO?

Algumas pessoas experimentam esses despertares como *"flashes"* ou "vislumbres", mas rapidamente voltam à maneira normal de perceber o mundo e seus comportamentos habituais. Outras parecem capazes de manter por mais tempo esse novo jeito de ver o mundo. Quando alguém experimenta os três despertares e é capaz de permanecer permanentemente nesses três estados – fora dos pensamentos, com o coração totalmente aberto, com a experiência genuína de sua interconexão com o universo –, com certeza alcançou o mais impalpável estado budista: a iluminação. Será um ser iluminado.

Também se pode definir uma pessoa iluminada como aquela que se livrou de todos os apegos – e, portanto, do sofrimento. No entanto, isso não significa que nada dê errado em sua vida. Ela vai ficar doente, vai lidar com contratempos, vai sofrer perdas. Porém, tem a serenidade de acolher e aceitar as inevitáveis dificuldades da vida, e assim não sofre. Outro exemplo de iluminação é o de uma pessoa que não tem mais medo de morrer – essa é a aceitação final.

A iluminação é o ponto final da jornada budista. O tao de David Bowie – o caminho de descoberta delineado neste livro – começou com os estudos que o artista fez do budismo; portanto, se o tao de Bowie tem um destino, seria este? Ou não? A iluminação é de fato um objetivo que podemos perseguir ativamente?

Todo mundo já ouviu falar de monges que passam a vida tentando alcançar a iluminação; eles meditam por oito ou doze horas diariamente, sete dias por semana, um ano após o outro. Estão certos em agir assim?

Há uma história bem conhecida de um homem que se acercou de um mestre zen e lhe perguntou:

247

– Se eu estudar com o senhor, em quanto tempo me tornarei iluminado?

– Dez anos – respondeu o mestre zen.

– O senhor não entendeu – disse o homem. – Não sou uma pessoa comum. Tenho um MBA. Ganhei meu primeiro milhão aos 25 anos. Sou um realizador. Quanto tempo *eu* levaria para alcançar a iluminação?

– Ah. Tem razão. Eu *não tinha entendido*. No seu caso, a iluminação vai demorar vinte anos.

– Não, não – respondeu o homem. – O senhor não está entendendo. Vou me dedicar 24 horas por dia, sete dias por semana. Vou contratar assistentes para fazer o trabalho repetitivo. Pago quanto o senhor quiser. Dou-lhe o dinheiro para construir um templo novo. Tudo o que o senhor tem a fazer é turbinar o processo. E então? Quanto tempo?

– Ah – respondeu o mestre. – *Agora* entendi de verdade. Quarenta anos.

Imaginamos que chegar ao fim da jornada espiritual leva muito tempo. Mas também imaginamos que, quanto mais trabalhamos, quanto mais nos dedicamos, mais distante ele fica. Quem se esforça para alcançar a iluminação acaba por torná-la mais difícil justamente por causa do esforço?

Para tentar responder a essa pergunta, vamos voltar duas gerações na linhagem budista de David Bowie e conhecer o mestre de Chime e de Chögyam Trungpa, que se chama Khenpo Gangshar Wangpo, e também o mestre dele, Jamgon Kongtrul de Shechen.

... OU JÁ CHEGAMOS ONDE DEVEMOS ESTAR?

No texto "Canção para apresentar a visão inequívoca da Grande Perfeição", Khenpo Gangshar dá instruções para uma meditação simples, cujo objetivo é observar os pensamentos e ficar entre eles. Ela é muito semelhante (embora muito mais bem escrita) do que o exercício do Capítulo 1 deste livro. A meditação simples foi nosso ponto de partida, mas Khenpo Gangshar dá a entender que ela pode ser também o ponto de chegada. No final do texto citado, ele afirma com clareza: "Não há nada maior que esta compreensão".

Com certeza, podemos concluir que, ainda que você não avance em sua jornada de autoconhecimento "para além" de ser capaz de sair dos seus pensamentos – de entender o que eles são e, o mais importante, o que não são –, já terá sido muito bem-sucedido apenas por ter chegado a esse ponto. Você já terá uma resposta mais clara para a pergunta "Quem é você?", pois saberá que você não é aquela falação sem fim na sua cabeça. Esse é, em si, um despertar transformador.

Quando Chögyam Trungpa tinha 9 anos de idade, recebeu ensinamentos diretamente de Jamgon Kongtrul. As aulas que tinha com o mestre eram simples e informais, em contraste com as práticas rígidas de alguns mestres mais velhos. Na primeira aula, Jamgon Kongtrul disse ao jovem discípulo que eles iriam apenas ficar sentados, sem fazer nada. Na segunda aula, ele novamente sugeriu que ficassem sentados, sem fazer nada, mas que também observassem e acompanhassem a respiração. Estimulado pela natureza relaxada das sessões, o Chögyam Trungpa de 9 anos perguntou ao venerado mestre: "E a iluminação?" Jamgon Kongtrul respondeu apenas: "Não existe esse negócio de iluminação. Isto é o que há".

Os dois mestres de David Bowie parecem estar dizendo, então, que não há um objetivo maior, nenhuma conquista mais preciosa do que a mais simples prática de meditação; do que apenas sentar-se e acompanhar a respiração, deixar os pensamentos irem embora e estar verdadeiramente nesse momento. Se fizermos isso, teremos chegado ao nosso destino.

Ambos ecoam um comentário que Huang Po, mestre zen do século XIX, atribuiu a Buda: quando este alcançou a completa iluminação, "não alcançou nada".

Essa é a barreira mais confusa para aqueles que estão percorrendo – ou pensam estar percorrendo – o caminho budista do autoconhecimento. Estamos ou não engajados no longo e difícil caminho da iluminação?

Nossa jornada de autoconhecimento deveria ser, como Bowie sugeriu um dia, "uma viagem dolorida e teimosa", ou já estamos onde precisamos estar, como Jamgon Kongtrul parece dizer? Alguém pode esclarecer esse ponto, por favor?

Provavelmente não. Possivelmente, precisamos apenas conviver com a incerteza. Na tradição mística cristã, isso é chamado de "nuvem do desconhecimento". Trata-se da ideia de que, a fim de completar a união com Deus, é preciso se livrar de todos os conceitos do que seja Deus. Algo semelhante pode ser encontrado no hinduísmo, que descreve

Brahma – a origem de toda a existência – com o termo *neti, neti*: nem este nem aquele. Talvez Khenpo Gangshar e Jamgon Kongtrul estejam dizendo mais ou menos a mesma coisa: a fim de alcançar a iluminação, devemos abandonar todos os conceitos do que seja a iluminação.

... OU PRECISAMOS IR EMBORA E DEPOIS VOLTAR?

Outra explicação de como Buda poderia ter alcançado a iluminação e ainda assim não ter alcançado nada está no conceito de "natureza de Buda". Dizem que todos temos a natureza de Buda (a *capacidade* de ser iluminado). Tudo o que precisamos fazer é perceber que a temos. Tudo o que precisamos fazer é concordar com Jamgon Kongtrul que "isto é o que há".

Legal... o problema é que Buda não saiu da cama um dia e pensou: "Alcancei a iluminação, mas não alcancei nada". Para atingir a iluminação, ele precisou de seis anos de práticas ascéticas implacáveis, sete semanas de meditação contínua e uma grande batalha contra o demônio Mara. Parece ou não uma jornada dolorida e teimosa?

E como Buda disse que não alcançou nada, é também uma jornada dolorida e teimosa que termina onde começou, com a percepção de que ele já tinha o que estava procurando (portanto, talvez a jornada não fosse necessária).

No entanto, sem a jornada não seria possível ter certeza de que voltar ao começo é o final necessário. Embora os sábios nos digam que esse momento é tudo de que precisamos, talvez seja necessário verificar todas as outras possibilidades por nós mesmos antes de concordar com eles.

... OU DEVERÍAMOS APENAS ANDAR EM CÍRCULOS?

Carl Jung sugeriu uma alternativa. Recordando seu próprio desenvolvimento pessoal entre 1918 e 1920, ele disse: "Comecei a entender que o objetivo do desenvolvimento psíquico é o eu. Não há evolução linear, apenas a circum-ambulação do eu".

Sendo assim, aonde *estamos* indo? Segundo Jung, o que fazemos é essencialmente andar em círculos em volta do eu, sempre adquirindo novas visões e, portanto, novos *insights* de quem somos – e, o mais importante, de quem não somos.

Ao andar em círculos sem parar, aos poucos deixamos de lado ideias equivocadas a nosso respeito.

Deixamos de lado os pensamentos.
Deixamos de lado a armadura emocional.
Deixamos de lado a necessidade de ser o centro do universo.
Deixamos de lado o esforço.

Pois como disse Chögyam Trungpa: "Não é preciso esforço para ser livre; a ausência de esforço é a liberdade em si".

"SIMPLESMENTE DESFRUTAR DO [...] PROCESSO DE VIVER"

Bowie tinha ao menos uma lembrança feliz da infância. Ele adorava a canção "Inchworm", interpretada por Danny Kaye. Há muito do que gostar nessa música. O compositor, Frank Loesser, criou uma melodia sublime, com um contraponto intrincado e delicioso. Bowie admitiu ter usado a música como inspiração em várias de suas obras (a mais óbvia é a base da melodia nada convencional de "Ashes to Ashes").

E há também a letra. Por um lado, é uma simples canção infantil; por outro, contém uma mensagem que Bowie viria a encontrar em seus estudos do budismo: em vez de se preocupar em fazer contas, a lagarta-mede-palmos [o *inchworm* do título] deveria contemplar a beleza dos cravos.

Conforme afirmou David Bowie na abertura deste capítulo, uma das coisas mais importantes a fazer é aprender a "simplesmente desfrutar [...] do processo de viver". É assim que uma pessoa iluminada age: está sempre completamente desperta para a magia do momento, o mistério do mundo, a beleza dos cravos. Porém, não precisamos "alcançar a iluminação" – seja lá o que ela signifique – para conseguirmos fazer isso. Podemos apenas decidir, a cada momento, agir como um ser iluminado.

Na próxima seção, vamos discutir algumas orientações básicas para que você chegue lá.

251

✱ O SEU CAMINHO

Eis aqui uma oportunidade de rever o trabalho que você fez ao longo do livro e também um guia simples de como se comportar como um ser iluminado.

Esta seção tem duas etapas. A primeira parte é uma sugestão de revisão anual do trabalho que você realizou usando os exercícios deste livro, que se relaciona mais intimamente com o mundo da realidade relativa. Na segunda parte, vamos nos aventurar no mundo da realidade absoluta e explorar o que pode significar viver sua vida como se você fosse um ser iluminado.

PRIMEIRA PARTE: REVISÃO ANUAL

Em vez de fazer resoluções de Ano-Novo (que logo são abandonadas), por que não usar a calmaria entre o Natal e o começo do novo ano – um período natural de reflexões – para rever o ano que passou e se fazer as seguintes perguntas?

Valores, propósitos e significado

Em que ocasiões vivi segundo meus valores?
Em que ocasiões me desviei deles?
Em que ocasião senti que vivia com propósito?
Em que ocasião senti que minha vida tinha sentido?

Tenha em mente que as respostas a essas perguntas definem quais ajustes você poderia fazer para passar mais tempo alinhado a seus valores, vivendo com propósito e com significado. Se não souber como fazer isso, releia as seções "O seu caminho" dos Capítulos 6 e 8.

Existem áreas nas quais um ajuste não seria suficiente? Se julgar que precisa fazer alterações maiores, pergunte-se se precisa do apoio de outras pessoas e identifique quem são elas.

Coração e mente

Consegui desenvolver minha capacidade de sentir amor? O que me impediu? Como melhorar nessas áreas?

Consegui responder com habilidade ou me perdi em pensamentos? Se me perdi em pensamentos, quais são as situações em que isso acontece com mais frequência? O que posso fazer para melhorar?

Se você precisar esclarecer essas questões, releia as seções "O seu caminho" dos Capítulos 5 ou 9.

Este processo tem a ver com responsabilidade, e não culpa. Não se martirize por todas as ocasiões em que não conseguiu viver segundo seus valores ou se perdeu em pensamentos. Todo mundo falha de vez em quando. É muito fácil perder-se em pensamentos. Em vez de se atormentar, dê-se crédito pelas ocasiões em que viveu segundo seus valores (e dê-se crédito por fazer a revisão anual).

Comprometa-se a avançar. Porém, comprometa-se a trabalhar mais determinadas áreas, e não a atingir metas específicas. Não crie uma história de sucesso ou de fracasso.

SEGUNDA PARTE: VIVA COMO UM SER ILUMINADO

Acabaram-se os exercícios. Agora, apenas algumas orientações.

Como vimos, as definições de "iluminação" variam bastante. Para alguns, é um estado raro e especial que apenas uma parcela ínfima das pessoas consegue alcançar. No entanto, sejamos ou não iluminados, tenhamos ou não clareza de como definir a iluminação, podemos fazer escolhas simples, a cada momento, para agirmos de maneira mais iluminada. Não é preciso alcançar determinado estado para agir como as pessoas iluminadas sempre agem.

Mas podemos ter a presunção de dizer que sabemos como as pessoas iluminadas agem? Não, não sabemos com 100% de certeza. Contudo, há pistas suficientes nas sabedorias tradicionais exploradas no livro, e estas nos dão uma boa ideia de quando estamos agindo de maneira mais iluminada ou quando estamos fazendo o contrário.

Examinando essas tradições, descobrimos ideias poderosas que podem guiar o seu comportamento diário. Como estas:

- Não leve muito a sério os seus pensamentos.
- Não fortaleça excessivamente o seu eu.
- Quando encontrar o seu limite, desarme-se.
- Mantenha-se aberto ao amor.

Cada uma dessas ideias tem o potencial de conduzi-lo a um modo de viver mais iluminado.

Agora vamos à última orientação para você lidar com seu comportamento no futuro. No começo da linhagem budista Kagyu, que surgiu na Índia, encontramos Tilopa.

Tilopa tem um ensinamento bem sucinto chamado "Seis Palavras de Conselho". Na tradução, a quantidade de palavras aumenta ou diminui, mas seu significado permanece simples, claro e poderoso:

Deixe o passado ir embora.
Aceite o que vier.
Não pense.
Não tente adivinhar nada.
Não tente fazer com que algo aconteça.
Relaxe agora e aquiete-se.

Tilopa nos incita a não viver no futuro nem no passado. Ele nos aconselha a dispensar os pensamentos e permanecer conscientemente no presente. Sugere que abandonemos o desejo de controlar e que aprendamos o valor da aceitação. Por fim, nos diz para pararmos de lutar e simplesmente relaxar.

Talvez agora você esteja se perguntando se esses são conselhos para meditar ou conselhos para viver. A resposta é: as duas coisas. Com certeza, esses conselhos o ajudarão a meditar com a intenção correta. Ao mesmo tempo, porém, vão guiá-lo na direção de um comportamento mais iluminado.

No início, a meditação parece ser uma atividade totalmente isolada do restante da nossa vida, mas com o tempo essa separação se torna menos visível. Uma pessoa iluminada com certeza levaria o propósito e as propriedades da sua meditação para o que os budistas chamam de pós-meditação – e que nós chamamos de vida. Por isso, gostaria que você levasse deste livro uma ideia acima de todas: a importância da prática regular da meditação.

Todos os dias, arrume um tempinho.

Faça uma pausa.

Acompanhe a sua respiração.

Deixe os pensamentos irem embora.

E então, como bem colocou Khenpo Gangshar – mestre dos mestres de David Bowie –, "aquiete-se no absoluto esplendor que é o espaço além dos pensamentos".

AGRADECIMENTOS

O conceito budista de que não somos seres separados, mas que estamos fundamentalmente interligados com todos os outros seres, é difícil de entender. No entanto, ao escrever os agradecimentos de um livro, ele se torna repentinamente claro. Se fosse identificar *todos* os indivíduos presentes na longa e sinuosa jornada que me trouxe à criação deste livro, haveria aqui milhares de nomes. Portanto, vou me limitar àqueles diretamente envolvidos na produção do livro.

Embora esta não seja uma obra de pesquisa, as entrevistas com antigos discípulos de Chime Rinpoche e com os colaboradores de longa data de David Bowie foram muito úteis para eu descobrir ou confirmar os ensinamentos que ele muito provavelmente recebeu e delinear como os aplicou na própria vida.

Agradecimentos especiais a Ron Ede, Derek Henderson, Carlos Alomar e Tony Visconti.

Como alguém que passou décadas entretendo "grandes ideias para um livro" sem escrever nenhuma delas, tenho uma enorme dívida com as duas pessoas que garantiram que desta vez as coisas fossem diferentes: Clare Grist Taylor, minha agente, que me ajudou a conceituar, embalar, vender e escrever este livro (é um prazer ser cliente da The Accidental Agency); e Clare Drysdale, minha editora na Allen & Unwin, que orientou com cuidado alguém que normalmente para depois de escrever mil palavras pelo assustador processo de escrever perto de 70 mil. Obrigado.

Agradeço também aos demais funcionários da Allen & Unwin que trabalharam no livro, em especial a Alice Latham, Aimee Oliver-Powell, Kate Straker e Richard Evans.

Agradeço ainda a Charlotte Atyeo, pela preparação dos originais. A Noma Bar, pela arte da capa (ah, a capa!), e a Ben Cracknell, pela diagramação.

Por fim, agradeço a Sue, Sylvia e Georgia, pelo estímulo inicial e pela leitura atenta dos primeiros rascunhos.

☯ LEITURAS COMPLEMENTARES

Uma lista de leituras sobre alguns dos assuntos abordados aqui, como o budismo ou a cabala, poderia ser tão extensa quanto este livro. Portanto, eis apenas algumas sugestões como ponto de partida para leituras mais aprofundadas, caso você deseje seguir qualquer das ideias discutidas nas páginas anteriores.

David Bowie

Referências e biografias
Alias David Bowie, Peter Gillman e Leni Gillman, 1987
Bowie: Loving the Alien, Christopher Sanford, 1996
The Complete David Bowie, Nicholas Pegg, 2000
Starman: David Bowie the Definitive Biography, Paul Trynka, 2011
Rebel Rebel, Chris O'Leary, 2014
David Bowie: A Life, Dylan Jones, 2018

Temas e períodos
David Bowie: Fame Sound and Vision, Nick Stephenson, 2006
Bowie in Berlin: A New Career in a New Town, Thomas Jerome Seabrook, 2008
Heroes: David Bowie and Berlin, Tobias Rüther, 2008
David Bowie: Critical Perspectives, organizado por Eoin Devereux, Aileen Dillane e Martin J. Power, 2015
Psychedelic Suburbia: David Bowie and the Beckenham Arts Lab, Mary Finnigan, 2016
Upping your Ziggy, Oliver James, 2016
When Ziggy Played Guitar: David Bowie and Four Minutes that Shook the World, Dylan Jones, 2018

Budismo

Textos budistas antigos e mestres da linhagem Kagyu
The Life and Teaching of Naropa, Herbert V. Guenther, 1995

Tilopa's Mahamudra Upadesha: The Gangama Instructions with Commentary, Sangye Nyenpa, 2014

The Mind of Mahamudra: Advice from the Kagyu Masters, Peter Alan Roberts, 2015

Budismo com atitude, B. Alan Wallace, 2016

The Heart Attack Sutra: A New Commentary on the Heart Sutra, Karl Brunnhölzl, 2016

Gampopa, Ornament of Precious Liberation, traduzido por Ken Holmes, 2017

The Hundred Thousand Songs of Milarepa, Tsangnyon Heruka, traduzido por Christopher Stagg, 2017

Budismo tibetano, B. Alan Wallace, 2018

Por que o budismo funciona, Robert Wright, 2018

A tradição do budismo, Peter Harvey, 2019

Filosofia do zen-budismo, Byung-Chul Han, 2020

Figuras mais recentes

Meditação na ação, Chögyam Trungpa, 1970

Quando tudo se desfaz: orientação para tempos difíceis, Pema Chödrön, 2005

Vivid Awareness: The Mind Instructions of Khenpo Gangshar, Khenchen Thrangu, 2011

Façam a revolução, Dalai Lama XIV, 2017

Mindfulness para o dia a dia, Jan Chozen Bays, 2021

Zen-budismo

Mente zen, mente de principiante, Shunryu Suzuki, 1970

Zen Keys: Guide to Zen Practice, Thich Nhat Hanh, 1998

The Zen Teachings of Huang Po on the Transmission of Mind, traduzido por John Blofeld, 2006

A sabedoria da insegurança, Alan Watts, 2017

O milagre da atenção plena, Thich Nhat Hanh, 2018

Silêncio, Thich Nhat Hanh, 2018

A essência dos ensinamentos de Buda, Thich Nhat Hanh, 2019

Carl Jung

Modern Man in Search of a Soul, Carl Jung, 1933
Memórias, sonhos, reflexões, Carl Jung, 1963
Ao encontro da sombra: o potencial oculto do lado escuro da natureza humana, organizado por Connie Zweig e Jeremiah Abrams, 1990
Jung: o mapa da alma, Murray Stein, 1999
Carl Jung, curador ferido de almas, Claire Dunne, 2012
O livro vermelho, Carl Jung, 2015

Consciência e desenvolvimento do pensamento

A construção do pensamento e da linguagem, Liev Vigotski, 1934
The Discovery of the Mind: In Greek Philosophy and Literature, Bruno Snell, 1948
The Origin of Consciousness in the Breakdown of the Bicameral Mind, Julian Jaynes, 1976
The User Illusion: Cutting Consciousness Down to Size, Tor Norretranders, 1991
O poder do agora, Eckhart Tolle, 2002
The Minds of the Bible: Speculations on the Cultural Evolution of Human Consciousness, James Cohn, 2013
O poder meta-humano, Deepak Chopra, 2020
O universo autoconsciente, Amit Goswami, 2021

Gnosticismo

The Gnostic Gospels, Elaine Pagels, 1979
Gnosis and Hermeticism from Antiquity to Modern Times, organizado por Roelof Van Den Broek, 1998
As escrituras gnósticas, Bentley Layton, 2002
Gnosticismo, Stephan A. Hoeller, 2005
The Nag Hammadi Scriptures, organizado por Marvin Meyer, 2009
The Gnostics: Myth, Ritual, and Diversity in Early Christianity, David Brakke, 2011

Magia

A chave dos grandes mistérios, Éliphas Lévi, 1861
Autodefesa psíquica, Dion Fortune, 1930
The Hermetica: The Lost Wisdom of the Pharaohs, Timothy Freke e Peter
    Gandy, 2008
Perdurabo: The Life of Aleister Crowley, Richard Kaczynski, 2010
A magia de Aleister Crowley, Lon Milo DuQuette, 2011
Aleister Crowley e o Deus oculto, Kenneth Grant, 2017

Cabala

A cabala mística, Dion Fortune, 1935
Meditation and Kabbalah, Aryeh Kaplan, 1982
Cabala: novas perspectivas, Moshe Idel, 1990
A cabala e seu simbolismo, Gershom Scholem, 1996
A doutrina secreta da kabbalah, Leonora Leet, 2007
A cabala do dinheiro, Nilton Bonder, 2010
A cabala da comida, Nilton Bonder, 2010
A cabala da inveja, Nilton Bonder, 2010
Thirty-Two Gates: Into the Heart of Kabbalah and Chassidus, Dovber
    Pinson, 2019
An Introduction to the Study of the Kabbalah, William Wynn Westcott, 2020

Alquimia

Alchemy Ancient and Modern, H. Stanley Redgrove, 1922
Alchemy: Science of the Cosmos, Science of the Soul, Titus Burckhardt, 1967
Alchemy: The Medieval Alchemists and their Royal Art, Johannes Fabricius, 1976
Hidden Wisdom: A Guide to the Western Inner Traditions, Richard Smoley
    e Jay Kinney, 1999
Introdução à alquimia, Brian Cotnoir e James Wasserman, 2009
História geral da alquimia, Serge Hutin, 2010
Alquimia & misticismo, Alexander Roob, 2014

Nietzsche

A gaia ciência, Friedrich Nietzsche, 1882

Além do bem e do mal, Friedrich Nietzsche, 1886

Nietzsche's 'Zaraathustra': Notes of the Seminar given in 1934-39, Carl Jung, organizado por James L. Jarrett, 1988

Composing the Soul: Reaches of Nietzsche's Psychology, Graham Parkes, 1996

What Nietzsche Really Said, Kathleen Higgins, 2000

Caminhando com Nietzsche, John Kaag, 2018

Compartilhe a sua opinião
sobre este livro usando a hashtag
#OTaoDeDavidBowie
nas nossas redes sociais:

 /EditoraAlaude
 /AlaudeEditora